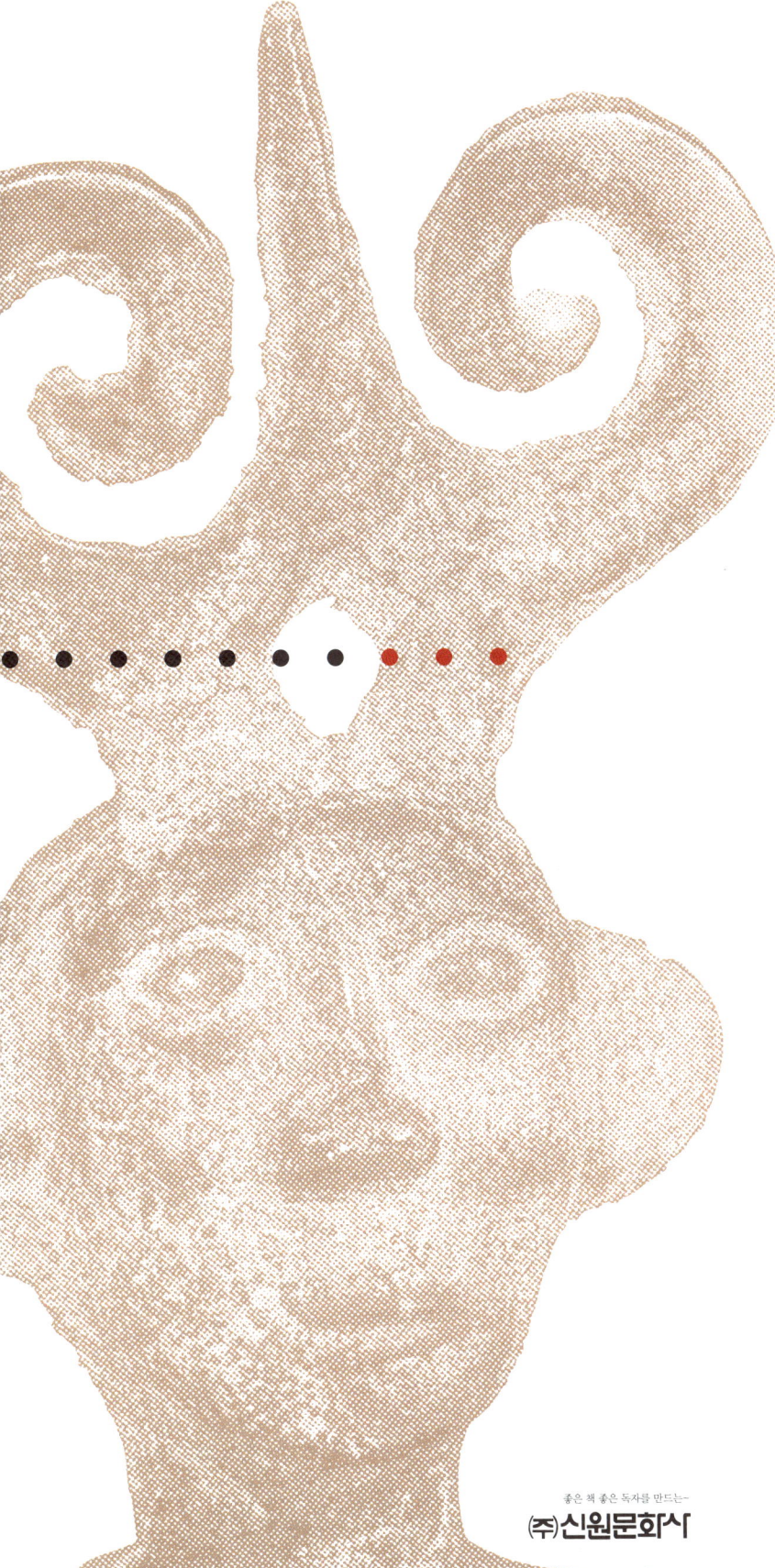

중국을 말한다

02 시경 속의 세계

기원전 1046년~기원전 771년

양산췬 · 정자룽 지음 이원길 옮김

좋은 책 좋은 독자를 만드는
㈜신원문화사

Copyright ⓒ 2003 by Shanghai Stories Culture Media Co., Ltd.
Korea copyright ⓒ 2008 by Shinwon Publishing Co., Ltd.
All right reserved.

이 책의 한국어판 저작권은 상해문예출판사와의 독점 계약으로
신원문화사가 소유합니다.
저작권법에 의하여 한국 내에서 보호를 받는 저작물이므로
무단전재와 무단복제를 금합니다.

발간에 즈음하여

역사란 사람에 따라서 여러 가지 뜻으로 사용되고 있지만, 일반적으로 두 가지의 뜻이 있다. 하나는 인류가 살아온 과정에서 일어난 과거의 모든 사실과 사건 그 자체를 말하며, 다른 하나는 이러한 과거의 모든 사실과 사건의 기록을 의미한다. 즉 역사는 '사실로서의 역사'와 '기록으로서의 역사'라는 두 가지 측면이 있는 것이다.

기록으로서의 역사는 과거의 사실을 토대로 역사가가 이를 조사하고 연구하여 주관적으로 재구성한 것이다. 이 과정에서는 필연적으로 역사가의 가치관과 같은 주관적 요소가 개입하게 되며, 이 경우 역사라는 말은 기록된 자료 또는 역사서와 같은 의미가 된다.

역사는 정치, 경제, 사회, 문화 등 여러 방면에 걸친 지식이 포함되어 있는, 과거 인간 생활에 대한 지식의 총체를 의미한다. 역사를 배움으로써 우리는 인간 생활에 대한 지식의 보고에 다가갈 수 있다. 역사를 알지 못하면 현재를 살아가는 우리 자신의 정체와 우리를 둘러싸고 있는 현재의 상황을 바로 알 수가 없다. 그러므로 현재를 바로 알기 위해서 뿐만 아니라 미래를 예측하고 설계하기 위해서도 과거의 역사를 바로 알아야 한다.

발간에 즈음하여

이 책 《중국을 말한다》는 총 15권으로 구성되어 있으며, 중국의 원시 사회부터 마지막 왕조인 청나라가 멸망하기까지의 역사 과정을 서술하고 있다. 본서는 유구한 중국 역사의 흥망성쇠를 시대별로 나누고, 그 시대의 주요 역사적 사실과 인물들에 관한 이야기를 1500여 편의 표제어로 엮어 구성하였을 뿐만 아니라 누구나 쉽게 읽고 이해할 수 있도록 이야기 형식으로 서술했다.

또한 당시 사회생활을 반영한 3000여 점의 그림 및 사진 자료가 매 페이지마다 실려 있어 본문의 내용을 생생하고 깊이 있게 이해하도록 도와준다. 나아가 사진과 그림들을 문화적인 유형으로 분류하면 또 하나의 독립적인 복식문화사, 풍속사, 미술사, 과학 기술사가 될 것이다.

특히 본서의 번역에 있어서 최대한 원서의 내용과 의미를 살리고자 했으며, 중국 지명 및 인명 표기에 있어서는 독자들의 혼란을 야기하지 않기 위해 외래어표기법에 의한 중국식 발음이 아닌 우리나라의 한자음으로 표기했다. 부득이 중국식 발음으로 표기한 인명에 있어서는 한자를 병기했다. 수많은 중국 고대의 문명과 인물, 그리고 생소한 지명 등을 일일이 찾아 번역하기란 쉬운 일이 아니었다. 중국의 역사는 그만큼 방대하고 폭넓기 때문이다.

《중국을 말한다》는 중국인들이 그들의 역사를 보는 시각이다. 때문에 분명 우리와 그 맥락을 달리 하는 부분이 있다. 그럼에도 불구하고 이 책을 발간하게 된 취지는, 비록 내용 중 우리 역사와 충돌하는 부분이 있지만 중국과의 교류가 날로 늘어 가고 있고, 또 중국의 국제적 영향력이 확대되고 있는 상황에서 중국을 제대로 이해할 필요가 있다고 판단했기 때문이다. 우리의 역사를 올바로 이해하기 위해서는 밀접한 관계에 있는 주변국들이 주장하는 그들의 역사도 분명히 알아야 한다. 때문에 중국인의 세계관이 잘 드러나면서도 쉽게 읽을 수 있는 역사서를 소개하고자 하는 것이다.

청소년들과 일반인들에게 더 넓은 지식을 알려줌과 동시에 역사를 전공하는 사람들에게는 비교 분석을 통해 실증적인 연구를 하는 데 도움을 주고자 이 책을 출간하게 된 것이다.

신원문화사 대표

꿈과 추구

중국 상해 문예출판사 편집위원 허청웨이何承偉

독자들을 위해 엮은 중국 역사 백과사전

찬란한 문명사를 가진 중국은 생기와 활력이 넘치는 나라이다. 선사 시대부터 동방에 우뚝 선 중국은 오늘날에 이르기까지 끊임없는 발전을 거듭해 오고 있다. 수많은 역사가 그 땅에 살고 있는 사람들에 의해 선도되어 왔으며, 그 역사는 또한 길이길이 남아 후손들에게 지혜와 슬기를 안겨 주고 있다.

우리는 지금 매우 새로운 시도를 하고 있다. 보다 많은 사람들에게 중국 역사를 알리고 싶은 소망 하나로, 이야기 형식의 역사책을 만들고 있는 것이다. 그래서 이 책은 보통의 역사책처럼 지루하지 않다. 마치 할머니에게 호랑이 담배 피우던 시절의 이야기를 듣는 것처럼 흥미진진하다.

이 시리즈는 모두 15권으로 구성되어 있다. 제1권 〈동방에서의 창세〉, 제2권 〈시경 속의 세계〉, 제3권 〈춘추의 거인들〉, 제4권 〈열국의 쟁탈〉, 제5권 〈강산을 뒤흔드는 노래 – 대풍〉, 제6권 〈끝없는 중흥의 길〉, 제7권 〈영웅들의 모임〉, 제8권 〈초유의 대통합〉, 제9권 〈당나라의 기상〉, 제10권 〈변화 속의 천지〉, 제11권 〈문채와 슬픔의 교향곡〉, 제12권 〈철기와 장검〉, 제13권 〈집권과 분열〉, 제14권 〈석양의 노을〉, 제15권 〈포성 속의 존엄〉 등이다.

역사에 대한 현대인들의 감정에 가장 넓은 공감대를 형성하고 있는 문학 장르는 이야기이다. 사람들은 이야기를 통해 재미와 슬픔을 느끼고, 경탄하거나 한숨을 쉬기도 한다. 이야기는 한 민족의 잠재의식 속에 존재하고 있는 집단적인 기억이다. 이야기는 또한 역사적인 문화의 유전자를 독자들에게 심어 주고, 그들의 의식意識을 깨끗하게 정화淨化시켜 준다.

그래서 이 책은 이야기체를 주체로 했다. 또 기존의 역사서들이 갖고 있던 중국 중심의 전통적인 틀에서 벗어나, 세계적인 안목을 가진 일류 역사학자들의 견해를 우선시했다. 나아가 중국 역사의 발전 맥락과 세계사의 풍부한 정보를 함께 실어 이야기만으로는 부족하기 쉬운 지식의 결함을 보완했다. 이야기가 가진 감성적인 감동과 역사 지식에 대한 이성적인 의견을 통일시킨 것이다. 그래서 이 책을 읽은 독자들은 한 그루의 나무뿐만 아니라 거대한 숲도 한눈에 볼 수 있으며, 각각의 이야기가 주는 심미적인 흥미와 함께 역사적인 큰 지혜도 얻게 될 것이다.

또한 이 시리즈에는 많은 사진과 그림들을 첨부했다. 비록 편면성을 갖고 있다 할지라도 오늘날 독자들의 수요와 취향이 그것을 요구하고 있기 때문이다. 이 책 속의 사진과 그림들은 감상을 위주

발간사

로 하는 사진이나 기존의 그림과는 크게 다르며, 독자들로 하여금 생생한 역사적 사실감을 느끼게 해줄 것이다.

　이 책에 실린 사진과 그림들은 그 영역 또한 대단히 넓다. 역사의 현장을 깊이 있게 재현하고, 발전과정과 변화를 입체적으로 돌출시킴으로써 본문의 내용을 생생하고 깊이 있게 이해하도록 도와준다. 따라서 이 책 속의 사진과 그림들은 중국 역사와 문화의 전면적인 정보를 알려 주고 있다고 해도 과언이 아니다. 나아가 사진과 그림들을 문화적인 유형으로 분류한다면, 사진으로 읽는 복식문화사, 의약사, 도서 서적사, 풍속사, 군사軍事사, 체육사, 과학 기술사 등 독립적이고 전문적인 분야의 역사 사진들이라고 할 수 있다.

　이 시리즈에 들어 있는 하나의 이야기, 한 장의 사진, 하나의 그림 등 모든 정보는 각각 대표성을 가진 '점點'들이라 할 수 있다. 그러나 이 점들은 개별적으로 존재하는 것이 아니라 역사라는 거대한 수레바퀴를 잇는 연속선 위의 서사敍事 단위들이며 중국 문명의 반짝이는 광점光點들로, 중국이라는 거대한 국가의 문화적 성격들을 굴곡적으로 반사하고 있다. 따라서 이 광점들을 연결시키면 하나의 역사적인 '선線'이 된다. 이 선과 선 사이에 날실과 씨실로 엮어진 것이 바로 신성한 역사의 전당이다. 점과 선과 면, 이 세 개가 합쳐져 중국 역사라는 거대한 탑이 완성된 것이다.

　인쇄술은 중국이 자랑하는 4대 발명 중의 하나이다. 한때 중국의 도서 출판은 세계 출판 역사를 선도한 적이 있었다. 하지만 근대에 이르러 중국의 출판업은 퇴보하기 시작했고, 지금도 선진국에 비하면 출판 기술적인 측면에서 상당한 후진성을 벗어나지 못하고 있다. 따라서 우리는 이 책을 출판하는 과정에서 외국의 선진 출판 기술을 열심히 배우고 소화시키며 양자 간의 거리를 단축시키기 위해 노력했다.

　우리는 이 시리즈를 만드는 과정에서 중국의 역사와 문화가 너무나 위대하여 그 어떤 찬미를 한다 해도 과분하지 않다는 것을 가슴 깊이 느꼈다. 나아가 중국의 역사와 문화는 단지 중국만의 것이 아니라 세계적인 것이라는 사실을 절감할 수 있었다.

　중국의 역사에 비견해 보면, 이 시리즈의 완성은 광야에 핀 꽃 한 송이에 불과할 것이다.

　그러니, 앞으로 우리가 꽃피울 세상은 한없이 넓고 아름답다.

현대인과 역사

상해사회과학원 연구원 류수밍劉修明

지나간 역사와 오늘은 어떤 관계일까?

역사는 오늘을 살아가는 사람들에게 어떤 영향을 미치고 있는가?

과거란 지나간 세월이다. 과거의 살아 숨 쉬는 실체는 이미 없어지고 유적과 기록만 남아 있을 뿐이다. 시간은 거슬러 흐르는 법이 없다. 그렇다면 과거를 배워 도대체 무엇을 어떻게 하겠다는 말인가?

역사는 무용지물이라는 무지몽매한 개념이 개인에게만 있는 것이 아니다. 특히 과학 기술이 고도로 발달한 현대 사회에서는 역사를 현실과 동떨어졌다 하여 더욱 경시하는 경향이 있다. 또한 역사에 대한 자신의 무지를 부끄럽게 여기지 않는 사람도 적지 않다.

그러나 이런 현상을 그저 나무라기만 할 수는 없는 일이다. 다양한 양질의 자료를 통해 역사와 현시대 사람들 사이의 거리를 단축시킬 수만 있다면, 사람들은 생생한 역사 속에서 깨달음을 얻을 수 있을 것이다. 또한 역사적인 진리를 깨달아 예지叡智를 키움과 동시에, 현대 사회의 문명에 대한 인식을 더욱 깊게 하여 현시대 사람들의 인식과 실천을 한 단계 높은 차원으로 도약시킬 수 있는 기회를 만들 수 있다. 그렇게 된다면, 사람들은 오늘이 곧 역사의 계승이며 역사는 현재의 생존과 발전에 불가결한 요소임을 알게 될 것이다.

중국 역사는 생동감 있고 폭넓은 지식으로 사람들의 슬기를 키워 주는 교과서이다. 또한 독특한 성격을 가진 동방 문명사이기도 하다. 중국 역사는 그 형성과 발달 과정이 이집트나 메소포타미아 문명, 또는 인도 문명처럼 중단되거나 전이되지 않았고, 침몰되지 않았다. 비록 온갖 우여곡절을 겪기는 했지만, 여전히 불굴의 자세로 아시아의 동방에 우뚝 서 있다. 중국 역사는 시간과 공간을 포함하면서도 시간과 공간을 초월하는, 나아가 유형적이면서도 무형적인 운반체인 것이다.

영국의 철학자 베이컨은 "역사는 사람을 지혜롭게 만든다"고 했다. 역사적 경험에는 깊은 사색을 필요로 하는 이치들이 담겨 있다. 그러므로 현실을 바르게 인식하고 미래를 현명하게 내다보려면 역사를 올바르게 이해할 줄 알아야 한다. 역사를 제대로 아는 사람만이 현실을 명확히 파악할 수 있다.

문학과 역사와 철학. 이 세 가지 학문을 주간으로 하는 인문 교육은 인간의 소질을 높이는 데 특별한 가치가 있다. 그리고 이 세 가지 요소가 통합되어 있는 것이 중국 역사이다. 외국어 교육이나 컴퓨터 교육만을 중시하고 인문 교육을 소홀히 하는 경향은 반드시 고쳐져야 한다.

총서總序

역사는 다양한 서적들을 통해서 연구할 수 있다. 그러나 중요한 것은 독자들의 흥미를 어떻게 이끌어 내느냐 하는 것이다. 우리는 지금 재미나는 글과 정확한 사진이 합쳐진, 이야기 형식으로 편찬된 중국 역사 서적을 독자들에게 선보이고자 한다. 이 시리즈를 주관한 허청웨이何承偉 선생은 평생이라고 해도 과언이 아닐 만큼 오랜 세월 동안 출판업에 몸담은 분이다. 또한 수많은 학자들의 자발적인 참여와 협력이 이 시리즈를 완성하게 했다.

이 시리즈는 생생한 형상과 특이한 엮음으로 누구든 쉽게 중국 역사라는 거대한 전당 속으로 들어갈 수 있게 했다. 또한 그 역사의 전당에서 지식과 도리를 깨닫고 시야를 넓혀, 과거를 거울로 삼아 미래를 꿈꿀 수 있도록 최선을 다했다. 이 책은 전통에 대한 교육과 미래에 대한 전망을 조화시켜 공부하게 함으로써, 오늘날을 살아가고 있는 사람들이 중국의 역사를 넘어서 세계 문명 발달을 선도하는 데 결정적인 역할을 하게 되기를 소망한다.

우리는 옛 선인들의 슬기로움을 가슴으로 느껴야 한다.

그들은 우리가 세계사의 주인공이 되기를 바라고 있다.

차 례

발간에 즈음하여　4

발간사 : 꿈과 추구 – 독자들을 위해 엮은 중국 역사 백과사전　6

총서總序 : 현대인과 역사　8

전문가 서문 : 서주의 역사적 의미　14

찬란한 중국 역사 한눈에 보기 – 이 시리즈를 읽기 전에　16

머리말 : 기원전 1046년 ~ 기원전 771년
흥망의 여정 – 서주西周　20

이 책에 실린 서주 시대 역사 이야기 94편에서는 서주 초기 군왕들의 개국의 노력과 중기 군왕들의 치국治國과 풍파, 그리고 후기 군왕들의 방탕과 횡포가 빚은 결과 등이 생생하게 나타난다.

001 거인의 발자취　26
거인의 발자국을 밟고 아들을 낳은 강원

002 천재적인 농부　28
뛰어난 농사 기술을 가진 기

003 공류의 경제 누적　30
공류의 덕으로 주족은 다시 흥성하게 되었다

004 태왕의 사랑　32
태왕 공단부는 부인 강씨만을 진심으로 사랑했다

005 오나라로 내려간 태백　35
동생에게 왕위를 양도하기 위해 궁을 떠나다

006 계력의 죽음　38
상나라 왕 문정에게 박해받은 계력

007 돼지우리에서 출생한 문왕　41
아들을 현명한 임금으로 키워 낸 문왕의 어머니

008 시체에까지 미친 은덕　44
문왕은 주인 없는 시체를 관에 넣어 매장했다

009 영대의 노랫소리	46	**024 절지에서의 환생**	76
문왕을 사랑하는 백성들		온갖 역경들을 딛고 전진하는 주나라의 군사들	
010 방랑객 여상	48	**025 목야의 결전**	79
강태공의 유랑 이야기		노예들의 반란으로 모래성처럼 무너진 상나라 군대	
011 서백 창의 하옥	50	**026 삼공을 세 번 사양한 상용**	82
상나라 주왕에게 감금된 서백 창		상용을 주나라 삼공으로 청하다	
012 《주역》에 대한 연구	52	**027 상나라 포로들에게 감사를 표한 무왕**	84
옥에서 주역 64괘를 연구하며 번뇌를 달랜 서백 창		상나라 포로들과 이야기를 나누며 가르침을 받다	
013 백읍고를 죽인 주왕	54	**028 백이와 숙제**	86
상나라 주왕은 볼모로 잡고 있던 백읍고를 죽였다		주나라의 양식을 먹지 않고 굶어 죽은 백이와 숙제	
014 신갑과 죽웅	56	**029 무경과 삼감**	88
덕성 높은 서백 창을 찾아오는 현인들		상나라 유민들을 다스릴 치밀한 계획을 세우다	
015 강태공의 낚시질	58	**030 조선으로 간 기자**	90
낚시질을 하고 있던 강태공과 재회하다		조선으로 간 기자를 군주로 책봉하다	
016 땅과 옥판을 바치다	60	**031 치국의 〈홍범〉**	92
뛰어난 계략으로 적들을 약하게 만든 서백 창		무왕에게 나라를 다스리는 대법을 진언한 기자	
017 우예인의 소송	62	**032 주공의 계책**	96
상나라를 멸망의 때를 기다리다		형제들 중에서 지모와 덕성이 가장 걸출한 주공	
018 태사의 꿈	64	**033 강태공의 단서**	98
꿈으로 여론을 조성한 문왕의 왕비 태사		여러 가지 계략으로 무왕을 보필하는 강태공	
019 벌숭대첩	66	**034 신기 구정**	100
상나라 멸망을 위해 주변국부터 정벌하다		하, 상, 주의 국왕들이 모두 탐내던 아홉 개의 큰 정	
020 강태공의 병략	68	**035 큰 개를 진상한 서융**	101
탁월한 경륜과 도략을 발하는 강태공		무왕에게 완물상지玩物喪志를 경고한 소공	
021 임종 시 태자에게 남긴 문왕의 유언	70	**036 활을 바친 숙신**	102
태자 발에게 사람의 이치와 역사의 경험을 알려 주다		무왕은 숙신이 바친 활을 맏딸의 혼인 예단으로 보냈다	
022 맹진의 군사훈련	72	**037 천보미정**	104
많은 제후들과 군사훈련을 하면서 동맹을 맺은 무왕		정권을 공고히 하기 위해 고심하는 무왕	
023 〈태서〉의 고동鼓動	74	**038 금갑 안에 보관한 책서**	106
긴 연설로 군사들의 사기를 북돋우다		무왕 대신 자신의 죽음을 기원한 주공	

039 하늘이 노하다	108
주공의 섭정에 성왕이 의혹을 품다

040 반란을 평정한 동정	111
무경과 주변 세력들의 반란을 평정하다

041 시 〈치효〉	114
동정의 길에서 성왕에게 시를 써 보낸 주공

042 사병들의 마음	115
병사들의 마음을 읊은 시

043 친척에 대한 책봉	116
동방 정벌로 점령한 땅을 친척들에게 분봉하다

044 태공의 귀향	119
제나라를 분봉받은 상나라 유민들을 통치했다

045 송나라를 책봉받은 미자	121
미자는 송나라를 분봉받아 상나라 유민들을 통치했다

046 동도의 건설	122
동정에 승리한 후 낙읍에 동도를 세우다

047 상나라 귀족들의 강제 이주	124
상나라 귀족들을 강제로 이주시켜 반란을 예방하다

048 백금의 노나라	126
노나라 주변의 이인, 융인들의 반란을 평정한 백금

049 주공과 소공의 마찰	128
주공의 섭정에 의심을 품은 소공

050 강숙에 대한 가르침	132
위나라를 분봉받은 강숙을 타이르는 주공의 글

051 채중의 각성	134
채중을 채나라 제후로 봉하다

052 예의 규범과 음악 창작	136
국민들의 화목을 위해 예악을 제정한 주공

053 소공을 노래한 시 〈감당〉	140
소공에 대한 백성들의 그리움과 존경을 읊은 시

054 제나라의 패도와 노나라의 왕도	142
패도와 왕도의 결과를 생각하다

055 숙질 간의 깊은 정	143
대대로 칭송받는 주공과 성왕

056 주공의 장례	146
임종 시 동도에 묻어 달라고 요청한 주공

057 초나라를 분봉받은 웅역	148
형산 일대에서 세력을 키우는 초나라

058 성왕의 정치	150
서주의 황금시대를 이룩한 성왕과 강왕

059 소왕의 남정	153
초나라를 공격했지만 실패한 소왕

060 흰 늑대 몇 마리를 얻은 목왕	155
견융 정벌에서 아무것도 얻지 못한 목왕

061 형법을 수정한 여후	157
강력한 법으로 나라를 다스리다

062 유람을 일삼은 목왕	161
여행을 즐긴 목왕은 여행길에서 많은 신화를 만들었다

063 팔두마차를 모는 조부	162
팔두에 목왕을 태우고 서역을 돌아다닌 조부

064 서역의 풍경	164
서북 만 리에 펼쳐진 장엄한 풍경들

065 서왕모를 만남	166
전설로 전해 내려오는 신비스러운 이야기들

066 딸을 바친 성백	168
성백의 딸을 사랑한 목왕

067 추위에 백성을 애도	170
얼어 죽은 백성들 생각에 잠 못 들다

068 호랑이를 잡은 고분융	172
목왕 앞에 나타난 호랑이를 산 채로 잡은 고분융

069 미녀 셋을 얻은 밀강공 174
미녀 셋을 바치지 않아 멸망당한 밀강공

070 효왕과 서융 176
효왕은 서부에 두 제후국을 봉해 서융의 침범을 막았다

071 노예 매매 178
물건처럼 선물하고 사고팔았던 노예 제도

072 웅거의 출병 180
이왕이 위중한 틈을 타 출병한 웅거

073 제 애공의 난 182
제 애공의 죽음으로 긴 혼란에 빠진 제나라

074 목우의 소송 183
상관의 악행을 고발했으나 오히려 매를 맞은 목우

075 국인들의 폭동 184
여왕이 실행한 전리에 분개하여 일어난 국인

076 태자를 구한 소목공 186
자기 아들의 목숨을 바쳐 태자를 구한 소목공

077 상나라를 거울로 188
시로써 여왕에게 간곡하게 진언하다

078 여왕을 꾸짖은 예량부 190
여왕의 악행을 질책한 예국의 군주 예량부

079 적전례의 폐지 192
적전례를 폐지하고 세금을 거두어 들이다

080 선왕의 중흥 194
인재들을 발탁해 나라를 안정시킨 선왕

081 진중의 죽음 197
서융을 공격하여 원수를 갚다

082 강후의 간언 198
주색에 빠진 선왕을 강후가 깨우쳤다

083 장자를 폐하는 바람에 생긴 변란 200
세자를 폐한 선왕 때문에 대란이 일어난 노나라

084 선왕을 쏴 죽인 두백 202
두백으로 위장한 사람에게 죽음을 당한 선왕

085 이름 '구'가 초래한 재앙 204
이름대로 재앙이 일어나다

086 지진으로 인한 논의 206
지진으로 주나라의 멸망을 예언하다

087 포사의 내력 208
요괴의 씨라고 불리는 포사

088 봉화로 제후들을 놀린 유왕 210
포사의 웃음을 보기 위해 거짓 봉화를 올린 유왕

089 의구의 원한 212
궁에서 쫓겨나 슬픔과 한을 품고 살아간 태자 의구

090 유왕의 죽음 213
견융과 연합한 신후에 의해 죽음을 맞이하다

091 풍자시의 유행 214
서주 말년에 유행한 국왕과 관리들을 풍자한 풍자시

092 불평이 있으면 말하게 되는 법 216
서주 말년, 불만을 시로 나타낸 사람들

093 나라를 구한 정 환공 218
나라를 지키기 위해 동으로 이주하다

094 금문이 새겨진 청동기 220
서주 시대 수많은 역사들이 기록되어 있는 청동기

초점: 기원전 1046년부터 기원전 771년까지의 중국
222

기원전 1046년부터 기원전 771년까지의 사회
생활 및 역사 문화 백과 224

찾아보기 228

서주의 역사적 의미

서주사 전공 미국 피츠버그대학 역사학과 객원교수 쉬줘윈許倬雲

서주西周 역사 사료史料는 문헌과 고고학 자료로 나눌 수 있다. 문헌 가운데는《시경》,《주역》,《좌전左傳》이 가장 중요하고, 고고학 자료는 유적, 실물 및 청동기에 새겨진 명문銘文 등 세 가지가 있다. 고대사는 자료가 적기 때문에 상세하게 재구성하기는 어렵고 대략적인 윤곽을 그릴 수 있을 뿐이다. 다행히도 위의 자료들은 서로 대조해 보면 역사를 실증할 수 있는 중요한 역할을 한다.

예를 들면 주나라는 친척들을 제후로 책봉했는데 그 책봉 의식에는 일정한 격식이 있었다. 위의 자료들을 보면,《좌전·정공定公 4년》에는 당숙唐叔에게 진晉 땅을 봉해 준 사실이 나오고,《시경·숭고崧高》에는 신백申伯을 책봉한 일이 나오며,《시경·한혁韓奕》에는 한후韓侯를 책봉한 일이 나온다. 의후궤宜侯簋와 대우정大盂鼎의 청동기 명문도 서주 시대의 분봉제分封制(군주가 제후에게 땅을 주어 다스리게 하던 일)를 반영한다. 그리고 이 자료들 간에 나타난 당시의 분봉한 토지와 인구 그리고 규모 등이 대체적으로 유사하다.

《사기史記》에 나오는 서주 시대 왕실의 계통 역시《좌전》에 기록된 것과 일치한다. 또한 근래에 출토된 사장반史墻盤에 기재되어 있는 문왕과 무왕에서 공왕에 이르는 서주의 제왕諸王들, 최근 출토된 미반迷盤의 명문에 기재된 문왕, 무왕에서 여왕에 이르는 제왕들의 순서를 비롯해, 청동기 명문에 기술된 서주 시대 제왕들의 몇 가지 일들도《사기》등 문헌 자료에 기록된 것들과 대체적으로 일치한다. 그중에도 제왕들의 계승 순서는 완전히 일치한다.

그러나 고사古史의 연대는 다소 명확하지 않은 부분이 있을 수 있다. 고사의 연대는 고대 연력학年曆學과 불가분의 관계에 있는데, 고대의 연력은 그 측정과 계산 방법이 지금처럼 정밀하지 못하다. 계속 누적된 오차로 인해 시간이 천문과 일치하지 않는 현상들이 나타나서 역관曆官들의 교정이 필요했다. 이로 인해 현재 문헌 자료들의 날짜와 다소 맞지 않는 부분이 있을 수 있다. 예를 들어 최근 섬서성 미현眉縣 양가촌楊家村에서 출토된 단씨單氏의 청동기 미정迷鼎 두 개의 명문이 그러하다. 그중 하나는 '42년 5월 기생패旣生覇 을묘乙卯'라고 했는데, 다른 하나는 '43년 6월 기생패 정해丁亥'라고 했으니 그중 어느 하나는 틀린 것이 분명하다. 이 사례는 고대 시간 기록의 자료들이 모두 정확할 수 없음을 말해 준다. 그렇다면 우리가 어떻게 이런 자료들을 가지고 고대사의 연대를 정확히 재구성할 수 있겠는가?

전문가 서문

서주가 중국 역사에서 가지는 의미는 그것이 화하華夏 체계의 최초 구성 형태라는 데 있다고 말할 수 있다. 상나라는 확실히 중국 고대 중원에 있었던 대국이나 그 주변에 다른 세력들이 많았던 것도 사실이다. 하나라와 주나라는 상나라와 대치했다.

반면 주나라 왕실은 각처에 제후국을 봉해 하나의 거대한 봉건망封建網을 건립했는데, 이 봉건망 안의 사람들은 '제하諸夏(사방의 이족異族에 대한 중국 본토를 일컬음)'의 구성원이기도 했다. 이 문화 체계는 정치, 경제, 사회 및 신앙 등과 다양하게 연결되어 당시의 주류를 이루었다. 후에 서주가 멸망하고 정치적인 주권이 분산되었지만 문화상의 주류는 그대로 제하의 세계에 있었다. 제 환공齊桓公, 진 문공晉文公이 그것을 지켰고, 공자가 그것을 해석했다. 향후 계속 발전한 중국 문화의 토대는 주나라에서 나타난 천명天命의 도덕 관념이다.

서주 역사의 흥망은 하나의 발전 과정으로 볼 수 있다. 서주의 분봉은 각 지역에 있는 민족의 지성인들을 '예禮'와 '악樂' 그리고 '종법宗法'의 질서 안에서 결합시켰는데, 이 '합合'으로 나아가는 단계에서 중국에는 화하 체계華夏體系의 문화가 생기게 되었다. 그러나 향후 제후들은 자기 영토에 대한 관심이 중앙 정권에 대한 충성심보다 더 커졌는데 이것이 분열로 나가는 단계이다. 이때부터 중국의 문화는 다원적으로 발전하면서 마침내 춘추 전국 시대 문화가 이루어졌다.

동주의 역사 또한 서주의 역사를 떠날 수 없다. 그 이유는 동주에서 나타난 많은 문화 현상이 서주의 영향을 받았기 때문이다. 따라서 주나라 8백 년 역사 전체는 중국 문화가 왕성하게 자라기 시작한 시기라 할 수 있다.

찬란한 중국 역사 한눈에 보기

이 시리즈를 읽기 전에

《중국을 말한다》는 재미나는 이야기, 다채로운 그림, 풍부한 지식 등을 집대성한 중국 역사 백과사전으로 중국의 역사와 찬란한 문명을 한눈에 보여 준다. 이 책을 효과적으로 이해하려면 옆의 안내도를 꼼꼼하게 읽고 참조하기 바란다. 그러면 중국 역사가 한 폭의 그림처럼 눈 앞에 펼쳐질 것이다.

독창적인 구성으로 역사와 문화의 매력을 적절하게 표현하고 있음은 물론, 저자의 의도를 최대화시키고 있다.

광범위한 지식 정보와 귀중한 역사 자료에 그림과 사진이 더해져 누구라도 쉽게 이해할 수 있도록 했다.

이 책은 유구한 중국 역사를 이야기로 엮어, 읽는 이들의 흥미를 배가시키고 있다. 또한 이야기마다 각각의 대제목과 소제목을 붙여 본문의 중요 내용을 쉽게 파악할 수 있도록 했다.

또한 이 책은 단순히 이야기에만 그치지 않고 거기에 합당한 정보를 종합적으로 전달해 주고 있다. 이를 테면 이야기의 감성적 느낌과 역사 지식에 의한 이성적 느낌을 결부시켜 읽는 이들에게 나무와 숲을 동시에 보도록 한 것이다. 또한 '중국사 연표', '세계사 연표', '역사문화백과', '역사 시험장' 및 그림과 사진 설명을 통해 다양한 역사 지식을 두루 섭렵할 수 있도록 하고 있다.

동시에 페이지마다 삽입된 수많은 그림과 사진은 그 내용이 풍부해서 지나온 역사를 시각적으로 느끼게 하고 있으며, 각각의 역사 단계와 사회의 발전과 변화를 입체적으로 표현해 역사책이라는 지루함을 최소화했다.

- 이야기 제목
- 이야기 번호 : 이 번호는 이야기의 순서일 뿐만 아니라 찾아보기를 보다 쉽게 이용할 수 있게 한다.
- 역사 시험장 : 본문과 관련된 역사 문화 지식에 대해 왼쪽에서 물어보고 오른쪽에 답안을 제시했다.
- 역사문화백과 : 동시기와 관련되는 정치, 경제, 문화, 과학 기술 등 다방면의 지식을 소개했다.

- 중국사 연표 : 본 이야기와 비슷한 연대에 중국에서 발생한 중요 사건을 기술함으로써 중국 역사 발전의 기본 맥락을 제시한다.

- 이야기 안내 : 역사 이야기를 요약하여 소개함으로써 본 이야기의 중심을 쉽게 파악하도록 도와준다.

- 세계사 연표 : 중국사 연표와 비슷한 시기에 발생한 세계의 중대한 사건을 제시함으로써 중국과 세계를 비교할 수 있도록 하고 있다.

- 출전은 이야기의 출처가 되는 자료를 밝힘으로서 풍부한 정보량과 실용성을 갖추었다.

- 본 책의 역사 연대의 시작과 끝.

- 표는 분산된 정보를 종합함으로써 통일성을 이루게 한다.

- 그림과 사진 : 지나간 역사를 직관적으로 재현시킨다. 이 책의 그림과 사진을 종합해 나열하면, 그것으로 중국 역사를 체험할 수 있다.

- 그림, 사진 설명 : 그림과 사진에 깃든 역사 문화 지식을 기술함으로써, 그 시기 역사를 보다 실제적으로 느낄 수 있도록 하고 있다.

- 단락 제목 : 단락의 주제를 제시해 단락의 중점을 파악하기 쉽도록 돕고 있다.

기원전 1046년 〉 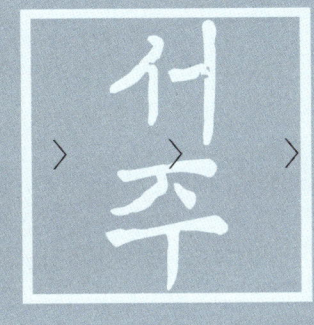 〉 기원전 771년

머리말

기원전 1046년 ~ 기원전 771년
흥망의 여정

서주

상해사회과학원 역사연구소 연구원 　양산췬楊善群
상해시 제 59 중학교 교원 　정자룽鄭嘉融

하나라와 상나라에 이어 세워진 주나라 왕조는 경제, 정치, 문화 각 방면에서 새로운 발전을 가져왔다. 주나라 초기에는 백성들에 대한 착취의 상대적인 경감과 사회 질서의 안정 등으로 중국 역사상 처음으로 태평성대가 출현했다.

《시경》에 나오는 많은 주나라 시가와 수백 자에 달하는 서주 청동기의 명문은 문화 예술의 진수이다. 그러나 서주는 후기에 이르러 사회적인 갈등이 심해지고 여왕, 유왕과 같은 폭군들이 나타나 멸망의 길을 걷게 되었다.

천하의 정권을 탈취하는 고난의 여정

주족의 시조는 기棄인데 요순堯舜의 부락연맹에서 후직 벼슬을 하면서 농사를 관장했다고 한다. 주족 부락은 지금의 산서성 서남부와 섬서성 중부 일대에서 생활했으며, 하 말기, 상 초기의 동란 때 불줄不 窋이 부락민들을 데리고 북상해 지금의 감숙성 경양慶陽 지역으로 이동했다. 그리고 또 남하해 빈, 지금의 섬서성 빈현彬縣 일대로 이동해 그곳에서 주족은 밭을 일구고 산업을 발전시켜 점차 강대해졌다. 상나라 말기, 적융 부락의 침입을 피해 주족은 공단부公亶父의 주도하에 북상해 지금의 감숙성 경양慶陽 지역으로 이동했다. 그곳에서 주족은 경제와 군사력을 키워 상나라를 멸망시키려는 뜻을 품게 되었다. 그래서 후세 사람들은 기산지양岐山之陽을 주나라의 발원지라고 하며 공단부를 태왕太王으로 추존했다. 공단부의 아들 계력季歷은 주변의 융족을 침공해 영토를 넓혀 주족을 강대국으로 만들었다. 계력의 아들 창昌이 그 유명한 문왕이다. 그는 백성들을 잘 다스리면서 경제를 발전시켜 그 영향력이 천하의 3분의 2를 차지할 정도에까지 이르렀다. 문왕은 후에 '하늘의 대명을 받았음'을 공식 선언하고 상나라의 속국들과 그 주변 지역을 정벌해 상나라를 멸망시킬 토대를 튼튼히 닦았다.

문왕이 사망한 후 태자 발發이 왕위를 계승했는데 그가 바로 무왕이다. 무왕은 즉위한 지 얼마 안 되어 맹진盟津에서 대규모의 군사 훈련을 했는데 당시 상나라를 토벌하기 위해 모인 제후들이 8백이 넘었다고 한다. 2년 후에 무왕은 대군을 이끌고 상나라 도성으로 진격해, 두 나라 군대는 상나라 도성 남쪽 교외인 목야牧野에서 대치했다. 그런데 주나라 군대들이 공격을 시작하자 상나라 선봉 부대가 주나라 군대로 넘어와 상나라 군대를 역습하는 바람에 상나라는 모래성같이 무너졌다. 그러자 상나라 주왕은 궁으로 돌아와 그동안 모은 보물들을 끌어안고 분신 자살했다. 상나라 도성을 점령한 무왕은 천제와 조상에게 제를 지내고 하늘의 명을 받아 상나라를 대신해 천하를 다스린다고 선포했는데 이것이 주나라 정권 건립의 표징이다.

새로 정복한 은민殷民, 즉 상나라 백성들을 다스릴 목적으로 무왕은 주의 아들 무경武庚을 은도殷都에 남기고 주나라 제후로 봉했다. 그리고 무왕의 세 아우인 관숙管叔, 채숙蔡叔, 곽숙藿叔에게 무경 주변의 땅을 나누어 주고 무경을 감시하게 했는데 이를 '삼감三監'이라고 한다. 그러나 무왕은 상나라를 멸망시킨 이듬해 병으로 사망하고 말았다. 그 뒤를 이어 태자 송誦이 즉위했는데 그가 바로 성왕이다. 성왕의 나이가 너무 어려 숙부 주공周公이 행정을 대행하자 관숙과 채숙은 주공이 왕위를 찬탈하려 한다고 유언비어를 퍼뜨렸다. 무경은 드디어 기회가 왔다고 여기고 관숙, 채숙, 동부의 여러 제후국들을 연합해 반란을 일으켰다. 그러자 주공은 3년 동안의 전쟁을 거쳐 무경의 반란을 잠재우고 관숙, 채숙을 포함한 동부 지역의 여러 제후들의 반란을 평정해 주나라의 기반을 확고히 했다.

기원전 1046년 ~ 기원전 771년
흥망의 여정
서주

통치를 공고하게 하기 위한 여러 정책

동부 지역의 반란을 평정한 후 주공은 새로 점령한 땅에 대한 통치를 공고히 하기 위해 낙읍洛邑, 즉 지금의 하남성 낙양시에 동도東都(동부 도읍)를 세워서 동부 지역을 통제하는 중심을 만들고, 다른 한편으로는 친척과 공신들을 제후로 책봉해 주나라 사방에 통치 거점들을 만들었다. 그의 아우 강숙에게 은殷땅을 주어 위衛나라를 세우게 하고, 귀순한 상나라 귀족 미자 계微子啓에게 상구商丘를 주어 송宋나라를 세우게 했으며, 맏아들 백금伯禽에게는 동방의 엄奄, 지금의 산동성 곡부를 분봉해 주어 노魯나라를 세우게 했다. 또한 여상呂尙, 즉 강태공에게는 영구營丘, 지금의 산동성 치박淄博을 분봉해 제齊나라를 세우게 하고 성왕의 아우 숙우叔虞에게는 당唐, 지금의 산서성 임분臨汾, 익성翼城 일대를 주어 진晉나라를 세우게 했다. 그리고 북방에는, 소공召公의 장자에게 계, 지금의 북경시 서남을 주어 연燕나라를 세웠으며, 남방에는 죽웅의 후대인 웅역熊繹에게 지금의 호북성 서남부를 주어 초楚나라를 세우게 했다. 그 외 동남 지역에는 태왕의 아들 태백太伯과 중옹仲雍이 지금의 강소 남부에 세운 오나라가 있었는데 그것을 제후국으로 책봉했다. 이 외에도 친척들과 공신들에게 책봉한 나라들이 많아 주나라 초기의 제후국이 71개나 되었다. 그중 희姬씨 성을 가진 친척들의 제후국이 53개였다.

주나라 왕실은 이런 제후국들이 독립 왕국으로 변화하는 것을 방지하기 위해 여러 가지 대책을 세웠다. 예를 들면, 제후국들은 반드시 주나라 왕실의 법령과 행정 명령을 집행해야 하며 중요한 관직의 관리는 천자가 직접 임명했다. 그리고 제후들은 일정한 시기에 조정에 와 천자를 배알하고 그동안의 통치 상황을 보고하고 공물을 바쳤으며, 조정의 부역에 노동력도 보내야 했다. 또 제후들의 군대는 조정의 명령과 지휘에 복종해야 했다.

주나라의 국가기구로는 왕의 좌우 보좌관인 태사太師와 태보太保가 있었는데 이를 '사보師保'라 칭했으며 군권을 쥐고 있었다. 이 외 모든 정무를 맡아 다스리는 태재太宰와 그 밑으로 민정을 관장하는 사도司徒, 군사를 관장하는 사마司馬, 형법을 관장하는 사구司寇, 건축 수리 등을 관리하는 사공司空, 종교와 제사를 책임진 태축太祝과 태복太卜, 천문 역법 문헌과 왕명을 작성하고 공표하는 일을 담당하는 태사太史와 내사內史 등이 있었다. 주나라 상비군의 병력은 십여만 명인데 그중 '서육사西六師'는 주나라의 본토를 지키고 '성주팔사成周八師'는 동부의 새로 점령한 지역을 통제했다. 주나라의 형법은 '우형禹刑'과 '탕형湯刑'을 토대로 하고 그 외에 '구형九刑'을 새로 제정했다. 주공은 또 사람들이 보편적으로 준수해야 하는 예禮를 제정했고 음악과 춤의 창작을 지도했다.

경제와 문화의 발전

서주 초기 주나라 왕실이 농업 생산을 중시하여 농민들에 대한 착취가 경감되었기 때문에 농업이 빠른 속도로 발전했다. 금속 농기구의 이용으로 효율을 크게 높였으며, 두 사람이 협력하여 밭을 가는 방식도 경작 속도를 빠르게 했다. 농업기술로는 휴경법休耕法, 우량종자의 선정, 제초와 적비, 해충 소멸 등의 방법들을 사용했다. 《시경》에는 서주의 농사일에 관련된 시들이 상당히 많은데, 이 시에서는 당시 수확을 끝낸 농촌 곳곳마다 산더미같이 쌓인 곡식들이 즐비해 '백실百室', '천창千倉', '만상萬箱'을 가득 채웠다고 묘사하고 있다.

또 이 시기의 수공업자와 상인들도 모두 관아에서 통제했는데 이것을 '공상식관工商食官'이라고 일컬었다. 서주의 수공업은 청동기 제조가 가장 유명했다. 청동기를 주조하는 지역도 광범위했고 청동기의 수도 대폭으로 증가되었다. 출토된 서주 시대의 청동기는 용기, 병기, 도구 등을 포함해 천이 넘는데 그중 악기인 종과 박, 병기인 극戟과 검劍 등은 이전에는 볼 수 없었던 것이다. 그리고 많은 청동기에는 수백 자에 달하는 긴 명문들이 새겨져 있었다. 이 외에도 도자기, 옥기, 천과 비단, 피혁, 수레 제조 등 여러 방면에서 큰 발전을 이루었다.

서주 후기에 이르자 관아의 통제를 받지 않는 자유 상인이 일부 나타났다. 《시경》에는 '여고삼배如賈三倍'라는 말이 있는데 상업에 종사하면 세 배의 이윤을 얻을 수 있다는 말이다. 당시 큰 읍에는 모두 시장들이 있었고 그곳에는 거래를 전문으로 관리하며 필요한 서류들을 작성하는 사람이 따로 있었다. 화폐로는 조개껍데기와 동銅이 사용됐으며 후에 동으로 만든 금속화폐가 생겨났다. 그러나 민간에서의 거래는 물물교환이 대부분이었다.

청동기에 새겨진 장편 명문에는 당시의 정치, 경제, 군사 각 방면의 사실史實들이 기술되어 있다. 이때에는 많은 글자들이 새롭게 생기고 서법에도 새로운 변화가 생겼다. 또 서주 시대의 문학작품들이 많이 전해 오는데 《시경》의 〈주송周頌〉, 〈대아大雅〉, 〈소아小雅〉와 〈국풍國風〉속에 나오는 부분 시가들이 서주 시대의 작품들이다. 또 서주 시대는 음악 발전의 중요한 시기이다. 이때 새로운 악기가 생겨났고 음악 이론도 많이 발전하였다.

폭군들에 의해 멸망한 왕조

주나라는 중기 이후부터 제후들 간의 갈등이 표면화되기 시작했다. 땅을 나누어 주어 세운 제후국들의 세력은 점점 커지고 이와 반대로 주나라 천자가 소유하고 있는 땅은 갈수록 작아졌다. 그러자 주나라의 명령을 따르지 않고 조공을 바치지 않는 제후국이 계속 늘어났다. 그런 데다 군왕의 독재와 부패로 인해 지배계급에 대한 많은 사람들의 원망과 분노가 야기되었다.

서주 시대 도성의 주변에는 군대에 참가할 권리가 있는 평민과 수공업자들이 있었는데 그들을 '국인 國人'이라고 불렀다. 그런데 서주 후기, 여왕 때 지배계급의 착취가 극에 달해 산과 강 그리고 호수에서 나는 이득을 모두 독점해 국인들이 땔나무를 하거나 물고기를 잡는 것까지 금했다. 결국 3년 후 더 이상 분노를 참을 수 없게 된 국인들은 폭동을 일으켜 여왕을 쫓아내고 현명한 제후 공백公伯에게 천자의 직권을 대행하게 했다. 이해를 공화共和 원년이라고 하는데 기원전 841년에 해당되며 이때부터 중국의 확실한 연대기가 시작되었다.

공화 14년인 기원전 828년, 쫓겨난 여왕이 체읍에서 죽자 태자 정靜이 즉위했는데 그가 바로 선왕宣王이다. 그런데 주나라가 혼란해진 기회를 틈타 변경의 소수민족들이 중원 지역을 자주 침범하자 선왕은 군대를 정돈해서 북으로는 험윤玁狁을, 남으로는 형초荊楚를, 동으로는 회이淮夷를, 서쪽으로는 서융西戎을 진공해 승리를 거두었다. 이때를 '선왕의 중흥'이라고 한다. 그러나 이 전쟁으로 인해 주나라의 국력은 크게 쇠퇴했다.

선왕이 재위 46년 만에 사망하고 그의 아들 궁열宮湦이 즉위했는데 그가 서주의 마지막 왕인 유왕幽王이다. 유왕 즉위 초기 큰 지진이 일었다. 그래서 어떤 사람은 "이건 주나라가 망할 징조다"라고 하였다. 유왕은 탐욕스러워 백성의 재산을 수탈해 백성들의 원성을 샀다. 그런 데다 그는 왕후 신후申后와 태자 의구宜臼를 폐하고, 후에 얻은 포사를 왕후로 올리고 포사의 아들 백복伯服을 태자로 삼았다. 이 일로 인해 제후들도 등을 돌리고 신후의 친정아버지 신후申侯는 견융 및 제후국들과 연합해 주나라 도성 호경을 향해 진격했다.

그때 유왕은 포사의 웃는 모습을 보겠다는 생각으로 도성 부근의 봉화대에 봉화를 올리게 했다. 그 바람에 주변의 제후국 군대가 급히 도성으로 달려왔는데 그것이 유왕의 장난임을 알고 이제부터는 봉화를 올려도 오지 않겠다고 맹세했다. 그 후 신후의 군대가 진격해 오자 봉화를 올렸는데도 도성을 구하러 달려오는 제후들이 없었다. 결국 서주 정권은 신후, 견융과 제후들의 연합 공격으로 멸망하고 말았다.

서주 왕조는 기원전 1046년 무왕이 주나라를 건립한 후로부터 기원전 771년 유왕이 피살되어 멸망할 때까지 275년 동안 존립했다. 유왕이 죽은 다음 신후는 태자 의구를 천자로 올렸는데 그가 바로 평왕平王이다. 평왕은 견융의 통제에서 벗어나기 위해 도성을 낙읍으로 옮겼는데 이때부터 중국에는 5백여 년이나 되는 동주東周 열국들의 혼란 시기가 시작되었다.

기원전 1046년 ~ 기원전 771년
흥망의 여정
서주

남궁호종南宮乎鐘(부분)

기원전 1046년 ~ 기원전 771년

서주 봉국封國 지도

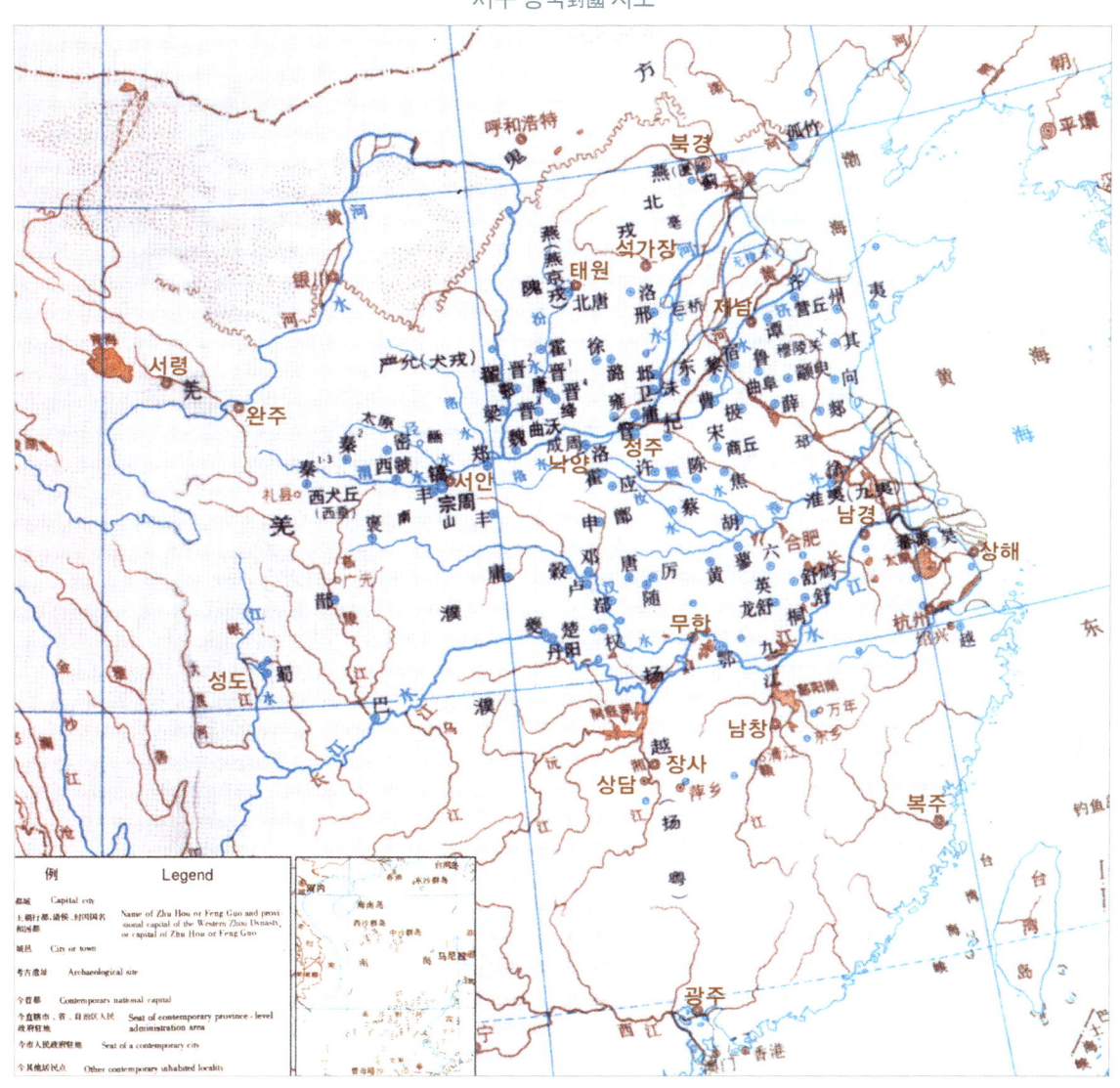

《중국 역사 지도집》제1권 : 원시 사회·하·상·서주·춘추 전국 시대

서주 세계표世系表

기(후직) … 불줄 → 국 → 공류 → 경절 → 황복 → 차불 → 훼유 → 공비 → 고어 → 아어 → 공숙조류 → 공단부(태왕) → 계력(공계, 왕계) → 문왕 창 → 무왕 발
(이상 주족 선조들의 가계)

1 무왕 발 武王 發	2 성왕 송 成王 誦	3 강왕 쇠 康王 釗	4 소왕 하 昭王 瑕	5 목왕 만 穆王 滿	6 공왕 예호 恭王 繄扈	7 의왕 간 懿王 艱	9 이왕 섭 夷王 燮	10 여왕 호 厲王 胡	11 선왕 정 宣王 靜	12 유왕 궁열 幽王 宮涅
					8 효왕 벽방 孝王 辟方					

| 중국사 연표 |

기원전 2100년 전후 ● 주周족은 모계 중심 사회에서 부계 중심 사회로 이동했다.

001

거인의 발자취

주족周族의 선조는 기棄의 어머니인 강원姜原이다. 거인의 발자국을 밟자 가슴이 꿈틀하더니 아이를 잉태하여 기를 낳았다고 한다.

하夏나라와 상商나라에 이어 천하를 통일한 정권이 주周나라이다. 주족의 선조는 요순 시대에 이미 활동한 자취를 남겨 놓았으며 그 후 1000여 년의 오랜 세월에 걸쳐 주족은 천하의 통치자가 되었다.

야외에서 노닐다가 잉태한 강원

고대에 지금의 산서 서남부의 직산稷山, 문희聞喜 일대에서 '유태씨有邰氏'라는 부락이 생활하고 있었다. 유태씨 부락의 강원이라는 한 여인이 친구들과 함께 들에 나가 놀다가 한 거인의 발자국을 보게 되었다. 호기심이 생긴 그녀는 그 발자국 위에 자기의 발을 갖다 대어 보았다. 그 순간 알 수 없는 어떤 기운이 몸에 뻗치더니 잉태해 열 달 후 아들 하나를 낳았다.

상서롭지 않은 아이를 보호하는 여유신如有神

이 일을 아주 해괴하게 생각한 부락 사람들은 상서롭지 못한 일이라고 야단이었다.

강원은 하는 수 없이 갓난아기를 소와 말이 많이 다니는 길거리에 내다 버렸다. 그런데 소와 말들이 강보에 싸인 아기를 조심스레 피해 지나갔다. 그러자 강원은 아기를 산 속에 버렸다. 그런데 이번에도 아기가 무사하자 칼바람이 부는 강가에 버렸다. 그러자 새들이 수없이 날아와 깃털로 아기를

위대한 어머니
제곡帝嚳의 비妃 강원. 《시경·노송魯頌·비궁》은 강원을 티없이 순결한 덕성을 갖춘 광명하고 위대한 여성이라고 찬미했다. 이 그림은 청나라 손가정孫家鼐이 편찬하고 청나라 광서光緖 연간에 간행한 《흠정서경도설欽定書經圖說》에 실려 있다.

| 세계사 연표 |

기원전 1120년

대개 이 시기에 아랍 반도의 남부에 마인 왕국이 생겼다.

출전 《시경詩經·대아大雅·생민生民》
《고열녀전古列女傳》 1권

-1046~771 서주

따뜻하게 덮어 주는 것이었다.

이에 강원은 신이 아기를 보살피고 있음을 느껴 아기를 기르기 시작했다. 그녀는 아기의 이름을 기라고 했는데, 버렸다는 뜻이다. 이 기가 바로 주족의 조상이다.

모계 중심 사회에서 부계 중심 사회로 전환하다

아기의 아버지가 누구인지 모른다는 점, 아이를 버려도 그 일을 간섭하는 다른 사내가 없다는 점 등을 보면 당시 사회가 아직 모계 중심 사회에 머물러 있었음을 알 수 있다.

그러나 기 이후로는 강원이 있던 부락도 점차 남성 중심으로 변화되어 가기 시작

서주 초기의 옥돌 인형
1972년 감숙성 백초파白草坡 3호 무덤에서 출토되었다.

주족의 시조 기
《사기·주본기周本紀》의 기록에 의하면, 제곡의 비 강원이 거인의 발자국을 밟아 임신해 아기를 낳았다. 이것을 불길하게 여긴 그녀는 아기를 버렸으나, 자연과 짐승들은 그 아기를 보호했다. 그것이 너무 신기해 강원은 다시 아기를 데려와 아기의 이름을 '기'라고 했다. 기가 바로 주족의 시조인데 그는 백성들에게 오곡을 가꾸는 법을 가르쳤다. 이 그림은 명나라 가정嘉靖 연간 왕기王圻 부자가 함께 그린 《삼재도회三才圖會》에 실려 있다.

했다. 기는 부락에서 부계 세습 제도를 확립했기에 주족의 조상이 된 것이다.

••• 역사문화백과 •••

[하족夏族과 주족周族]

중국 역사에서 처음 왕조를 건립한 하족과 세 번째로 건립한 주족은 원래 근본이 같은 부족이었다.
주족과 하족은 모두 같은 지역에서 살았으며, 주족의 선조 후직은 하나라 우의 위업을 계승했다. 《상서·주서》에 나오는 많은 글들에서 주족은 '우리는 하夏의 후대'라고 자칭했다.

성씨의 부수가 모두 계집 녀女 변이다. 이것은 성씨들이 모두 모계 중심 사회에서 기원했음을 말해 줌

| 중국사 연표 |

기원전 2100년 전후 — 주나라 시조 기는 요임금과 순임금을 도와 농업을 관리하는 '후직'이라는 벼슬을 했다.

002

천재적인 농부

기棄는 각종 농작물을 재배할 수 있는 재능을 가지고 있었다. 그는 요순 시기에 농사를 주관해 풍작을 거두게 함으로써 백성들의 의식주를 풍족하게 했다.

농작물 재배에 재능을 가진 기

기는 어머니의 세심한 가르침으로 올곧은 청년으로 성장했다. 나아가 어려서부터 큰 뜻을 가슴에 품고 각종 농작물을 다양한 방법으로 재배하기 시작했다.

그의 끊임없는 연구와 노력이 결실을 맺어 여러 가지 작물들은 더욱 굵은 열매를 맺었고, 더 많은 수확을 할 수 있었다. 기의 뛰어난 능력을 본 사람들은 모두 그에게서 그 기술을 배워 갔다.

농업을 주관해 백성들의 의식주를 풍부하게 하다

기의 농업기술이 대단하다는 말을 들은 당시 부락 연맹의 수장 요임금은 그에게 농업을 주관하는 벼슬 農師을 주었다.

기는 농민들에게 황무지 개간과 곡식 재배 그리고 김매기와 거름주기 등을 직접 가르쳐 주었다. 이때부터 해마다 풍작을 거두어 양식이 넉넉하게 되자 백성들은 모두 기를 칭송했다.

순임금이 요임금의 뒤를 물려받아 부락연맹의 수장이 되었다. 그때 큰 재해가 들어 백성들이 굶주리자 순임금도 기에게 '후직后稷'이라는 벼슬을 주어 농업을 관장하도록 했다.

기는 요임금 때처럼 늘 곳곳을 돌아다니며 각종 농업기술을 가르치고 농민들을 감독했다. 그러자 백성들은 다시 풍족한 생활을 하게 되었다.

백성들은 농업을 발전시킨 기를 신으로 모시는 한편, 성대한 제사를 지내기 시작하다

농업을 발전시킨 기의 공로를 인정해 순임금은 기의 부락인 유태씨의 생활 영역인 태지邰地를 기의 봉국封國으로 책봉하고 후직을 기의 칭호로 하사했다.

기는 일생 동안 농업 발전을 위해 바삐 뛰어다니다가 서부의 '흑수黑水의 산'에서 사망했다. 그가 죽은 곳이 지금의 어디인지는 알 길이 없지만, 후직의 묘 주변은 경치가 아름답고 각종 농작물들이 저절로 자란다고 한다. 또한 봉황이 춤을 추고 신령한 나무와 풀이 자란다고 전한다.

농업을 발전시킨 기의 탁월한 공로를 기려 하나라와 상나라 때부터 사람들은 그를 직신稷神으로 모시고 제사를 지내기 시작했다.

환상의 용 — 서주 기문동방정夔紋銅方鼎 (오른쪽 사진)
기夔는 전설 속의 동물이다. 고서의 기록을 보면, 기는 머리에 뿔이 있고 발은 하나인데 '기룡夔龍'이라고도 한다. 이런 기룡 무늬는 상나라와 서주 초기에 성행했다.

기원전 1120년 | 세계사 연표 |
그리스 어를 사용하는 도리아 인의 펠로폰네소스 반도 침입으로 미케네 시대가 끝났다.

《사기史記·주본기周本紀》
《국어國語·노어魯語 上》 출전

-1046~-771 서주

| 중국사 연표 |

기원전 1900년 전후 — 주족이 지금의 산서성 서부로부터 지금의 섬서성 무공현 일대로 이동했다.

003

공류의 경제 누적

부지런하고 지혜로운 주족의 수장 공류公劉는 주족을 데리고 환경이 좋은 곳으로 이주해 주족은 새로운 발전을 하게 되었다.

사회적 동란 속에서의 주족의 거듭되는 이주

순임금 시절부터 하나라에 이르기까지 주족의 수장은 계속 후직이라는 벼슬을 맡아 농업을 관리했다.

그런데 하나라 태강 연간에 이르러 사회가 혼란해졌고, 주변의 소수민족들이 계속 반란을 일으키자 주족의 수장은 백성들과 함께 지금의 섬서성 중부에 있는 무공武功이라는 곳에 새로운 삶의 터전을 꾸리고 그곳을 태邰라고 불렀다. 주족의 선조들은 여전히 후직의 벼슬을 담당했으며, 하나라 임금은 주족의 새로운 정착지를 봉읍으로 내주었다.

하나라 말기 걸桀의 폭정으로 사회는 혼란에 빠지고 드디어 상商족이 하나라를 멸망시키자 하나라와 밀접한 주족은 태지에서 더 이상 안전하게 살 수가 없었다. 그래서 다시 주족은 태지를 떠나 지금의 감숙성 경양慶陽 일대에 이르러 그곳에서 농사를 짓기 시작했다.

하나라가 멸망하자 주족의 수장은 후직의 벼슬을 더 이상 담당하지 않았기에 자기의 이름만을 칭하게 되었는데, 이때 주족의 수장은 '불줄不窋'이었다.

서주 시대의 병장기 – 청동 도끼
서주 시대의 병장기는 다양했다. 이 청동 도끼는 전쟁에서 진격할 때 사용하던 무기이다.

백성들을 풍족하게 한 공류

불줄이 사망한 후 그의 아들인 국鞠이 수장이 되었고, 국이 죽자 국의 아들 공류가 그 뒤를 이었다. 그런데 그들 지역이 늘 융적戎狄의 침입을 받고 자연조건마저 좋지 못하자 공류는 남쪽에 있는 빈, 지금의 섬서성 빈현 동북쪽으로 자리를 옮겼는데 이때가 바로 상나라 초기이다.

빈으로 이주한 주족은 황무지를 개간하고 씨를 뿌려 얼마 지나지 않아 오곡이 물결치는 논밭을 일구어 냈다. 그리고 주족은 부지런하고 마음 좋은 공류를 임금으로 받들었다.

공류는 더 많은 곡식을 수확하기 위해 땅들을 더 많이 개간했고, 큰 궁궐도 지었으며 역법을 제정해 해의 길이를 측정했다. 그리고 재산을 지키기 위해 군대를 만들었다.

이러한 노력으로 집집마다 양식과 재산이 풍족해지자 인근 사람들이 다투어 주족

●●● 역사문화백과 ●●●

[주족의 발원지는 어디인가?]
주족이 최초 생활하던 고장은 어디인가? 주족의 최초 거주지는 지금의 섬서성 무공현 일대라고 전해져 왔는데 1930년대 한 학자가 주족은 지금의 산서성 일대에서 기원했다는 견해를 제기했다. 이 견해는 많은 사학자들과 고고학자들의 노력에 의해 증명되었다.

| 세계사 연표 |

기원전 1100년 　그리스 민족계인 도리아 인들이 대개 이때 미케네 등 여러 왕국들을 공멸해 멸망시켰다.

출전 《시경詩經·대아大雅·공류公劉》
《맹자孟子·양혜왕梁惠王 下》

백성들은 시를 지어 공류의 공을 칭송

공류의 인도와 주족의 노력으로 풍족한 생활을 누리게 되자 후에 공자는 이를 '공류호화公劉好貨(공류는 재물 쌓기를 즐긴다)'라고 했다. 백성들은 민족의 번영을 찾아왔다.

과 부를 위해 자기의 모든 힘을 바친 공류를 기리며 그를 칭송하는 시를 지었다.

상·주 시대의 중요한 농사일 - 뽕따기
이 그림은 《경직도耕織圖》 중의 뽕따는 그림이다. 《상서》에 의하면 서주 시대 뽕나무를 기르고 누에를 치는 일은 황하 중·하류 지역까지 널리 전파되었다.

| 중국사 연표 |

기원전 1600년 전후 — 주족은 지금의 섬서성 중부에서부터 지금의 감숙성 동부 경양현 일대로 이동했다.

004

융적을 피해 멀리 이주하다

공단부 때 주족은 서북에 있는 융적의 침략을 받았다.

공단부가 주족의 수장으로 있을 때 주족의 부를 탐낸 융적이 노략질을 하더니 마침내는 영토까지 빼앗으려고 했다.

태왕의 사랑

주족은 공단부公亶父 때부터 강대해졌다. 그래서 후세 사람들은 그를 '태왕太王'으로 받들었다. 그는 첩을 두지 않고 부인 강씨만을 사랑해 사람들의 칭송을 받았다.

그러나 덕행을 중시하는 공단부는 융적과 싸우지 않고 양산梁山을 넘어서 기산岐山 남쪽의 산기슭에 자리를 잡았다.

그러자 공단부의 덕성을 알고 있는 기산 주위의 다른 부족들도 다투어 공단부의 휘하로 들어와, 기산 기슭에는 첫해에 3천 호를 가진 큰 읍이 섰고 3년 후에는 인구가 다섯 배로 늘어났다.

주족의 참신한 기상

사람들은 기산 기슭을 '주원周原'이라고 불렀다. 공단부가 주족을 데리고 주원에 정착한 후 날로 발전해 백성들의 의식주가 풍족해지고 인구도 많이 늘어났다.

그러자 공단부는 백성들의 원시적이고 낙후한 생활 습관들을 모두 버리게 하고 다섯 개의 관직을 설치해 민사, 군사, 건축, 관리, 소송 등의 업무를 맡겼다.

후에 주나라 사람들은 천하를 통일한 시초는 공단부 때부터라고 하며, 후세 임금이 된 문왕은 공단부의 시호를 '태왕'이라고 추종했다.

이성에 대한 진정한 사랑

공단부의 부인 강씨는 공단부가 융적의 침략을 피

봉추촌鳳雛村에 있는 주나라 초기 궁실의 유적
섬서성 기산 일대는 공단부 이후 주족의 도읍지였다. 사진은 주나라 초기 왕궁의 섬돌이다.

●●● 역사문화백과 ●●●

[기산 봉추촌의 대형 건축물]

1976년 섬서성 기산현 봉추촌에서 서주 시대의 집터가 발견되었는데 이 건물들은 다져진 토대 위에 세워져 있었다. 이 집터는 남북 길이가 45.2m, 동서의 길이 32.2m, 면적은 약 1천5백㎡나 되었다. 집터의 두 곳에서 배수관이 발견되었고 소량의 기와도 발견되었다.

이 건축물은 기원전 1095년 전후에 세워진 것으로 추정된다.

| 세계사 연표 |

기원전 1100년 — 페니키아 인은 에스파냐의 카디즈를 발견해 식민지를 건설했다.

《맹자孟子·양혜왕梁惠王 下》
《시경詩經·대아大雅·면綿》 출전

해 빈에서 주원으로 이주할 때도, 백성들을 영도해 주원을 건설할 때도 언제나 공단부의 곁을 지키면서 도와주었다.

태왕도 오직 강씨만을 사랑하며 보다 많은 정력을 백성들의 생활 개선과 정권 건설 등에 바쳤다. 이것이 모범이 되어 모두들 일부일처로 백년해로하는 것을 미덕으로 삼았다. 그 이후로는 가난 때문에 장가를 못 드는 사람이 나라 안에서 없어졌다고 한다.

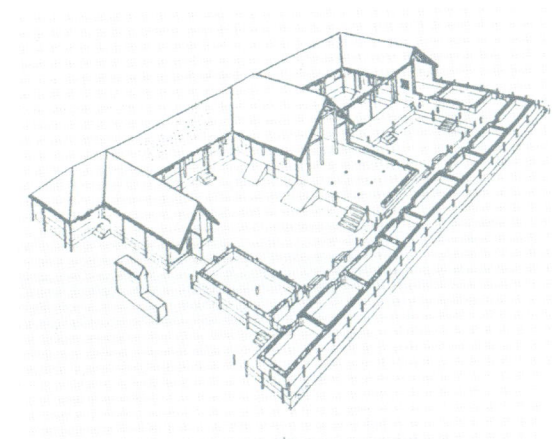

아성亞聖 맹자
맹자는 공자학설의 직계 계승자라는 자부심으로 유가학파를 공식 창립했다. 맹자는 인의로써 나라를 다스리는 이상적인 정치를 꿈꿨으며, 태왕의 고결한 도덕과 사랑을 찬양했다.

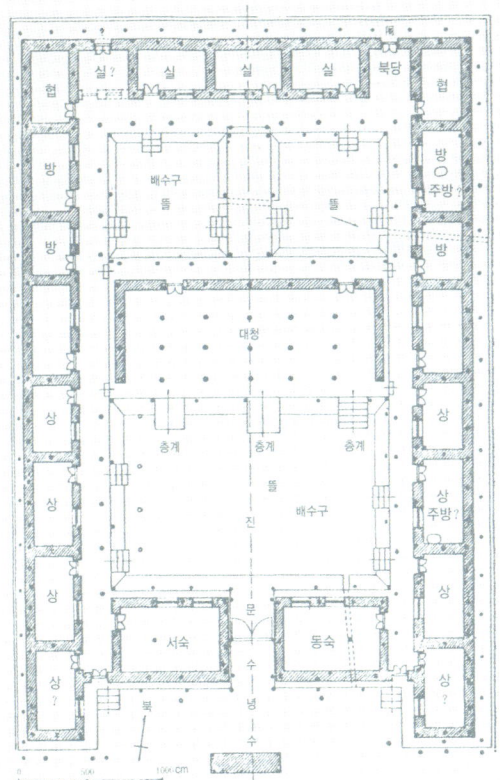

봉추촌에서 발견된 주나라 초기 궁실의 복원도 및 평면도
섬서성 기산 봉추촌에서 발견된 주나라 초기 궁실의 건축군은, 무왕이 상나라를 정복하기 이전부터 시작하여 서주 말기까지 존재했던 것으로 추정하고 있다. 이 건축은 주나라가 상나라를 멸망시키기 이전 도읍지의 건축물들로서, 이곳이 공단부 이후 주족 사람들의 도읍지였음을 말해 준다.

서주 -1046~771

고대 여성들이 가져야 할 네 가지 덕행인 부덕婦德, 부언婦言, 부용婦容, 부공婦功을 말함

| 중국사 연표 |

기원전 1500년 전후   주족은 수장 공류의 영솔하에 감숙성 경양 남부에서 빈豳으로 이주했다.

무늬가 정교한 서주 시대의 술잔 - 부을고父乙觚
섬서성 관중 지역에 위치하고 있는 주원周原 유적지는 주 왕조의 발상지이다. 이곳에서 서주 시대의 청동기가 800여 점이나 출토되었는데, 부을고는 그중의 하나다.

| 중국사 연표 |

기원전 1100년

북셈 자모 문자는 대개 이 시기를 전후하여 시리아 일대에 이용되었다. 이 문자는 후세의 유럽과 인도 문자의 기원이 되었다.

005

《사기史記·오태백세가吳太伯世家》 출전

오나라로 내려간 태백

공단부가 막내아들인 계력季歷의 아들 창昌을 각별히 사랑해 그의 자리를 창에게 물려주려고 생각하자 그것을 안 큰아들 태백太伯과 둘째 아들 중옹仲雍은 자리에 미련을 두지 않고 남으로 내려갔다.

아버지의 뜻을 알고 떠나간 두 형제

공단부의 부인 태강은 맏아들 태백, 둘째 아들 중옹, 막내아들 계력 등 세 아들을 낳았다. 이중 막내 계력은 형들을 제치고 임씨 처녀를 맞아 먼저 결혼을 해 아들 창을 낳았다. 창이 출생할 때 하늘에서 그가 성인聖人이 될 상서로운 조짐이 내비쳤는데 공단부는 이것을 보고 "우리 주족은 창에 의해서 강대해지리라."라고 말했다. 그 말을 들은 태백과 중옹은 아버지가 왕위를 막내아들한테 넘겨주어 결국에는 손자 창에게 물려주려고 한다는 것을 짐작하고 아버지의 의중을 따르기로 했다. 그래서 아버지 공단부가 병으로 누워 있는 틈을 타 약초를 캐러 간다는 구실을 대고 궁을 나와 먼 곳으로 떠나갔다.

강을 따라 강남으로

형제 둘은 머나먼 여정 끝에 마침내 장강의 남안, 지금의 강소성 강녕현 일대에 이르렀다. 그곳은 땅이

관중關中 서주 문화 유적지 분포도

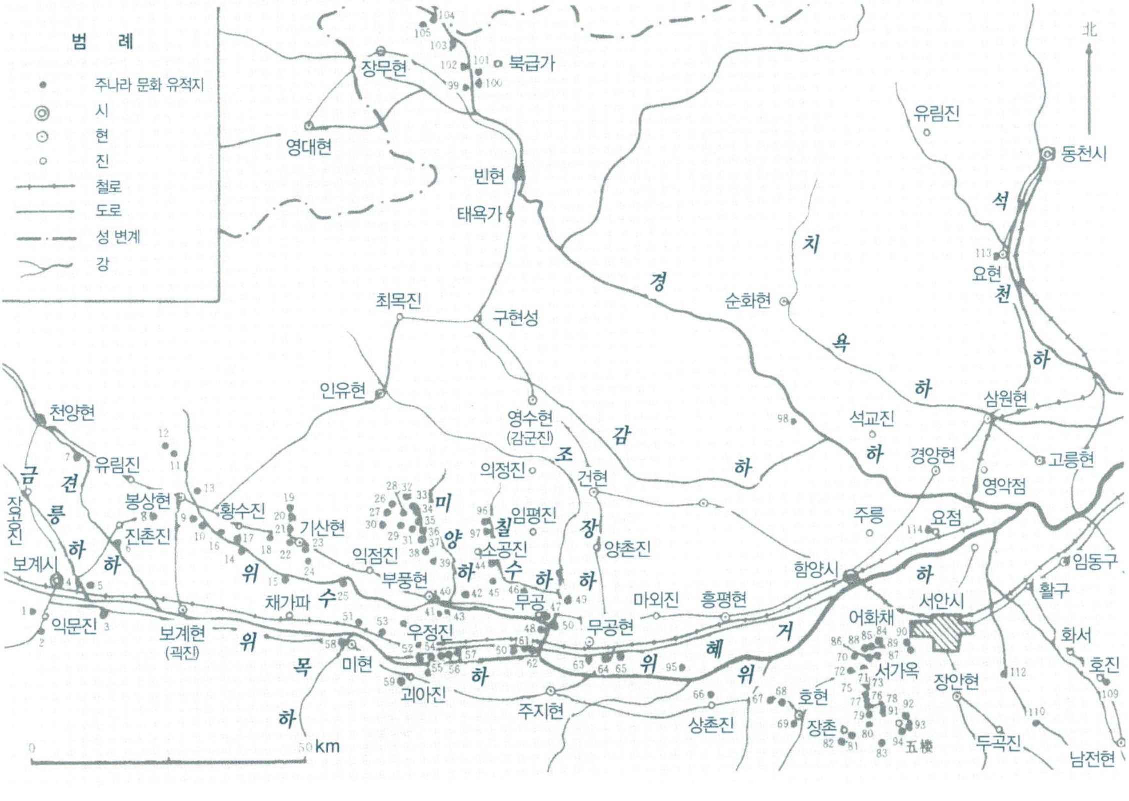

-1046~-771

서주

백伯(혹은 맹孟), 중仲(즉中), 숙叔, 계季

| 중국사 연표 |

기원전 1150년 ~ 기원전 1100년

공단부 때 주족은 또 빈에서 남하해 기산지양岐山之陽, 즉 지금의 섬서성 기산, 부풍현 일대로 이주했다.

비옥하고 기후가 좋아 개간할 땅들이 많았기 때문에 그들은 그 고장에 정착했다.

지금의 강녕현 부근 영진寧鎭산맥과 진회하秦淮河에서 발굴된 태형台形 유적지 속에서 상나라 말 주나라 초기 형식의 청동기들이 많이 출토되었는데, 이는 태백과 중옹이 주원에서 이곳으로 왔다는 것을 증명해 주는 것이다.

생산 기술을 전수해 토착민들의 수장으로 추대되다

태백과 중옹은 그곳의 토착민들을 예로 대하고, 선진적인 기술을 가르쳐 주었다. 토착민들은 견식이 넓고 선진 문화와 기술을 가지고 있던 태백과 중옹을 자신들의 수령으로 추대했고, 이에 형인 태백이 임금이 되었다.

태백은 그 고장을 '구오句吳'라 칭하고 나라 이름도 구오라고 했다.

오나라의 새 임금 태백이 덕으로 나라를 잘 다스리자 사람들이 오나라의 백성이 되려고 사방에서 찾아왔다. 몇 년이 지나고 오나라의 백성들이 모두 풍족해지자 태백은 외세의 약탈을 막고 나라를 지키기 위해 성벽을 쌓았다.

단발 문신을 하다

태백이 죽은 후 그의 동생 중옹이 왕위를 계승했다. 태백은 상투를 틀고 모자를 쓰고 주족 의복과 예법대로 생활한 반면, 중옹은 즉위하자 그곳 사람들의 관습대로 머리는 단발을 하고 몸에는 용이나 뱀의 그림으로 문신을 새겨 짐승들과 해충들의 해를 막았는데, 이것을 '단발 문신斷髮文身'이라고 한다.

또 그는 웃옷을 벗고 조개 등으로 만든 장신구를 목에 달았다. 이렇게 중옹은 현지에 살고 있던 민중들과 어울리기 위해 차림새와 생활 방식 등을 완전히 바꾸었다.

제후를 책봉한 오나라 임금

몇십 년이 지나자 주원에서는 공단부가 죽고 계력이 임금이 되었다. 그 후에는 창이 임금 자리를 물려받았는데 그가 바로 문왕文王이다.

문왕의 아들 무왕은 나중에 상나라를 정복해 전국의 정권을 탈취했다. 이 때 오나라에서는 중옹의 뒤를 이어 계간季簡이, 그 다음에 계간의 아들 숙달叔達이, 또 그 다음에는 숙달의 아들 주장周章이 임금 자리를 물려받았다.

천하를 통일한 주나라 무왕은 당시 떠나간 두 할아버지를 잊지 못하고 있었는데, 지금의 오나라 임금 주장이 그들의 후대임을 알고 그 즉시 주장을 제후로 봉했다. 그리고 주장의 동생도 지금의 산서성 서남부에 '우虞'라는 제후국을 세우게 하여 그곳의 제후로 책봉하고 우중虞仲이라

강남 특색인 뇌문정雷紋鼎
강소성 단도현丹徒縣에서 출토된 청동기.

| 세계사 연표 |

기원전 1100년 — 고대 그리스에서는 두 마리 소가 끄는 쟁기로 밭을 갈았으며, 수공업이 농업에서 분리되고 철기가 출현했다.

1046~771 서주

불렀다.

　강왕康王때 이르러 동남 변강의 방어력을 강화하기 위해 오나라 임금에게 백성과 땅을 주는 방식으로 또 한번 책봉을 했는데, 1954년 강소성 단도현丹徒縣 연돈산煙墩山에서 출토된 '의후실궤宜侯失簋'라는 청동기에 그 일에 대한 상세한 기록이 새겨져 있다. 그 후 오나라는 부단히 영역을 확대했고 도성도 여러 번 옮겨 지금의 소주에 정착했다.

남북 교역의 중심지

　태백과 중옹이 임금 자리를 아우에게 양보하고 머나먼 동남쪽으로 와서 오나라를 세운 뒤, 중국 동남 지역의 오나라와 서북 지역의 주나라 사이에 있었던

두 왕조의 도성 - 조가
조가는 상나라 때 도성이었다. 주나라 무왕 시기에는 강숙을 위후衛侯로 책봉하고 조가를 위나라의 도성으로 정했다. 조가의 유적은 지금의 하남성 기현淇縣 경내에 있는데 몇천 년 풍파의 세월에 황폐한 성터만 남아 있을 뿐이다.

3000년 전 교역은 많은 문헌들과 발굴된 유물들에 의해 그 사실이 입증되었다.

●●● 역사문화백과 ●●●

[농촌 공동체의 탄생]
원시 사회 말기, 생산성의 발달로 잉여 물품이 늘어났다. 따라서 혈연관계를 토대로 하는 씨족 공동체는 점차 지역적인 농촌 공동체로 바뀌기 시작했다. 이때 토지는 명의상으로는 공유이지만 각 집에 나누어 주어 이용토록 했다. 그리고 가축, 농기구, 주택과 생산물은 개인의 소유였다. 이로 인해 공유제는 점차 사유제로 변하기 시작했다.

공단부의 아들 태백　37

기원전 1150년 ~ 기원전 1100년

| 중국사 연표 |
공단부의 장자 태백과 차자 중옹은 강남으로 가서 오나라를 세웠다.

006

계력의 죽음

주나라 임금 계력이 융적을 쳐서 대승을 거두었다. 하지만 상왕 문정文丁은 질투심으로 계력을 박해하기 시작했다.

태백과 중옹이 먼 곳으로 떠나간 후 공단부는 밤낮으로 두 아들을 걱정하고 그리워하다가 건강이 악화되었다. 공단부가 죽은 다음 막내아들 계력이 그 뒤를 이었는데 그를 '공계公季'라고 칭했으며, 후에 공단부를 '태왕'으로 추존하자 공계는 '왕계王季'로 추존되었다.

누이동생을 주나라 희창과 혼인시킨 제을

문정은 날로 강성해지는 계력을 옥에 가두었는데 계력이 옥에서 죽고 말았다. 계력의 아들 희창은 즉위한 후 아버지의 원수를 갚으려고 군사력을 길렀다. 문정의 뒤를 이은 제을은 주나라와의 갈등을 완화시키기 위해 누이동생을 희창과 혼인시켰다. 이 그림은 청나라 손가정 등이 편찬하고 광서 연간에 간행한 《흠정서경도설》에 실려 있다.

융적을 치고 작은 나라들을 합병하다

계력은 즉위한 후 융적 부락을 물리치고 주변의 작은 나라들을 합병했다.

그리고 즉위 3년 후에는 주원의 동쪽, 지금의 섬서성 함양시 동쪽에 있는 정程나라를 정벌했다. 또한 즉위 9년 되는 해에는 주나라 북방, 즉 지금의 감숙성 경양慶陽, 경천涇川 일대에 있는 융적 부락이 세운 의거義渠라는 나라를 정벌했다. 이후 주나라 영토는 북으로 매우 넓게 확장되었다.

상왕 무을武乙에게 진상품을 바치고 뒷근심을 덜다

주나라는 이렇게 국력을 확장했지만 동쪽의 상나라에 비하면 아직 약소국이었다. 그래서 공계는 즉위 13년이 되던 해에 많은 진상품을 가지고 상나라로 가,

●●● 역사문화백과 ●●●

[의후열궤]

1954년 강소성 단도현 농민이 연돈산烟墩山에서 고대 청동기를 발견했는데 그 청동기에 금문이 새겨져 있었다. 금문에는 서주 강왕 시기 열에게 강남의 의宜 땅을 분봉해 주고 후우로 책봉했으며 많은 제기와 활, 토지를 하사한 사실과 '의에 있는 왕인王人', '존칠백尊七伯' 및 '서인庶人' 등 여러 부류의 사람들이 있었음이 기록되어 있다.
의후열궤는 서주 초기의 분봉 제도와 사회 상황을 이해하는 데 진귀한 자료이다.

| 세계사 연표 |

기원전 1085년 이집트의 제20왕조가 끝나고 스멘데스가 즉위해 제21왕조가 시작되었다.

《전국책戰國策·위책魏册 2》
《죽서기년竹書紀年》
출전

상왕의 신하가 되겠다고 다짐하고 그 보답으로 상왕 무을로부터 30리의 땅과 진귀한 옥기와 말 등을 받았다. 이렇게 계력은 영토의 확장뿐만 아니라 상나라와의 관계도 개선했다.

상 왕조의 지지를 받게 된 공계는 주변의 융적 부락을 공격할 수 있는 여건을 마련했다. 공계는 상왕을 배알한 그 이듬해 서북쪽에 있는 융적 부락 귀융鬼戎을 침공해 백성과 재물을 수없이 노획했다.

상왕이 계력을 경계해 감옥에 가두다

그 후에 상왕 무을이 벼락에 맞아 죽자 아들 문정이 왕위에 올랐다. 문정 2년, 지금의 산서성 정락현靜樂縣 이북 연경燕京의 융이 반란을 일으키자 계력이 출병했으나 융의 군대에게 대패하고 말았다. 그러나 2년 후 계력이 여무餘無의 융을 진격해 승리를 거두자 문정은 그를 상나라 '목사牧師'로 임명하고 서부 지역의 정벌을 관장하게 했다.

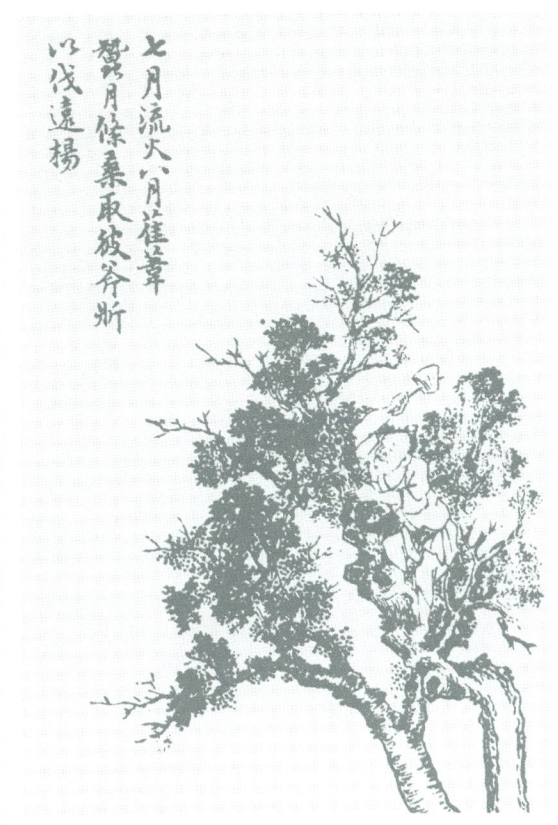

청나라 사람이 그린 《유풍豳風·칠월도七月圖》

상나라 목사가 된 계력이 인근의 융 부락들을 계속 정벌해 나갔다. 3년 후에 그가 이끄는 군대는 시호의 융을 정벌하고, 4년 후에는 예도翳徒의 융을 공격해 많은 재물과 포로를 얻었다. 이에 상왕 문정은 계력의 공로를 표창해 미옥으로 만든 '규찬圭瓚'이라는 술주전자에 검은 기장과 향초로 빚은 '거창秬鬯'이라는 술을 가득 담아 보냈으며, 그를 후백侯伯으로 임명했다. 하지만 그의 역량이 커지자 상왕 문정은 속으로는 그를 경계했다.

결국 문정은 계력을 잡아들여 '색고塞庫'라는 감옥

동물 무늬로 장식된 을공궤乙公簋
서주 초기의 청동기로, 1974년 북경 방산房山 유리하琉璃河에서 출토되었다. 여러 가지 동물 모양으로 장식되어 있다.

흔히 용맹을 상징하는 갈새의 깃을 꽂음. 갈새는 꿩처럼 생겼는데 꿩보다 크며 목숨을 내걸고 용맹하게 싸우는 새임

| 중국사 연표 |

기원전 1150년 ~ 기원전 1100년   주족을 강성하게 만들어 상나라를 정벌하려는 의지를 품었던 공단보. 후세는 그를 '태왕'으로 모셨다.

 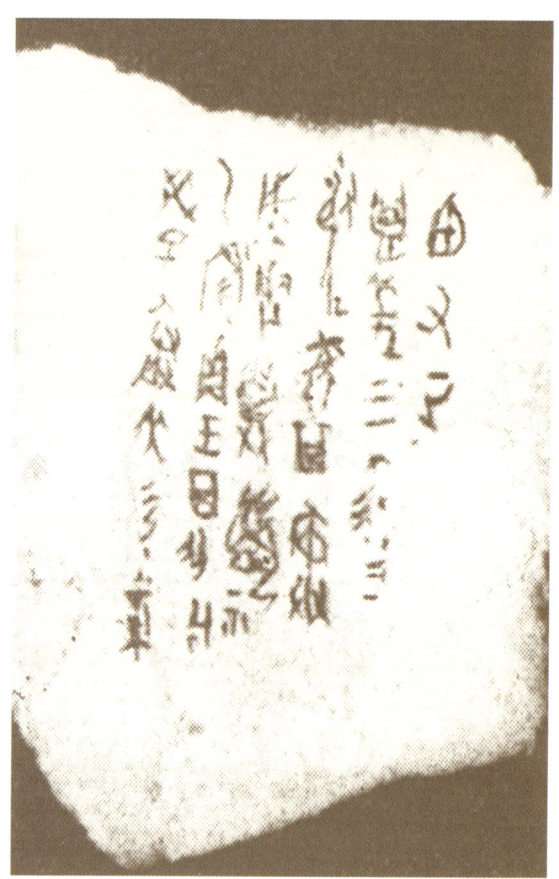

주원의 복골에 새겨진 주나라와 상나라의 관계를 반영하는 글
봉추촌에서 출토된 1만 7000여 조각의 복갑ト甲과 복골ト骨에 새겨진 갑골문은 제사, 소송, 운세, 출입, 사냥, 전쟁 등의 길흉을 점치는 내용과 인명, 관직명, 지명, 달의 변화 시기, 잡복雜ト 등에 대한 기록들로 분류할 수 있다. 이 복골에 새겨진 갑골문은 서주의 제도와 주나라와 상나라의 관계를 표현했다.

에 가두었다. 그러자 문정에게 배신을 당했다고 생각한 계력은 분을 못 이겨 옥중에서 죽고 말았다.

아버지의 복수를 결심한 창왕

그 소식을 들은 계력의 아들 창은 비통함을 누를 길이 없었다. 그는 아버지의 복수를 결심하면서 아버지의 시신을 초산楚山에 묻었다.

그런데 며칠 후 한 가닥 샘물이 계력의 무덤을 씻어 내려 관이 드러났다. 그것을 본 창은 뭇사람들에게 이렇게 말했다.

"선왕께선 마지막으로 다시 한 번 신하들과 백성들을 보시려는 것이오. 그렇지 않고서야 봉분이 샘물에 씻겨 내려갈 리가 있겠소?"

그러고는 관을 열고 사흘 동안 신하들과 백성들이 참배하게 한 다음 이장했다.

후에 창은 주나라 임금이 되어 상나라 서부의 많은 속국들을 점령했다. 그리고 그의 아들 무왕에 이르러서는 마침내 상나라를 정복하고 천하를 통일하기에 이르렀다.

| 중국사 연표 |

기원전 1085년 — 테베의 대사제 헤리호르가 상 이집트를 통치하기 시작하였다. 이때부터 후 이집트 시대가 시작되었다.

007

《국어國語・진어晉語 4》
《고열녀전古列女傳・주실삼모周室三母》

돼지우리에서 출생한 문왕

계력의 뒤를 이어 그의 아들 창이 즉위했는데, 그가 바로 문왕이다. 문왕의 어머니는 훌륭한 품성으로 남편과 아들이 현군이 되도록 도왔다.

주족은 문왕 시기에 이르러 정치, 경제, 군사 등 모든 분야에서 거족적인 발전을 가져왔다. 문왕은 상나라를 멸망시키고 천하를 통일할 계획을 세웠다. 문왕 재위 시절, 주나라는 노인들을 존경하고 어린이들을 사랑하며 백성 모두가 평화롭게 사는 나라였다. 그래서 대부분 제후들이 주나라에 귀순해, 이때 주나라는 천하의 3분의 2를 가졌다고도 한다.

태교를 중시한 태임

문왕의 어머니는 지摯나라 임금의 둘째 딸이었다. 지나라 임금의 성이 임任씨였기 때문에 문왕의 어머니를 '태임太任'이라고 한다. 지나라는 상나라 동쪽에 있는 제후국이다.

태임은 성정이 단아하고 덕이 있었다. 태교의 중요성을 잘 알고 있었던 그녀는 임신 기간 동안 낮에는 덕성이 훌륭한 사람들의 이야기를 듣고 밤에는 악사의 음악을 들었다.

그 당시는 사람들이 모두 대소변을 돼지우리에서 보았는데 임금과 그의 부인들도 마찬가지였다. 어느 날, 태임은 친절하고 키 큰 남자를 만나는 꿈을 꾸었다. 그리고 그 이튿날 돼지우리에서 소변을 보다가 아들을 낳았는데 그가 바로 문왕이다.

청동기 쌍둥이 – 영궤令簋
서주 소왕 시기의 청동기. 두 개의 모양과 크기가 똑같고, 궤 안 바닥에는 당시의 치열한 전쟁을 기록한 금문이 새겨져 있다.

태강太姜(왕계의 어머니), 태임太任(문왕의 어머니), 태사太姒(무왕의 어머니)

| 중국사 연표 |
기원전 1100년 전후
주족의 수장 계력이 상나라 왕 문정에 의해 죽었다.

자애롭고 현명한 문왕

문왕은 용의 얼굴에 키가 2미터나 되고, 가슴에 젖이 네 개가 있었다고 한다. 문왕은 어른들을 공손하게 섬기고 형제간에 우애도 좋았다. 아들들에게도 자애로운 아버지였다.

문왕은 즉위한 후 현인들을 임용했으며 두 아우인 괵중虢仲, 괵숙虢叔과도 대사를 의논하는 것을 잊지 않았다. 그의 곁에는 언제나 덕을 겸비한 친척이나 대신들이 있어 정치를 도왔기 때문에 백성들이 안정된 생활을 할 수 있었다.

서주 개국 삼현모三賢母
서주 개국 전후 현숙한 세 여성이 있었는데 문왕의 조모이며 태왕의 부인인 태강, 문왕의 어머니이며 계력의 부인인 태임, 문왕의 부인이며 무왕의 어머니인 태사다. 《고대 열녀전》에는 "문왕과 무왕의 부흥은 이들로부터 비롯되었다. 그중 태사가 특히 현명했는데 문모文母라고 호칭했다. 이 세 분의 덕은 참으로 크다."고 쓰여 있다.

자강불식의 문왕
문왕 희창은 서주 왕조의 창시자이다. 상나라 주왕 시기 서백西伯으로 책봉된 그는 덕으로 나라를 다스렸다. 재위 50년 동안 그는 여상, 죽웅, 백이, 숙제 같은 현사들을 중용하고 서주 왕조 건립의 튼튼한 기반을 닦아 놓았다. 이 그림은 명나라 홍치 연간 간행된 《역대고인상찬歷代古人像贊》에 실려 있다.

문왕의 미덕에 대한 송가

문왕이 덕으로 나라를 잘 다스리자 그를 칭송하는 송가가 여러 편 나왔다. 〈사제思齊〉라는 시에서는 문왕을 이렇게 칭송했다.

"장중한 태임은 문왕의 어머니. 사랑스러운 주강周姜은 왕실의 부인. 그녀들의 미명을 계승한 태사太姒는 영특하고 우수한 남자 아이들을 낳았도다. 문왕은 존귀하신 선왕들께 효성을 다하였기에 선왕들의 혼령은 원망과 공포를 몰랐다. 문왕은 아내에게도 모범을 보이고 아우나 모든 식솔 그리고 온 나라에도 본보기가 되었도다."

그리고 〈역박棫朴〉이라는 시에도 다음과 같이 기술하고 있는데, 그 당시 문왕에 대한 백성들의 마음을 알 수 있다.

"무성하게 자란 참나무와 후박나무는 제사 때 쌓아

| 세계사 연표 |

기원전 1076년 아샤리드 아팔 에쿠르가 아시리아 왕(~기원전 1074년)이 되었다.

객성장客省庄 서주 주거 유적

놓고 불을 지피는 데 이용하고, 좌우의 대신들은 장엄한 군왕을 받들고 옹위하는 역할을 한다. 조회에서 좌우의 신하들이 배알할 때 군왕은 엄숙히 옥장玉章을 들고 서 있나니, 그 모습 참으로 의젓하고 당당하더라. 배가 앞으로 나아갈 때는 많은 사공들이 노를 젓고 주왕이 멀리 출정을 나갈 때는 위풍당당한 6군이 그를 따른다. 조각은 그의 장신구이고 금옥은 그의 바탕이다. 부지런히 애쓰는 우리 임금은 천하 방방곡곡을 인으로 다스리고 있도다."

《시경·대아·면》에서 공단부가 주원에 이르렀을 때의 상황을 '궁실이 없이 도혈陶穴만 있었다'고 묘사했다. 여기서 말하는 '도혈'은 땅을 옴폭하게 판 것을 말한다. 학자들은 섬서 용산 문화(객성장 2기)를 최초의 주나라 문화로 보고 있다.

태사이다. 이 셋은 모두 남편을 도와 나라를 발전시켰으며, 또 자식을 잘 교육해 현명한 군주가 되게 하였다. 그중에도 돼지우리에서 문왕을 낳은 태임은 말없이 남편을 보좌하고 자식들을 잘 키워 나라에 가장 큰 기여를 했다.

주실삼모의 공적

서주 건국 시기 지혜로운 여성이 셋 있었는데 사람들은 그들을 '주실삼모周室三母'라고 일컬었다. 그중 한 명은 문왕의 조모이며 태왕의 부인인 태강이고, 다른 한 명은 문왕의 어머니이며 왕계의 부인인 태임이며, 나머지 한 명은 문왕의 부인이며 무왕의 어머니인

●●● 역사문화백과 ●●●

[주원-주나라 사람들이 흥기한 근거지]

주원은 주족 초기의 수장 공단부가 주족을 거느리고 이주해 온 곳이다. 이곳은 주나라 사람들이 일어난 근거지로 주공과 소공이 분봉받은 채읍도 이곳에 있다.
주원은 대량의 청동기가 출토되고 대형의 집터와 수많은 갑골들이 발견되어 주목을 끌고 있다.

문왕이 부인을 얻을 때 점을 쳐 보니 좋은 괘가 나와 위수 강가로 나아가 부인을 친히 맞음. 《시경》에서는 이를 '문정궐상, 친영어위文定厥祥, 親迎於渭'라고 함

| 중국사 연표 |

기원전 1100년 전후 — 계력의 아들 창, 즉 문왕이 즉위했다.

008

시체에까지 미친 은덕

문왕이 주인 없는 시신을 관에 넣어 안장하도록 했다는 말을 들은 사람들은 모두 그의 덕을 칭송했다.

재앙을 피하는 문왕의 방법

문왕이 즉위한 지 8년 되던 해 6월 어느 날, 문왕이 병이 들었는데 닷새 후 도성에 지진이 일어났다. 강한 진동으로 땅이 마구 흔들리고 수많은 집들이 허물어졌다. 사람들이 불안해하자 한 대신이 문왕께 이렇게 진언했다.

"신이 듣건대 땅이 진동하는 것은 임금님 때문이라고 합니다. 임금님께서 병으로 누워 계신 지 닷새 만에 지진이 일었고 그 중심 위치가 바로 도성입니다. 지금 신하들은 모두 지진의 근원지를 다른 데로 옮겨야 한다고 주청하고 있습니다."

"지진의 근원지를 어떻게 옮긴단 말이오?"

"속히 백성들을 징발해 성벽을 높이 쌓아 올리면, 지진이 겁이 나서 다른 곳으로 옮겨 갈 것입니다."

"그건 당치 않은 말이오. 천지에 해괴한 현상이 생기는 것은 대개 죄 지은 사람을 벌하기 위함인데, 아마도 과인에게 무슨 잘못이 있는 모양이오. 그러니 하늘이 이렇게 지진으로 벌을 주려는 것이 아니겠소? 그런데 지금 과인이 수많은 인력과 재력을 소모해 가며 성을 높인다면 그것은 새로운 죄를 더 보태는 것이니 절대 할 수 없소."

그리고 잠시 후 다시 말을 이었다.

"과인의 생각엔, 여러 가지 정책을 개선해 백성들에게 더 큰 편리함을 준다면 지진이 다른 데로 옮겨 갈 것이오. 이것이 재앙을 피하는 방법이 아니겠소?"

그러고는 찾아오는 각국 사신들을 더욱 예로 접견하고, 관리와 백성들에게 적절한 칭찬과 상을 주어 재능을 더 발휘할 수 있도록 독려했다. 그러자 얼마 지나지 않아 문왕의 건강이 회복되었으며 지진도 다시 일어나지 않았다.

주인 없는 시신을 보살펴 안장한 미덕

한번은 문왕이 새 집을 지으려고 땅을 파게 했다. 그런데 땅을 파다 보니 아직 썩지 않은 시신 하나가 나왔다. 보고를 받은 문왕은 이렇게 말했다.

"관 하나를 준비해 그 시신을 다른 곳에 매장하게."

"이 시신의 주인이 누군지 알지 못합니다."

관리의 말에 문왕은 이렇게 말했다.

"천하를 가졌으면 천하의 주인이고 나라를 가졌으면 나라의 주인이 아닌가? 그렇다면 그 시신의 주인이 과인이 아닌가?" 그러면서 시신에게 옷을 입혀 관에 넣고 인근 묘지에 묻으라고 명했다. 그 말을 들은 사람들은 "문왕은 죽은 사람에게도 은덕을 베푸는데 하물며 산 사람이야 더 말할 나위가 있으랴." 하며 문왕의 덕을 칭송했다.

방형동궤方形銅簋
청동기에서 궤는 양식을 담는 용기로서 보통 모양이 둥글다. 그런데 이 궤는 네모반듯한 모양(방형)으로 되어 있다. 이 청동기는 주나라 초기 아축족亞丑族의 소유였다고 한다.

| 세계사 연표 |

기원전 1074년 — 아슈르 벨 칼라가 이 시기에 아시리아의 왕(기원전 1057년)이 되었는데 이때부터 아시리아는 국력이 쇠약해지기 시작했다.

출전 《여씨춘추呂氏春秋・이용異用》 《한시외전韓詩外傳》 4권

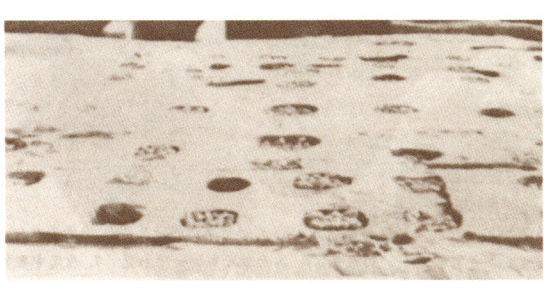

부풍현 소진촌김陳村의 대형 건축 유적
기하岐下 주족의 도읍이었던 부풍扶風의 법문法門과 황퇴黃堆 일대는 서주의 유적지이다. 서주 초기와 중기의 궁전 유적지가 발견되었다.

서주 고금 지명 대조표

서주 고대 지명	지금의 지리적 위치
유태씨有邰氏	산서성 직산현稷山縣, 문희현聞喜縣 일대
태邰	섬서성 무공현武功縣
빈豳	섬서성 빈현彬縣 동북쪽
주원周原	섬서성 기산현岐山縣 남쪽
정程	섬서성 함양시咸陽市 동쪽
의거義渠	섬서성 경양현慶陽縣, 경천현涇川縣 일대
여呂(혹은 동여)	산동성 거현 동쪽
극진棘津	하남성 연진현延津縣 동북쪽
맹진孟津	하남성 맹진현孟津縣 동북쪽
조가朝歌	하남성 기현淇縣
양良	강소성 비주시邳州市 북쪽
유리羑里	하남성 탕음현蕩陰縣 북쪽
산散	대산관大散關, 섬서성 보계시寶鷄市 남쪽
장자長子	산서성 장자현長子縣
단양丹陽	①하남성 서남부 단강丹江, 절수淅水의 합수목 ②호북성 제귀현 ③호북성 지강시枝江市
우虞	산서성 평륙현平陸縣
예芮	①산동성 예성현芮城縣 ②섬서성 대여현 동쪽
밀密(밀수密須)	감숙성 영대현靈臺縣 서쪽
원阮 공共	감숙성 경천현涇川縣
여黎	산서성 여성현黎城縣 동북쪽
우邘	하남성 심양시沁陽市
숭崇	하남성 숭현崇縣, 숭산崇山 일대
풍豐	섬서성 장안현長安縣 서남쪽
호鎬(즉 종주宗周)	섬서성 장안현長安縣 동남쪽
회懷	하남성 무척현武陟縣 서남쪽
공두산共頭山	하남성 휘현輝市 동남쪽
목야牧野	하남성 기현淇縣 남쪽
용庸	호북성 죽산현竹山縣
촉蜀	사천성 성도시成都市 부근
무巴	중경시重慶市 파남구巴南區
미微	섬서성 미현眉縣 부근
노盧	호북성 의성시宜城市 서남쪽
팽彭	호북성 방현房縣 동쪽
고죽孤竹	호북성 노룡현盧龍縣 남쪽
수양산首陽山	섬서성 기산현 서북쪽
겹욕郟鄏(왕성王城)	하남성 낙양시洛陽市 서북쪽
숙신肅愼(소수민족)	흑룡강성 대부분과 길림성 북부
낙읍洛邑(성주成周)	하남성 낙양시洛陽市
엄奄	산동성 곡부시曲阜市
포고蒲姑	산동성 박흥현博興縣, 치박시淄博市 일대
영구營丘(임치臨淄)	산동성 치박시 동쪽
목릉穆陵	목릉관穆陵關, 산동성 중부
무체无棣	산동성 무체현
섬陝	하남성 섬현陝縣
필畢	섬서성 함양시 동북쪽
조趙	조성趙城, 산서성 홍동현洪洞縣 북쪽
호뢰虎牢	하남성 형양시滎陽市 서북쪽
진秦	감숙성 청수현淸水縣
견구犬丘	① 섬서성 흥평시興平市 동남쪽 ② 감숙성 천수시天水市 서남쪽
양월楊越	호북성 천문시天門市 동쪽
악鄂	호북성 악주시鄂州市
체麗	산서성 곽주시 동남쪽
서徐	강소성 사홍현泗洪縣 일대
천무千畝	산서성 개휴시介休市 남쪽
기夔	호북성 자귀현
곡옥曲沃	산서성 문희현聞喜縣 동북쪽
포褒	포성褒城, 섬서성 면현勉縣 동쪽
증繒	하남성 방성현方城縣 일대
희戲	섬서성 서안시西安市 임동구臨潼區
담譚	산동성 제남시濟南市 부근

서주

-1046~-771

납채納采, 문명問名, 납길納吉, 납폐納幣, 청기請期, 친영親迎

기원전 1100년 ~ 기원전 1060년

| 중국사 연표 |
문왕은 현인을 등용해 인정(仁政)을 실행했다.

009

영대의 노랫소리

문왕이 천문을 관측하고 풍경을 감상하는 누각을 지으려고 하자, 수많은 백성들이 스스로 찾아와 일을 도왔다. 그래서 공사장은 일하는 백성들의 웃음소리와 노랫소리가 끊이지 않았다.

문왕을 열성적으로 호응하는 백성들

문왕은 언제나 백성들을 걱정하고 백성들의 의견을 귀담아 들었으며 찾아오는 백성들을 접대하느라 끼니도 거르는 때가 많았다.

한번은 문왕이 여러 동물들이 자유롭게 살 수 있는 숲 하나를 만들 생각을 했다. 그것을 알게 된 수많은 백성들은 스스로 찾아와 숲을 만드는 일을 시작했다. 그래서 얼마 지나지 않아 엄청나게 큰 숲이 만들어졌다.

이곳에서는 동물들뿐만 아니라 백성들도 마음대로 노닐 수 있어, 마치 신령이 보유하는 곳 같다는 의미로 사람들은 그 숲을 '영유靈囿'라고 불렀다.

그 후에 문왕은 또 물고기들과 각종 수생동물들이 자유자재로 놀 수 있는 늪을 하나 만들려고 생각했다. 그러자 이번에도 문왕의 이런 생각을 안 백성들이 찾아와 열성적으로 도왔다.

얼마 지나지 않아, 갖가지 물고기와 수생동물들이 사는 큰 늪이 만들어졌다. 늪의 주변은 문왕과 백성들이 어울려 노는 오락 장소가 되었는데 사람들은 이 늪을 '영소靈沼'라고 불렀다.

영대 축조 현장에서의 노랫소리

영유와 영소를 만든 다음 문왕은 천문 현상을 관측하여 역법을 만들기 위해 누각 하나를 지으려고 생각했다. 그 생각이 전해지자 또 많은 사람들이 찾아와 누각을 만드는 일에 참여했다.

사람들은 즐거운 마음으로 목재를 나르고 돌을 쌓아 공사장은 웃음소리, 노랫소리가 끊이지 않았다. 그들은 얼마 후에 높이 솟은 누각 하나를 세워 '영대靈臺'라고 불렀다.

백성과 기쁨을 같이 하는 정신에 대한 찬미

이렇게 임금과 백성이 합심하여 즐겁게 일을 하자 이 광경을 노래한 송가도 나오게 되었다.

"영대를 축조하기 시작했다는 소식이 왔다. 장인들은 설계하고 백성들은 열심히 일을 한단다. 문왕의 자식들처럼 기꺼이 일을 한단다. 영대는 빠른 시일 내에 지어질 것이다. 시작이 절반이니 너무 서두르지 말고 기초부터 튼튼히 다져라. 포동포동 살진 암사슴이 한가로이 노니는 영대, 아름다운 백조가 하늘을 나는구나. 문왕이 영유에서 한때를 보내면 사슴은 그 곁에 귀엽게 엎드려 있고, 문왕이 영소를 유람하면 온 늪의 물고기들이 기쁨에 춤을 춘단다."

이 노래는 문왕의 애민정신과 그를 따르는 백성들의 애국정신에 대한 송가이다.

서주 초기의 구련뇌문정鉤連雷紋鼎 (오른쪽 사진)
구련뇌문鉤連雷紋으로 무늬를 넣은 서주 초기의 청동기이다. 주나라 사람들은 보통 두세 줄의 띠나, 띠 안에 점이나 사선을 채워 각이 나는 무늬(뇌문雷紋)를 많이 이용했다. 이런 복잡한 무늬는 상나라 중기에서 서주 초까지 유행했고 춘추 전국 시대에 다시 출현했다.

●●● 역사문화백과 ●●●

[청동 수레]
문희현 상곽촌上郭村에서 발굴된 서주 시대 무덤에서 발견되었다. 청동 수레 위에는 갖가지 새와 짐승의 모형과 발이 잘린 인형이 있다. 《주례》의 기록에 의하면, 월형을 당해 발이 잘린 노예가 주인의 사육장을 지킨다는 말이 있다. 이 수레는 당시의 이런 실상을 반영하는 아주 정교한 공예품이다.

| 세계사 연표 |

기원전 1060년 전후 · 해상 민족의 하나인 필리스틴 인이 팔레스타인 연해 지역을 침입했다.

《맹자孟子·양혜왕梁惠王 上》
《시경詩經·대아大雅·영대靈臺》 출전

-1046~-771 서주

서주, 즉 《시경》에 나오는 '영유'가 바로 지금의 동물원과 같음 47

| 중국사 연표 |

기원전 1100년 ~ 기원전 1060년

문왕이 상나라의 '삼공三公'으로 임명되었다가 상나라 주왕에게 감금당했다.

010

방랑객 여상

여상呂尚은 강태공姜太公이다. 그의 성이 강姜씨이고 후에 문왕을 만나 '태공'으로 받들어져 후세 사람들이 강태공이라 불렀다. 여상은 주나라로 오기 전까지 방랑객 생활을 했다.

강태공의 경력

중국의 서부, 지금의 섬서성과 감숙성 일대에서 유목 민족인 강인羌人들 중에 강姜씨 성을 가진 부족이 갈라져 나왔다. 그들은 염제炎帝를 자신들의 시조라고 하며 동쪽으로 이동해 왔다.

요, 순, 우 시대에 강씨 부족의 수장은 '사악四岳' 이라는 벼슬을 했으며 하 우의 치수에 공이 있어 여呂(신申이라고도 함) 땅을 책봉받았다. 여 땅은 지금의 하남성 남양시 부근이다. 그 후 강씨는 계속 동으로 이동해 상나라 말년에 이르러 지금의 산동성과 하남성 일대에 제齊, 허許, 신申, 여呂, 기紀, 주州, 래萊, 향向 등 강씨 나라를 세웠다. 강씨 성을 가진 여나라는 지금의 하남성 남양시 일대에 있던 나라 외에, 지금의 산동성 거현 일대에도 있었는데 이것은 '동여東呂' 라고 한다. 여나라에 명성이 자자한 인물이 하나 있었으니 그가 바로 강태공이다. 강태공의 '강' 은 그의 성이고 '태공' 은 문왕이 그에게 하사한 존호이다. 후에 분봉받은 봉국의 성이 여이고 이름을 상尚이라 하였기에 '여상' 이라고도 불리게 되었다.

데릴사위의 수모

여상은 원래 여나라 임금의 후예인데 오랜 세월이 지나 여상의 일가는 점차 쇠락해 빈궁한 생활을 했다. 가산이라고는 바닷가에 있는 낡은 초가집 한 채뿐이었다. 그래서 여상은 어려서부터 살길을 찾아 객지를 떠돌아다니며 방랑객 생활을 했다. 그러다가 북쪽 제나라로 간 여상은 한 늙은 노인의 데릴사위로 들어갔다. 중국 고대에는 데릴사위를 '췌서贅婿' 라고 했는데 췌서라면 남들에게 한심한 취급을 받았다. 데릴사위가 된 여상은 아침 일찍부터 밤 늦게까지 농사일과 집안일을 부지런히 했다. 그런데도 언제나 구박을 받았고 결국은 그 집에서 쫓겨나고 말았다.

하늘의 신선 - 여상 (왼쪽 그림)
한나라 때 유향劉向은 《열선전列仙傳》에서, 여상을 2백 살까지 산 신선이라고 했다. 진晉의 곽원조郭元祖도, 여상은 은혜해 낚시를 하다가 문왕을 만나 뜻을 이루고 세상을 난세에서 구했는데 후에 영지초를 먹고 도를 수련해 하늘의 신선이 되었다고 했다. 이 그림은 명나라의 《열선전전列仙全傳》에 실려 있다.

| 세계사 연표 |

기원전 1057년

에리바아다드 2세가 이때 아시리아 왕으로 즉위했다(~기원전 1055년).

출전 《사기史記 · 제태공세가齊太公世家》
《전국책戰國策 · 진헌秦獻 5》

입에 풀칠하기도 힘든 장사치

데릴사위 노릇을 하다가 쫓겨난 여상은 상나라의 도성으로 왔다. 그는 극진棘津, 지금의 하남성 연진현延津縣 동북쪽 일대에서 음식 장사를 하기도 하고 막일도 했다. 심지어는 주막집에서 손님을 맞는 일도 했으나 여전히 입에 풀칠하기도 어려웠다. 그래서 여기저기를 옮겨 다니다 주나라 도성인 조가朝歌에 이르렀다.

여상은 조가에서 장사를 시작했으나 여전히 먹고 살기 힘들어 백정이 되었다. 그제야 그는 주린 배를 채울 수 있었다.

조가 시장에서의 서백 창과의 첫 대면

어느 날 주나라 임금 서백西伯 창이 조가 시장을 시찰하러 나왔다.

창이 덕이 있고 인재를 중히 여긴다는 것을 알고 있던 여상은 서백 창이 가까이 걸어오자 칼을 썩썩 갈면서 짐승 죽이는 소리를 꽥꽥 질러 댔다. 서백 창은 백정이 하는 짓이 하도 괴이해 그 영문을 물었다. 그러자 여상은 천하 정세에 대한 자신의 견해와 치국의 방책 등을 서백 창에게 말했다. 간단한 몇 마디 말이었지만 서백 창에게는 깊은 인상을 남겼다. 조가에 있는 동안 여상은 정계 인사들과 교류를 시작해 산의생散宜生, 굉요閎天, 남궁괄南宮括 같은 사람들과도 친분을 맺었다. 여상의 재능을 알아본 산의생 등은 그를 스승으로 모시려고까지 했다.

정계에 대한 실망으로 귀향

여상은 한때 상나라 주왕을 존경해 궁전에서 일한 적이 있었다. 그러나 주왕의 포악무도함을 목격한 이후 그곳을 몰래 빠져나왔다. 그리고 여러 제후국을 돌아다니면서 자신의 재능을 보여 주었으나 그의 재능을 알아주는 제후들이 없었다. 몇십 년 동안의 방랑 생활로 지치고 늙은 여상은 허탈한 심정을 안고 동해 바닷가에 있는 고향 집으로 돌아왔다. 그는 농사를 지으며 여생을 보낼 준비를 했다.

중국 최초의 화폐 – 패폐貝幣 (위 사진)
중국 최초의 화폐. 하나라 때부터 사용하기 시작해 상나라 때는 주요한 화폐로 사용했으며, 서주 전반기까지 물품 교역의 중개물로 이용되었다.

-1046~-771
서주

●●● 역사문화백과 ●●●

[중국 고대의 정치 체제]
많은 학자들은 중국 고대에는 도시 민주제가 존재하지 않았다고 한다. 관아에서 수공업자와 상인을 통제하는 상황에서 상공업은 자유롭게 발전하지 못했다. 상나라와 주나라는 전제 군주제였다.

강상姜尙, 여상, 혹은 강자아姜子牙로 불리기도 했다. 강은 그의 성姓이고, 여는 그의 씨氏이며 자아는 그의 자다. 존칭은 태공망太公望, 사상부師尙父

기원전 1100년 ~ 기원전 1060년

| 중국사 연표 |
문왕이 감옥에서 팔괘를 연구했는데 이것이 《주역》의 토대가 되었다.

011

서백 창의 하옥

문왕은 상나라 주왕의 책봉을 받아 서부 지역 제후들의 수장이 되었다. 그래서 '서백'이라고도 부른다. 창은 그의 이름이다. 그런데 서백 창이 장차 상나라의 화근이 될 것이라는 상나라 간신 숭후호崇侯虎의 말을 듣고 주왕은 서백 창을 하옥시켰다.

탄식 한 번으로 하옥된 서백 창

조가 시장을 시찰하고 돌아온 서백 창은 백정 여상이 하던 말을 되새겨 보았다. 그는 여상이 비범하다는 생각이 들어 때가 되면 그에게 보좌관을 시켜야겠다고 생각했다. 그런데 이때 상나라 궁전에서는 서백 창과 함께 상나라의 삼공으로 임명된 귀후鬼侯와 악후鄂侯가 무참하게 피살되었다. 이 사건은 서백 창에게 커다란 충격을 주었다.

귀후는 주왕의 환심을 사기 위해 자신의 딸을 궁궐에 들여보냈다. 그런데 귀후의 딸이 주왕의 말을 듣지 않자 이에 격노한 주왕이 귀후의 딸을 죽이고 귀후까지 죽여 버린 것이다. 그리고 귀후를 두둔한 악후마저 잔인하게 처형했다. 이같이 포악무도한 주왕의 행태를 본 서백 창은 남몰래 한숨만 내쉬었다. 그런데 서백 창의 표정을 읽은 간신 숭후호가 주왕을 찾아가 이렇게 참소했다.

"서백 창은 계략에 능하고 덕을 행해 제후들 모두

장가파張家坡의 주거 유적
섬서성 장안시 풍서의 장가파에 있는 서주 주거 유적.

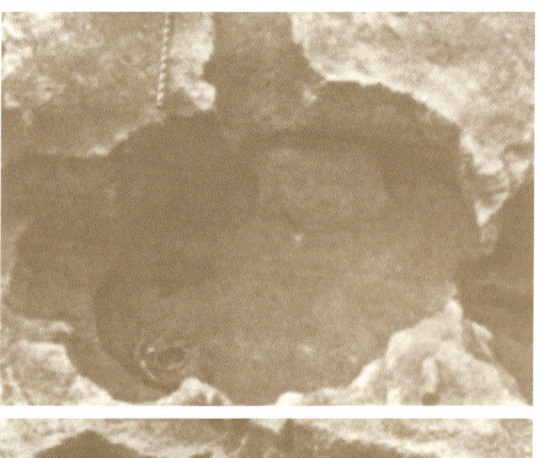

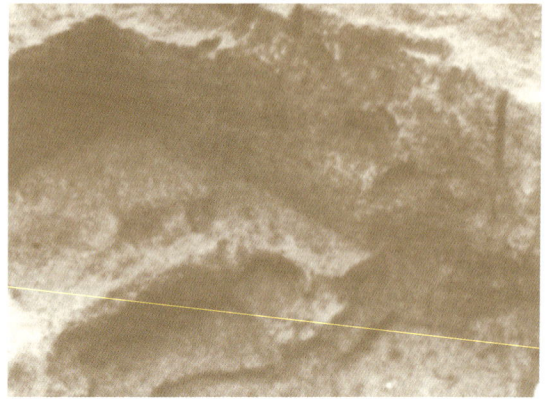

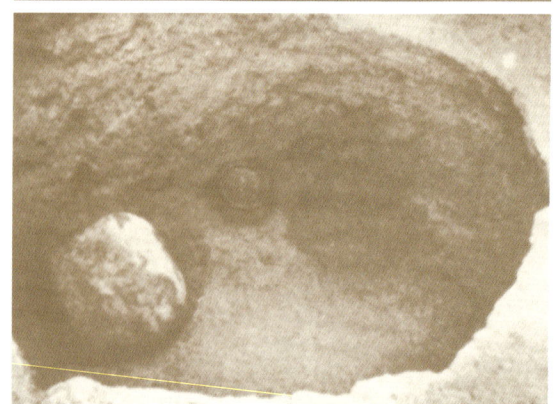

| 세계사 연표 |

기원전 1050년　아슈르나시르팔 1세가 이때 아시리아의 왕으로 즉위했다(~기원전 1031년).

출전 《회남자淮南子·도응훈道應訓》
《여씨춘추呂氏春秋·행론行論》

서주 초기의 생산 도구들

태보구과太保䇟戈
서주 초기의 병장기. 나무 자루만 연결하면 바로 무기로 쓸 수 있다. 이 과에는 주인의 이름을 적은 글자가 새겨져 있다.

가 그를 따르고 있사옵니다. 이런 자를 그냥 두었다가는 화를 입게 되니 없애는 것이 상책일 것입니다."

주왕은 숭후호의 말을 듣고 창을 유리羑里, 지금의 하북성 탕음현 북쪽에 있었던 고장에 감금했다.

미녀와 보물을 바치고 살아나오다

서백 창이 감금되자 산의생, 굉요 같은 현사들이 여상을 찾아와 대책을 상의했다. 여상은 주왕에게 미녀와 보물을 바치는 수밖에 없다고 말했다.

그러자 산의생, 굉요 등은 신국莘國으로 가서 미녀들을 골라오고 견융국犬戎國에 가서 준마와 검은 표범, 누런 곰, 청색 여우, 흰 호랑이 등 귀한 짐승들을 구해 왔다. 또 황금, 미옥, 큰바다조개까지 더해 주왕에게 바쳤다. 미녀와 재물, 그리고 진기한 짐승들을 본 주왕은 얼굴에 희색이 돌며 그 자리에서 서백 창을 석방하고 서부 지역을 마음대로 정벌할 수 있는 권력을 서백 창에게 주었다.

주왕의 경계심을 풀다

주나라 도성으로 돌아온 서백 창은 주나라에 있는 상나라 선조의 사당을 찾아가, 양과 돼지를 잡아 크게 제사를 지냈다. 그리고 그 일을 크게 홍보해 상나라에 대한 자신의 충성을 표현했다.

다른 한편으로는 일정한 간격으로 상나라 주왕에게 조공을 바쳤다. 이 모든 것은 주왕의 경계심을 풀기 위한 것이었다. 서백 창은 겉으로는 주왕을 공경하고 충성을 다하는 척했지만, 마음속으로는 상나라를 멸망시킬 계략과 준비를 늦추지 않았다.

●●● 역사문화백과 ●●●

[주원 갑골문에 상나라 선왕들의 이름이 있는 이유는?]
주원의 갑골문에는 '제을', '성탕', '태갑' 등 상나라 선왕들의 이름이 있다. 그 이유는 그 왕들이 백성들에게 덕을 베푼 성왕이기 때문이라는 설과 상나라 주왕을 현혹시키기 위한 문왕의 계략이라는 설도 있다.

기원전 1100년 ~ 기원전 1060년 | 중국사 연표 |
문왕이 석방된 후 그의 장자 백읍고가 인질로 잡혀 있다가 상나라 주왕에게 죽음을 당했다.

012

《주역》에 대한 연구

서백 창은 상나라 감옥에 있던 7년 동안 《주역周易》의 육십사괘를 연구해 길흉화복을 점치는 체계를 만들었다.

육십사괘를 연구하며 마음의 고초를 달래다

서백 창이 유리에 감금되어 있었던 시간은 7년이 넘는다. 이 7년 동안 서백 창은 주족을 진흥시키고 상나라를 멸망시키려는 큰 뜻을 이루지 못한 채 어두운 감옥에서 허송세월하는 일이 너무나도 가슴 아팠다.

그러다가 갑자기 생각난 것이 팔괘八卦였다. 팔괘는 고대 복희씨伏羲氏가 발명한 것이다. 긴 선 하나와 짧은 선 두 개, 이 두 가지의 기호를 세 줄 씩 다르게 배합해 모두 여덟 가지 도안을 이루는데 이것은 천天, 지地, 수水, 화火 등 여덟 가지의 자연 현상을 대표한다. 팔괘는 문자 창조의 토대를 닦아 놓은 중국의 가장 오래된 문자 기호라고도 할 수 있다. 서백 창은 팔괘를 연구해, 세 줄로 구성되었던 도안을 여섯 줄로 만들어 64개의 다른 도안을 만들었는데 이것이 바로 육십사괘다. 그는 매 괘가 대표하는 의미에 근거해 이름을 달았는데 이것이 바로 복희씨의 팔괘를 문왕이 육십사괘로 연역시킨 과정이다.

깊은 연구 끝에 육십사괘를 길흉화복과 연결

서백 창이 옥에 갇히자 친구들이나 현사들은 모두 그를 구하기 위해 애를 썼다. 그날도 현사 산의생과 굉요 그리고 남궁괄이 면회를 갔다. 그런데 감옥에 들어가 보니 긴 선, 짧은 선, 그리고 그들이 다르게 배합되어 이룬 도안들이 벽과 바닥을 채우고 있었다.

당시는 점을 치는 복술이 아주 성행하던 때였다. 서백 창은 육십사괘와 어떤 일의 길흉을 연결시켜 그것을 매 괘의 아래에 적어 놓았다.

이렇게 길흉화복에 관한 매 괘의 뜻을 적은 글을 후세 사람들은 '괘사卦辭'라고 했다. 괘는 여섯 줄로 되어 있고, 그 줄은 긴 선 하나이거나 짧은 선 두 개로

서주의 병장기 – 동과銅戈
동과는 서주 군사들이 쓰던 무기로 날과 자루 부분으로 구성되어 있다.

••• 역사문화백과 •••

[중일 문화 교류는 상나라와 주나라 때 이미 시작되었다]
중일 문화 교류는 상나라와 주나라 때부터 시작되었다. 그 근거는 아래와 같다.
1. 《산해경》에 일본의 일부 전설과 문화 교류의 기록이 있다.
2. 지금 일본인들의 생활에는 골복술骨卜術이 아직 남아 있으며, 상나라 문화의 요소가 있는 음식 기구 같은 것들이 남아 있다.
3. 일본의 논농사는 3000년 전 출현했는데, 이것은 상·주 시기 중국 대륙에서 건너간 것이다.

| 세계사 연표 |

기원전 1050년 — 필리스틴 사람들이 이스라엘을 정복하고 중앙 신전을 허물었다.

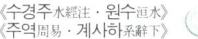
《수경주水經注 · 원수洹水》
《주역周易 · 계사하繫辭下》

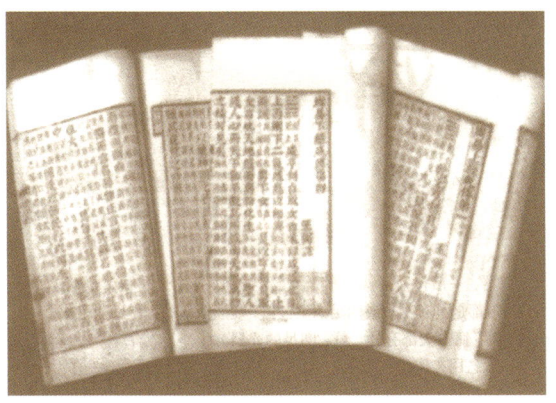

경전의 으뜸인 《주역》
《주역》은 현존하는 중국 최초의 철학서이다.

되어 있다.

이 선을 후세 사람들은 '효爻'라고 했고, 긴 선은 '양효陽爻', 짧은 선은 '음효陰爻'라고 칭했다. 괘를 이루는 여섯 개 효도 각각 어떤 일의 길흉화복과 연결되어 있는데 이것을 '효사爻辭'라고 했다. 그 중에 건乾, 곤坤, 두 괘는 각각 효사가 일곱 개씩 있다.

문왕 이후에도 많은 사람들이 이 책에 대한 연구를 거치며 사물의 길흉 변화에 대해 정리했는데, 후세 사람들은 이 책을 《주역》이라고 했다.

어려운 뜻으로 인한 각각의 다른 해석

《주역》에 있는 괘사와 효사의 대부분은 문왕이 쓴 것이다. 그런데 그 당시 문왕은 옥중에서 상나라 관리들의 감시를 받고 있는 상황이어서 모든 일의 길흉화복을 직설적으로 말하지 못하고 비유적으로 표현할 수밖에 없었다.

그래서 《주역》 속의 많은 언어는 그 진의를 알기 어렵다. 그리고 이 책에 쓰인 당시의 역사 사실과 사회 생활에 대한 기록도 문왕의 회상이나 다른 사람들의 보충으로 이루어진 것이기 쉽다.

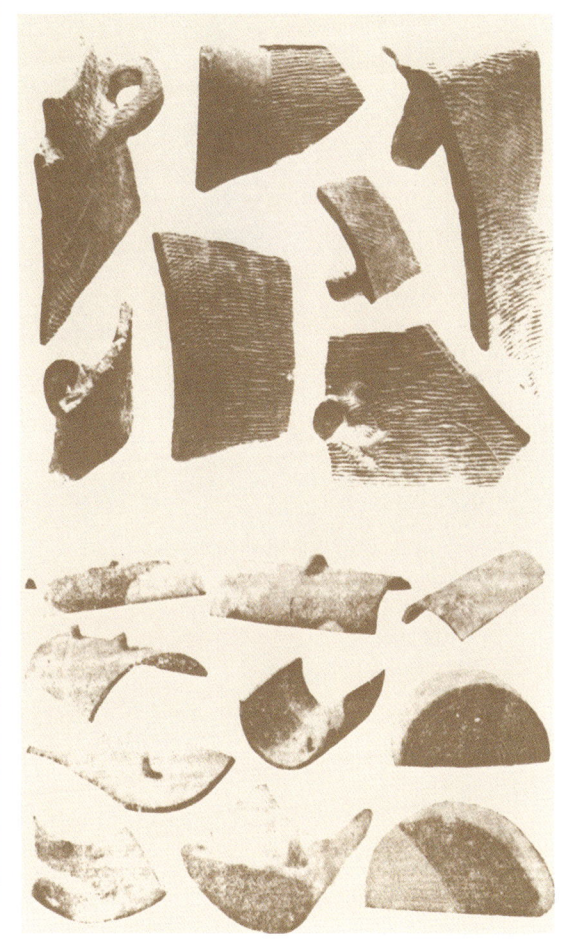

서주 시대의 각종 기와
서주의 주거 유적지에서는 판와板瓦, 원와圓瓦 등의 기와가 출토되었고, 또 위치를 고정시키는 데 사용되는 와정瓦釘, 와환瓦環도 출토되었다. 이는 서주 중기 건축물에 이미 기와를 널리 사용하기 시작했음을 말해 준다.

《주역》 속의 많은 말들은 사물의 길흉화복을 말하는 것인데 그 뜻을 알기가 대단히 어렵다. 20세기에 이르러 많은 사람들이 《주역》을 연구했다. 그 중 어떤 사람들은 개인의 운명이나 나라의 운명도 《주역》에 의해 추리가 가능하다고 하면서 그것을 일종의 학문으로 간주해 '주역 예측학'이라고 명명하는 사람도 있고, 이 방면의 책을 대량으로 출판하기도 했다.

기원전 1100년 ~ 기원전 1060년 | 중국사 연표 |

문왕의 명성이 높아지자 주변의 현사들이 앞 다투어 찾아왔다.

출전 《사기史記·관채세가管蔡世家》
《제왕세기帝王世紀》

013

백읍고를 죽인 주왕

서백 창은 주왕에게 미녀와 보물을 갖다 바치고서 야 석방되었다. 그러나 주왕은 서백 창 대신 서백 창의 장자인 백읍고伯邑考를 볼모로 잡아 두었다가 누명을 씌워 죽였다.

잔인무도한 상나라 주왕

서백 창을 주나라로 돌려보낸 상나라 주왕은 창의 장자인 백읍고를 볼모로 잡아 두었다. 성미가 무던하고 성실한 백읍고는 상나라 관리들의 감시를 받으며, 주왕의 수레를 몰았다. 그러던 어느 날, 심기가 나빠진 주왕은 백읍고를 팽형烹刑에 처했다. 팽형이란 끓는 물 속에 사람을 넣어 삶아 죽이고 그것으로 국을 끓이는 극형이다. 잔인무도한 주왕은 그 국을 서백 창한테 보내어 먹게 했다.

상나라 주왕의 이 같은 잔인무도한 악행에 세인들은 모두 치를 떨었다.

문왕의 정실부인 태사가 낳은 열 아들

문왕의 정실부인은 이름이 태사이다. 그녀는 원래 하우의 후대인 사씨 성을 가진 봉국 기杞의 공주였다. 주나라로 시집온 태사는 부지런히 일하면서 남편 문왕의 창업을 돕고 정성을 다해 자녀들을 양육했다. 태사는 아들만 열을 낳았는데 맏아들 백읍고는 상나라에 볼모로 잡혀가 죽고, 둘째 아들 발發은 후에 무왕이 되었다. 셋째 아들 선鮮은 후에는 관管 땅을 받아 이름을 관숙管叔이라 했다. 넷째 아들 단旦이 바로 동정을 하고 예악을 제정한 주공周公이다. 다섯째 아들 도度는 후에 채蔡 땅을 받아 채숙蔡叔이라고 했고, 여섯째 아들 진탁振鐸은 조曹 땅을 받아 조숙曹叔이라고 했다. 일곱 번째 아들 무武는 후에 성成 땅을 받고 성숙成叔이라 했고, 여덟 번째 아들 처處는 곽霍 땅을 받아 곽숙霍叔이라 했다. 아홉 번째 아들 봉封은 후 경기 지역의 강康 땅을 받았다가 다시 위衛 땅을 받았으나 이름은 원래 책봉지의 이름을 따서 강숙康叔이라고 했다. 막내 아들 재載는 염冉 땅을 받았다. 아들 중에 막내인 그는 이름에 계季 하나를 더 붙여 염계재冉季載라고 했다.

그들은 자라서 주나라의 흥성을 위해 큰 역할을 했다.

아들과 아버지를 죽인 상나라

문왕의 아버지 계력은 상나라 왕 문정에 의해 색고라는 감옥에서 죽었다. 그리고 문왕의 장자는 상나라 주왕의 볼모로 잡혀가서 극형을 당해 죽었다. 문왕에게 상나라는 아버지와 아들의 원수였다. 백읍고가 죽은 후 문왕은 둘째 아들 발을 태자로 세우고, 원수를 갚을 때까지 계속해 상나라와 싸울 것을 결심했다.

문왕과 그의 아들들
문왕은 아들 열을 두었다. 아래 사진은 한나라 때 구운 벽돌에 새겨진 그림이다.

주나라 목왕의 출정을 기록한 동방정갑戎方鼎甲

서주 목왕 시기의 청동기. 실용적이며 미관이 뛰어난 이 내벽과 뚜껑 안쪽에는, 동戎이 회이를 정벌해 승리하고 돌아온 일이 기록되어 있다. 이로 보아 이 청동기는 상으로 준 것으로 추정된다.

| 중국사 연표 |

기원전 1100년 ~ 기원전 1060년

위수 가에서 낚시질하던 강태공을 만난 문왕은 그를 주나라 왕실로 데려왔다.

014

신갑과 죽웅

덕성 높은 서백 창이 현사들을 대접하고 등용했는데 대표적인 인물이 상나라의 신갑辛甲과 초나라의 선조인 죽웅鬻熊이다.

큰일을 위해 인재를 모으다

서백 창은 즉위하던 날부터 상나라를 멸망시켜 아버지와 아들의 원수를 갚겠다고 맹세했다.

그것을 실현하기 위해 서백 창은 인재들을 모았다. 그가 인재를 찾는다는 소식을 들은 원근 부락의 현인들은 앞 다투어 서백 창을 찾아왔다.

산의생은 산국散國에서 서백 창을 찾아왔다. 산국은 지금의 섬서성 보계시 남쪽 대산관이라는 곳이다.

그리고 신갑은 동부의 상나라에서, 죽웅은 남쪽 머나먼 초나라에서 찾아왔다. 이렇듯 동·서·남 세 방면의 현인들이 모두 서백 창을 찾아왔다.

서백 창도 찾아오는 인재들로만 만족하지 않고 도성을 나와 현인들을 찾았다.

문왕은 소금 장수나 어물 장수 등 귀천을 가리지 않고 인재를 중용했다. 현인들 중에 가장 먼저 문왕의 중용을 받은 사람이 산의생과 굉요, 태전太顚이다.

신갑이 사냥에 빠진 문왕의 잘못을 시로 지어 권고하다

상나라에서 온 현사 신갑은 원래 상나라 주왕의 대신이었다. 주왕의 극악무도함을 본 그는 상나라를 떠나 문왕을 찾아왔다. 그때 신갑의 나이 이미 75세였다.

문왕은 신갑을 맞아들이고 '태사太史'라는 높은 관직을 주었다.

태사가 된 신갑은 백관들이 임금의 잘못을 지적하고 간할 수 있도록 건의했다. 한번은 문왕이 사냥에 빠져 며칠 동안 조정 일을 보지 않았다. 이에 신갑은 〈우인지잠虞人之箴〉이라는 시 한 수를 지어 문왕에게 바쳤다.

"하 우夏禹는 홍수를 다스리기 위해 광활한 대지를 누비며 천하를 아홉 개 주로 나누었고 많은 도로를 개척했습니다. 백성은 살 집과 종묘가 있어야 하고 짐승

서주의 골제 도구와 방제蚌制 도구
서주 초기에 사용된 생산도구로는 석제 도구외에 골제 도구, 방제 도구(조개껍데기로 만든 도구)가 흔히 사용되었다.

중국을 말한다

역사 시험장 〉 후세에 선거를 통해 현사를 뽑는 것과 유사한 서주 시대의 인사 제도는?

| 세계사 연표 |

기원전 1060년 ~ 기원전 1030년

히브리 인과 필리스틴 인은 오랫동안의 격렬한 싸움을 거쳐 히브리 인의 국가 형성을 촉진하였다.

《의림意林》1권《육자鬻子》
《좌전左傳·양공襄公 4년》

출전

들은 무성한 풀이 있어야 합니다. 사람과 짐승은 사는 곳이 다릅니다. 태강 임금도 사냥을 즐겨 하나라가 이예에게 침략당했는데, 이예도 탐욕스럽게 사냥을 했습니다. 그 결과 이예도 부하 한착의 손에 죽었습니다. 하나라의 일들을 교훈으로 삼아 사냥을 절제해야 합니다. 사냥을 관할하는 수신獸臣은 이 교훈을 군왕께 늘 아뢰어야 합니다."

문왕은 그 시를 보고 사냥을 즐기는 습성을 고치기로 결심했다. 후에 신갑은 장자長子라는 땅을 받았는데 그 땅이 지금의 산서성 장자현이다.

죽웅과 문왕의 담소

주나라의 동남쪽, 지금의 하남성 서남쪽에 있는 단강丹江과 절수淅水의 합수목을 고대에는 단양丹陽이라고 했다. 단양에는 미羋씨 성을 가진 부족이 살았는데 그들은 상고 시대 전욱顓頊의 후예다. 이 부족 중에 죽웅이라는 현사가 있었는데 그는 초나라 임금의 선조이다. 그도 서북쪽에 있는 주나라의 서백 창이 인재를 모으며 나라를 진흥시키고 있다는 말을 들었다. 그래서 죽웅은 서백 창의 위업을 도와주기로 결단을 내렸다.

단양을 떠난 죽웅은 단강을 거슬러 올라 산맥 하나를 넘고 또 위수를 건너서야 주나라 도성에 도착했다. 그 소식을 들은 문왕은 친히 나와 죽웅을 맞이했다. 죽웅의 백발을 본 문왕이
"연세가 꽤 되십니다, 백발 머리를 보니."
하고 말하자 죽웅은 익살스럽게 대답했다.
"신더러 노루를 쫓고 호랑이를 잡으라면 늙은 것이 확실하지만, 앉아서 나라 대사를 논하라면 신은 아직 나이가 젊은 줄로 아옵니다."
문왕은 죽웅을 스승으로 모시고 중용했다.

천하의 대세는 민심에 있다

신갑과 죽웅은 학문이 아주 깊은 사람들이다. 《한서漢書·예문지藝文志·도가류道家類》 책 목록에는 '《신갑》 29편'과 '《육자》 22편'이라는 글이 있는데 이 모두가 그 둘의 작품이라고 한다.

신갑과 죽웅이 주나라로 온 것은 천하의 민심이 주나라에 몰리는 것이 대세임을 말해 주고 있다. 특히 죽웅이 주나라로 오자 중국 동·남부의 많은 부족들이 주나라로 몰리게 되었는데, 이는 후에 주나라가 남방 지역을 평정하는 데 중요한 역할을 했다.

서주 연황조聯璜組 옥패玉佩
중국 고대에는 옥이 덕과 예의 상징이었다. 옛사람들은 옥의 색깔과 질을 참고해 행위를 규범했다.

고대 궁정 악사
서주 시대는 중국 음악사의 황금 시기로서 대무지악大武之樂이 그 대표작이다. 이는 문왕과 무왕의 창업과 주나라 군대의 승리를 찬양하는 내용을 담고 있다. 사진은 고대 궁정 악사들이 새겨진 서주 청동기의 일부분이다.

| 중국사 연표 |

기원전 1100년 ~ 기원전 1060년

서백 창은 상나라 주왕에게 땅을 바치는 대가로 '포락지형炮烙之刑'
을 폐지할 것을 요구해 많은 백성들의 존경을 더욱 받았다.

015

강태공의 낚시질

서백 창은 상나라 도성의 시장에서 여상을 보고 그가 비범한 인재임을 알았다. 그러다가 후에 주나라 위수에서 낚시질을 하고 있는 여상을 만났다.

주나라로 발길을 옮긴 여상

세상에 실망한 여상은 고향으로 돌아와 농사일로 세월을 보냈다. 그러나 그가 천하 대사를 잊은 것은 아니었다.

그러던 어느 날, 그는 주나라의 서백 창이 나라를 잘 다스리고 인재를 등용한다는 말을 들었다. 또 서백 창의 아버지와 아들이 상나라 주왕에 의해 죽었고 그도 상나라에서 7년 동안이나 갇혀 있었다는 말도 들었다.

여상은 고민 끝에 서백 창을 찾아가기로 마음먹었다. 칠순이 가까운 여상은 행장을 등에 지고 주나라 도성의 교외에 있는 위수 가에 이르렀다.

위수 가에서 낚시질을 하며

여상은 도성 밖에 머무르면서 주나라 실상을 알아보기로 작정하고 위수 가에 있는 자천담玆泉潭에서 낚시질을 했다.

위수에는 반계수磻溪水라는 강물이 흘러들었는데 이 반계수의 수원지는 남산의 자곡玆谷이다. 자곡에는 폭포수가 쏟아져 내리는데 그것을 자천玆泉이라고 했다. 폭포 아래에는 자천담이라는 깊은 못이 있었는데 그 기슭에 평평한 큰 바위가 하나 있었다. 여상은 그 바위 위에서 무릎을 꿇고 낚시질을 시작했다.

강태공이 위수 가 자천담에서 낚시하던 곳은 남북조 시기까지도 그대로 남아 있었고, 바위 위에는 강태공의 무릎꿇은 자리까지 그대로 남아 있었다고 한다.

조가에서 만난 백정을 잊지 못하는 서백 창

상나라에서 풀려나온 서백 창은 상나라를 멸망시킬 일념을 불태웠다. 많은 인재가 그를 보좌했지만 대업을 이루기 위해서는 인재가 더 필요했다.

그때 생각난 사람이 바로 상나라 조가 시장에서 만났던 백정 여상이었다. 그런 사람을 주나라에 청해 올 수 있다면 얼마나 좋으랴! 그러나 안타깝게도 그가 지

지용智勇을 겸비한 강태공
서주의 개국 훈신인 강상姜尙의 자는 자아子牙이다. 강상은 전국의 군사를 책임지고 문왕과 무왕을 보필했다. 후에 제나라 제후로 책봉되어 제나라를 강국으로 부상시켰다.

| 세계사 연표 |

기원전 1031년

살만에세르 2세가 이때 아시리아 왕이 되었다(~기원전 1020년).

《사기史記 · 제태공세가齊太公世家》
《수경주水經注 · 위수渭水》 출전

금 어디 있는지 알 수가 없었다.

서백 창은 사냥을 하는 취미가 있었는데 그것은 건강을 위해서이기도 했지만 다른 한편으로는 민심을 살피고 인재들을 구하기 위해서였다.

그날도 서백 창은 사냥을 나가려고 점을 쳐 보았다. 그런데 이번 사냥에서는 대왕의 보필 대신을 얻게 된다는 점괘가 나왔다. 서백 창은 반신반의하면서 사냥길에 올랐다.

문왕과 강태공의 상봉

도성을 떠난 서백 창이 위수 가에 이르러 보니 자천담 가에서 웬 노인이 물고기를 낚고 있었다. 노인에게 다가간 서백 창은 그 노인을 보고 크게 놀랐다. 조가 시장에서 우연히 만났던 여상이 아닌가? 여상의 얼굴에도 놀랍고 반가운 기색이 돌았다.

둘은 반갑게 인사를 하고 앉아서 그동안의 천하 정세를 이야기했는데 호흡이 기가 막히게 맞았다. 마지막에 서백 창은 이렇게 말했다.

"과인의 조부님 태공께서 '성인이 주나라에 오면 그분으로 인하여 주나라가 흥성할 것이다.' 라고 예언한 적이 있소이다. 그대가 진정 태공께서 예언했던 성인이란 말이오? 저의 조부님 태공께서 너무나 오랫동안 바라던 분이 그대인가 싶소."

그래서 서백 창은 여상을 '태공' 이라 부르고 호를 '망望' 이라 했다. '태공(공단부)이 바라던 성인' 이라는 의미이다. 서백 창은 태공을 수레에 모시고 함께 궁으로 돌아왔다. 그러고는 즉시 여상을 '태사太師' 로 모셨다. 태사는 나라의 문무를 관리하

●●● 역사문화백과 ●●●

[태사, 태보 – 서주의 최고 장관]

서주 초기의 최고 장관에는 태사太師와 태보太保가 있었다. 그들은 지식과 경험으로 직무를 맡은 수장들을 인도하고 보호하는 일을 담당했다. 태사와 태보는 모두 왕의 보좌관으로서 전쟁 때는 군대를 통솔할 수 있었다. 보통 태사는 군사를, 태보는 문화 교육을 담당했다.

는 최고 관직이다.

여상의 본래 성이 강씨인데다가 서백 창이 그를 '태공' 이라고 불렀기에 그 후부터 여상은 '강태공' 이라는 이름으로 천하에 명성을 떨쳤다.

생생한 가축 조각
하남성 휘현에서 발견된 흙으로 만든 각종 가축의 조각상.

1046~771 서주

황하 유역 일대와 관중 지역 59

| 중국사 연표 |

기원전 1057년 — 문왕은 우虞, 예芮의 농민이 소송을 위해 찾아온 것을 '천명을 받은 것'으로 여기고 정식 '왕'을 자칭했다.

016

땅과 옥판을 바치다

서백 창은 주왕에게 땅을 바치고 그 대가로 잔혹한 '포락지형炮烙之刑'의 철폐를 요구했으며 진귀한 옥판玉版을 바쳐 주왕의 간신인 비중費仲이 더 중용되게 함으로써 적들을 쇠약하게 만들었다.

'포락지형'의 철폐를 요구해 민심을 얻다

당시 상나라 주왕은 달기에게 빠져 있었다. 그는 달기의 환심을 사기 위해 잔인한 형벌을 만드는 것도 불사했는데, 그것이 바로 '포락지형'이다.

포락지형은 불이 이글거리는 큰 화로 위에 미끄럽게 기름칠을 한 굵고 긴 구리 몽둥이를 놓은 다음 죄인을 그 위로 걷게 하는 형벌이다. 구리 몽둥이가 미끄러운 데다가 뜨겁기 때문에 죄인들은 그 위를 몇 걸음 못 걷고 떨어져 불이 이글거리는 화로 속에서 타 죽고 말았다. 이런 참형이 포락지형이다.

이 형벌을 제후들과 백성들 모두가 증오한다는 말을 들은 서백 창은 포락지형을 없애 자기의 명망을 높이려고 생각했다. 그래서 그는 포락지형을 없애면 주나라 낙하 서안의 땅 한 곳을 주왕에게 바치겠다고 했다.

당시 주왕도 백성들의 원망을 알고 있던 터라 서백 창의 제안에 선뜻 응했다. 그 일이 전해지자 제후들과 백성들은 서백 창의 공덕을 더욱더 칭송했다.

옥판으로 이간책을 쓴 서백 창

당시 주나라에는 귀중한 큰 옥판이 하나 있었다. 그 옥판은 값을 헤아릴 수 없이 진귀한 보물이어서 탐욕스런 상나라 주왕이 눈독을 들이고 있었다.

상나라에는 교격膠鬲이라는 현명한 대신이 있었는데 오래 전에 주왕은 교격에게 그 옥판을 서백

미녀와 보물로 문왕을 구함
상나라 주왕 시기, 문왕(당시는 서백으로 책봉됨)이 옥에 갇히자 현신 산의생이 주왕에게 미녀와 보물을 바치고 문왕을 구했다.

●●● 역사문화백과 ●●●

[주원에서 출토된 갑골문]
1977년 섬서성 기산에서 주나라 초기의 갑골문이 발견되었다. 갑골에는 주나라와 상나라의 관계, 점괘, 대신들의 이름과 지명, 다른 나라와의 왕래 등 다양한 방면의 내용이 기록되어 있다.

| 세계사 연표 |

기원전 1024년
메소포타미아 유역 남부에 해국海國 제2왕조가 섰다(~기원전 1004년).

출전
《한비자韓非子·유로喩老》
《사기史記·주본기周本紀》

-1046~-771 서주

옥으로 만든 독수리
서주 초기 청옥 제품. 독수리의 목에는 끈을 묶을 수 있도록 구멍이 하나 뚫려 있다.

창에게서 얻어 오게 했다. 그러나 문왕은 주지 않았다.
그러나 후에 주왕이 비중費仲을 보내어 옥판을 달라고 강요했을 때는 옥판을 내주었다. 그 이유는 비중이 상나라를 망치는 간신이기 때문이다. 비중은 주왕이 주색에 빠지게 하고 제후들과 대신들 간의 불화를 만드는 장본인이었다.

또 백성들의 재물들을 빼앗아 주왕에게 바침으로써 임금과 백성의 갈등을 첨예하게 만드는 자이기도 했다. 이런 자가 주왕의 신임을 얻는다면 상나라는 반드시 쇠약해질 것이다. 그래서 문왕은 옥판을 교격에게 주지 않고 비중에게 주었던 것이다.

예禮, 악樂, 사射(활쏘기), 어御(말타기), 서書(글쓰기), 수數(산술) 등을 배웠는데 그것을 합쳐 '육예'라고 함

기원전 1056년 | 중국사 연표 |
문왕이 군대를 이끌고 견융犬戎을 공격해 대승을 거두었다.

017

우예인의 소송

우虞와 예芮, 이 두 나라의 농민이 토지 분쟁 소송을 위해 주나라에 다녀간 일이 있다. 이후 서백 창은 시기가 성숙되었음을 알고 자기를 왕으로 칭하고 상나라를 멸망시키기 위해 박차를 가했다.

공정한 판결을 기대했던 두 농민

주나라의 안정된 정치와 사회 질서를 알고 있는 주변의 제후나 백성들은 분쟁이 생기면 모두 서백 창을 찾아와 조정을 원했다.

당시 주나라 동쪽에는 우와 예라고 하는 나라가 있었다. 우나라는 지금의 산서성 평륙平陸현 일대에 있었고, 예나라는 지금의 산서성 예성芮城에 있었다. 한번은 이 두 나라의 농민 사이에 토지 분쟁이 일었는데 해결의 실마리가 보이지 않았다. 그래서 이 두 농민은 서백 창을 만나 토지 분쟁을 해결하기로 결정했다.

두 농민은 함께 황하를 건너고 위수를 거슬러 주나라에 이르렀다. 그들이 보니, 주나라의 밭은 아주 넓었지만 땅 때문에 다투는 법이 없이 서로 양보하며 화목하게 살고 있었다. 그리고 국민을 다스리는 관리들도 손수 밭에 나가 부지런히 농사를 지으며 백성들과 함께 어울려 일하고 있었다.

후에 그들은 도성에 이르렀는데 도성의 관리들도 겸손해 서로 자기가 고관대작이 되겠다고 다투는 사람은 보이지 않았다. 이것을 본 두 농민은 서로 이렇게 말했다.

"우리가 그 잘난 땅뙈기 때문에 다투는 걸 보면 주나라 사람들은 비웃을 거요. 이런 일로 주나라 임금을 찾아간다면 우리는 웃음거리밖에 되지 않을 것이오."

그래서 두 농민은 서백 창을 찾아가지 않고 각자의 나라로 돌아갔다.

서주의 병기兵器

서주의 병기로는 과, 창, 극(끝이 두개로 갈라진 창), 검, 활과 화살 등이 있다. 사진은 서주 무덤에서 출토된 청동 과(꺽창), 청동 창, 청동 극, 청동 도끼, 청동 비수, 청동 단검 등이다.

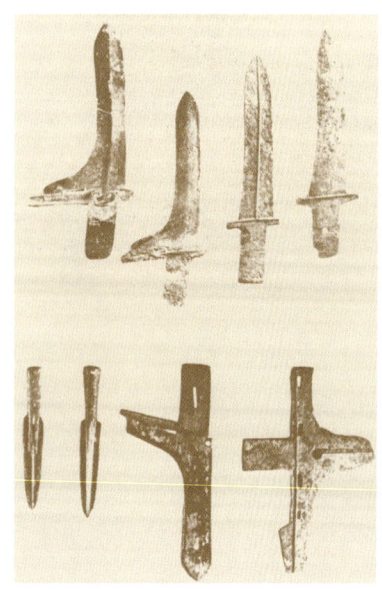
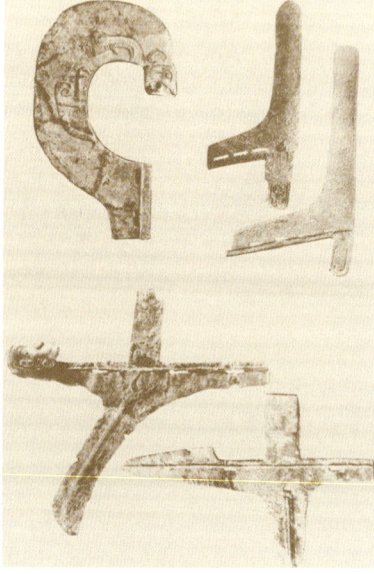
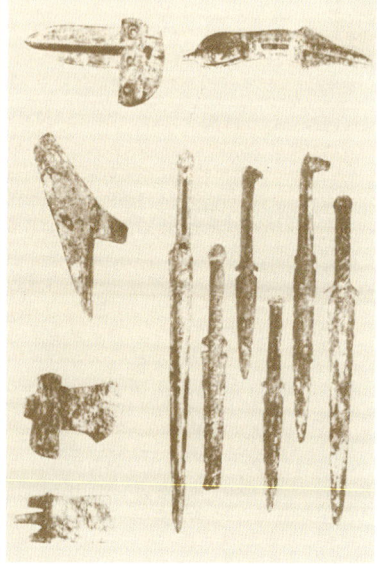

역사 시험장 〉 서주 시대 사람들이 많이 사용하던 농기구로는 어떤 것들이 있는가?

| 세계사 연표 |

기원전 1020년 이스라엘과 유대인 공동민중회의에서 첫 번째 히브리 인 국왕 사울을 선거했다.

출전 《설원說苑 · 군도君道》
《사기史記 · 주본기周本紀》

서주 옥 누에
서주 초기 관중關中 지역의 농민들은 뽕나무를 가꾸고 양잠업에 종사했다. 《시경》에는 농경과 양잠을 묘사한 시구들이 여러 곳에 나타난다. 이 옥 누에는 서주 왕조에서 누에제를 지낼 때 쓰던 제기였다.

선정을 베풀어 천하의 3분의 2를 얻다

서백 창이 정치를 잘한 덕으로 백성들은 살림이 풍족해졌다. 서백 창은 또 노인이나 홀아비, 과부, 고아들을 각별히 보살폈다.

그와 동시에 서백 창은 산과 늪을 개방해 백성들이 마음대로 고기를 잡고 땔나무를 하고 산나물을 캐게 했으며, 장거리 세금을 면제해 상업을 발전시켰다. 또 죄를 지은 사람만 벌을 주고 그 가족과 자식들은 연루시키지 않았다.

그래서 주나라로 들어오는 사람들이 많아지자 주나라는 인구가 늘고 힘이 강대해졌다. 당시 중국을 아홉 개 주로 나누었는데, 그중 여섯 개 주가 문왕을 따랐으니, 상나라 주왕이 통치하는 지역은 겨우 세 개 주밖에 되지 않았다. 서백 창은 이미 천하의 3분의 2를 가진 셈이었다.

공식적으로 왕을 칭하다

소송을 부탁하러 왔던 우와 예나라 사람이 스스로 반성하고 돌아갔다는 말과, 여러 제후들이 자기에게 귀속하러 오는 것을 보고 서백 창은 때가 왔다고 생각했다.

그래서 그는 즉위 42년째부터 자기를 왕으로 칭하고, 그해를 문왕 '수명受命', 즉 하늘의 명을 받아 왕이 된 원년으로 정했다. 동시에 그는 상나라의 법제를 철폐하고 주나라의 법제를 세웠으며, 주나라의 역법을 쓰기 시작했다.

그리고 자기 선조들을 기리기 위해 조부 공단부를 '태왕'으로, 부친 공계를 '왕계'로 추존했다.

●●● 역사문화백과 ●●●

[고대 중국에는 노예 사회가 없다]

고대 중국에는 노예 사회가 없었다는 견해가 있다.
그 근거는 첫째, 고대 중국의 노예는 사회 구성원의 다수가 못 되었다.
둘째, 《맹자》에 '하나라 때는 농민 가정에 땅 50무, 상나라 때는 70무, 주나라 때는 100무씩 나누어 주어 그 10분의 1을 조세로 받았다'고 기록되어 있다. 이것으로 보아 그 시대의 농민은 노예가 아니었다.
셋째, 원시 사회에서 직접 봉건 사회로 변한 상황은 역사적인 실례들이 있다.

중국 최초의 염색 모직물
중국 진秦나라 이전 시기의 직물은 식물이나 광물질에서 채취한 염료로 염색을 하고 갖가지 무늬를 넣었다. 이 모직물은 진나라 이전의 방직업과 염색의 기술 수준을 보여 주고 있다.

-1046~-771 서주

| 중국사 연표 |

기원전 1055년 — 문왕이 밀수국(密須國)을 공격하자 밀수국 백성들은 그들의 임금을 끌고 와서 문왕에게 투항했다.

018

태사의 꿈

문왕 창의 왕비 태사는 상나라 궁전에는 가시덤불이 무성하게 자라나고 주나라 궁전에는 큰 송백나무들이 서 있는 꿈을 꾸었다고 말했다.

하늘이 주나라를 흥성시키고 상나라를 망하게 한다는 여론 조성

하늘의 명을 받아 왕이 되었다고 선언한 서백 창은 상나라를 정복할 준비를 시작했다. 그것을 현실화하려면 무엇보다도 먼저 여론을 조성해야 했다.

당시 여론 조성의 유효한 방법은 미신을 이용해 여러 가지 신비한 일들을 만들어 냄으로써 천지신명이 주나라를 흥성시키고 상나라를 멸망시킨다는 것을 증명하는 것이었다. 이런 방법으로 사람들의 마음속에 주나라가 흥하고 상나라가 망하는 것은 하늘의 뜻이라는 것을 심어 주려 했다.

왕비의 꿈과 길한 점괘

당시 문왕 창의 왕비 태사가 밤에 꿈을 꾸었는데, 꿈에 상나라 궁전에는 가시덤불이 무성했다. 반면 주나라 궁전 앞뜰에는 자기 아들 태자 발이 옮겨 심은 나무 한 그루가 자라 어느새 큰 송백나무들로 변했다.

꿈에서 깨어난 태사가 문왕에게 그 꿈을 아뢰었더니 문왕은 태자 발을 데리고 사당에 가 점을 쳤다. 이 꿈이 하늘이 상나라의 대명을 주나라에 넘겨주었음을 명시하는 것이라는 점괘가 나오자 문왕과 태사, 태자는 사당에서 하늘에 참배했다. 그리고 문왕은 태자에게 이렇게 당부했다.

"절대 이 일을 입 밖에 내지 마라. 겨울의 햇빛과 여름의 그늘같이 만물의 변화는 부르지 않아도 스스로 오는 법. 하늘은 이미 주나라를 도울 마음을 굳혔느니라."

그러나 며칠 지나지 않아, 왕비 태사의 꿈 이야기와 문왕이 길한 점괘를 보았다는 말이 주나라 도성과 인근 여러 제후국에 널리 퍼졌다.

참새가 단서를 물어 오고 붉은 새가 말을 하다

갑자일이 되는 어느 날, 붉은 참새 한 마리가 단서(丹書) 한 장을 입에 물고 주왕의 창문턱에 놓고 날아갔다. 문왕 창이 단서를 펼쳐 보니 거기에는 '희창창천자(姬昌蒼天子), 망은주왕자(亡殷紂王者)', 이런 글자가 적혀 있었다. 문왕 창의 성은 희(姬)씨이다. 희창은 곧 문왕 창을 일컫는다. 그러니 이 글은 "희창은 하늘의 아들이고 상나라 주왕을 패망시킬 사람이다"라는 의미이다.

그리고 또 이런 일도 있었다. 당시 보옥 하나를 문 붉은 새 한 마리가 주나라 기산지양에 있는 토

서주 운뢰문(雲雷紋) 청동 주전자
운뢰문은 서주 시대 청동기에서 흔히 볼 수 있는 장식 무늬이다. 귀족들은 흐르는 구름의 변화무쌍함과 번개가 주는 두려움 등으로 신령의 위력을 돋보이려고 했다.

| 세계사 연표 |

기원전 1020년　이스라엘 왕 사울이 국민을 영도하여 필리스틴 사람들과 투쟁하였다.

《묵자墨子·비공하非攻下》
《일주서逸周書·정오程寤》

출전

서주

임금의 목걸이 – 서주 시대의 옥 장식
이 옥 목걸이는 괵계의 무덤에서 출토되었다. 각종 옥과 석료石料로 된 구슬을 꿰어 만든 패옥은 서주 시대 패옥의 특징이다.

지신의 신단 위에 내려앉아 이런 말을 했다고 한다.

"하늘이 주왕周王을 명해 상나라를 정벌토록 하였나니, 강에서는 '녹도綠圖'가 나오고 땅에서는 '승황乘黃'이 나오리라."

녹도는 하늘이 제왕을 명하는 부서符瑞이고 승황은 제왕의 덕성이 높아서 생겨나는 멀리 날 수 있는 길한 짐승이다.

또 '악작鸑鷟(봉황새의 일종)'이라는 새 한 마리가 기산에서 우짖으며 주나라의 흥성을 예시하는 〈무상武象〉이라는 노래 한 수를 지었다고 한다. 이 외에도 많은 신조神鳥들이 하늘의 뜻을 대표하여 길한 소식을 전했다고 한다.

기이한 소문의 역할

위의 이야기들은 문왕과 그의 대신들이 엮어서 배포한 이야기들이다. 그러나 미신적인 사상이 지배하는 당시 상황에서 이런 이야기들은 주나라가 상나라를 정벌하는 데 정신적인 힘이 되었다.

청나라 때 그림인 〈유풍·칠월도〉

| 중국사 연표 |

기원전 1054년 문왕은 계속 동으로 진격해 상나라의 속국인 여黎를 정복하고 상나라 도성 가까운 곳까지 점령했다.

019

벌숭대첩

문왕 창은 우선 주나라를 늘 침입하는 견융犬戎과 상나라의 속국들을 물리쳤다. 그중에서도 동쪽에 있는 숭嵩나라와의 전쟁에서 대승을 거두었는데 이는 상나라를 정복하는 걸림돌을 없앴다는 점에서 의미가 크다.

전투력을 강화

문왕 창은 여러 가지 소문을 퍼뜨려 주나라가 상나라를 멸망시키는 것이 대세임을 믿게 하고 다른 한편으로는 강태공의 보필하에 군대를 훈련시켰다. 훈련을 통해 군사들의 의지를 연마했을 뿐만 아니라 지휘에 복종하는 엄한 기율과 각종 기능 등을 연마했다.

견융, 밀수국과의 전쟁

문왕 창은 그 이듬해 먼저 견융을 공격했다. 견융은 주나라 북변에 있는 유목 민족의 나라인데 늘 주나라 변경을 침입했다. 그해 주나라 군대는 견융의 군대를 대패시키고 많은 재물을 얻었다.

그 이듬해, 주나라 군대는 또 밀수국密須國이라는 나라를 공격했다. 지금의 감숙성 영대현靈臺縣에 있는 밀수국은 밀국密國이라고도 하는데, 주나라가 견융을 대패시킨 것을 본 밀수국 군왕은 먼저 선수를 쓰기로 작정했다.

그들은 먼저 북에 있는 주나라 속국인 원阮나라로 진격했다. 이에 대로한 주나라 문왕 창은 친히 군대를 거느리고 밀수국으로 진격했다. 그러나 밀수국 백성들은 주나라와 싸우기를 원치 않았다. 그들은 자기네 군왕을 잡아다 주나라에 바치고 스스로 주나라 문왕의 백성이 되었다.

파죽지세로 여국, 우성을 공격

서백 창은 동진東進하기 시작했다. 주나라 군대는 각지 백성들의 환영을 받으며 파죽지세로 나아가 상나라 속국인 여국黎國까지 점령했다. 여국은 또 기국耆國이라고도 하는데 지금의 산서성 여성현黎城縣 일대에 있었다. 이곳은 상나라 도성 조가에서 2백 여 리밖에 안 되는 상나라의 외성 같은 역할을 하는 곳이었다.

그 이듬해, 주나라는 계속 동진해 우성邘城, 지금의

서주의 갑옷
서주 시대 갑옷은 몸에 비교적 잘 맞고 작전에 적합해 장병들을 보호하는 능력이 훨씬 향상되었다.

●●● 역사문화백과 ●●●

[세계 최초의 기와]
섬서 장안현 옛 호경성에서 발견된 서주 시대 궁전 터에서 많은 기와들이 출토되었다. 발견된 기와의 종류를 보면 판와板瓦, 통와筒瓦, 조와槽瓦 등 세 가지이고, 기와걸이도 주정柱釘, 유정乳釘, 균정菌釘, 환정環釘, 순정 등 여러 가지가 있었다. 이 기와는 지금까지 발견된 고대 기와 중에서 가장 최초의 기와이다.

| 세계사 연표 |

기원전 1020년 아슈르 니라리 4세가 이때 아시리아 왕으로 즉위했다.(~기원전 1013년)

《시경詩經·대아大雅·황의皇矣》
《설원說苑·지무指武》

출전

실용적인 서주의 병기 – 청동 과靑銅戈
과戈는 찍어서 당기는 병기다. 과는 끝과 날로 나눌 수 있다.

하남성 심양시沁陽市로 진군했는데 우성 군대는 자진해서 항복했다. 우성은 상나라 도성 조가의 서남쪽 아주 가까운 거리에 있었다. 이렇게 주나라 군대는 상나라 도성을 포위하기 시작했다.

숭나라를 공격하다 완고한 저항에 부딪치다

상나라 왕기王畿의 남쪽, 지금의 하남성 숭현嵩縣 숭산嵩山 일대에 '숭'이라는 나라가 있었는데, 그 나라 임금은 이전에 상나라 주왕에게 고해 서백 창을 감옥에 7년이나 갇혀 있게 한 숭후호이다.

서백 창이 왕이 된 지 6년 째 되는 해, 주나라 군대는 숭나라 주위의 여러 곳을 점령했다. 그리고 문왕은 우호적인 제후들과 연합해 상나라의 마지막 장벽인 숭나라를 본격적으로 공격했다.

문왕 창은 공격 전에 숭나라 백성들에게 선포했다.

"숭후호는 부형父兄을 모욕하고 노인들을 불경不敬하고 끝없는 탐욕으로 정치가 부패했다. 배곯는 백성들은 이미 지칠 대로 지쳤다. 과인이 숭후호를 징벌하는 것은 철저히 백성들을 위함이다. 과인은 군사들에게 죄 없는 백성들을 살해하지 말며, 가옥들을 함부로 허물지 말며, 우물을 메우지 말며, 나무를 함부로 찍지 말며, 가축을 놀라게 하지 말 것을 엄히 명령했다. 이 영을 어기는 자는 목을 베리라."

그 소식을 들은 숭나라의 백성들은 모두 기뻐하면서 성문을 열고 나와 주나라 군대를 맞이하려고 했다. 그러나 숭후호가 지휘하는 군대들이 완강하게 저항하는 바람에 주나라 군대는 숭나라를 공격할 수밖에 없었다.

격전 끝에 무너뜨린 최후의 장벽

숭나라 도성은 성벽이 높고 튼튼했다. 문왕은 성을 오르는 데 필요한 여러 장비를 미리 준비했다.

그런데 문왕이 봉황허鳳凰墟에 와서 지형을 관찰할 때, 그의 버선이 벗겨졌다. 문왕이 허리를 굽혀 버선을 다시 신으려고 하자 곁에 있던 강태공이 말했다.

"왜 부하들을 부르지 않고 임금께서 그러십니까?"

그러자 문왕은 이렇게 대답했다.

"군왕이 만나는 사람은 모두 세 부류가 있는데 그 중 상등은 군왕의 스승이요, 중등은 군왕의 벗들이고, 하등에 속하는 사람이 마음대로 부릴 수 있는 사람들이오. 그런데 지금 내 주변에 있는 사람은 모두 나의 스승과 벗들이니 어떻게 함부로 부를 수 있겠소."

문왕의 이 한마디 말에 감동된 신하들은 모두 문왕을 따라 성을 함락하기 위해 최선을 다하기로 했다.

숭나라 군대는 한 달이 넘도록 성을 사수하며 투항하지 않았다. 한 달이 넘는 격전 끝에, 주나라 군대를 위주로 하는 연합군은 마침내 숭성을 함락했다. 숭후호는 성을 함락시킨 연합군에 의해 사살되었다. 숭나라를 패망시키자 문왕의 위상은 한층 더 높아지고 상나라 토벌의 걸림돌이 제거되었다.

지렛대 원리를 이용해 만들었음

| 중국사 연표 |

기원전 1053년 — 주나라가 상나라 우성邘城을 공격했다.

020

강태공의 병략

경륜 높은 강태공은 또한 모략에 능했다. 그는 주왕 창을 가까이서 돕는 유능한 신하였다.

주나라 태사가 된 강태공은 문왕을 성심껏 보좌하면서 상나라를 토벌할 계획을 꾸몄다. 연속되는 싸움에서 문왕 창이 계속 승리한 데는 태공의 공이 아주 컸다.

백성을 구하는 묘안

태공은 상나라를 멸망시키기 위해 문왕에게 덕을 쌓고 인정仁政을 베풀어 천하 제후들과 백성의 마음을 모으게 했다. 이 결과 주나라를 흥성시키고 상나라를 멸망시키는 위업으로 민심이 쏠리게 되었다.

한번은 문왕이 강태공을 불러 이렇게 물었다.

"상나라 왕의 폭정이 극도에 달하여 무고한 백성들을 함부로 죽이고 있소. 과인을 도와 천하의 백성을 구하려고 한다면서 방법이 없단 말씀이시오?"

그러자 태공은 잠깐 생각하더니 이렇게 대답했다.

"대왕께서는 계속 덕을 쌓는 일 외에도 천도天道와 인간 세상의 변화를 수시로 관찰해야 할 줄 압니다. 하늘이 상나라에 화액을 내릴 조짐이 보이지 않으면 먼저 공격할 생각을 하지 않는 것이 좋습니다. 하늘이 상나라에 재앙을 내릴 조짐이 보일 때에야 상나라를 칠 수 있습니다. 상나라 주왕에 대해서는 그 외부와 내부의 분열 상황도 주시해야 하겠지만, 그의 사람들이 아직도 충성심을 가지고 있는가, 또 이미 그를 배반하기 시작했는가 그 여부를 주시해야 할 줄로 압니다. 그래야 그의 통치 기반이 어떤가를 알 수 있습니다."

강태공의 진언

태공은 또 말을 이었다.

"대왕께서 꾸준히 덕을 쌓으면 제후들과 백성들의 마음이 모두 대왕께 향할 겁니다. 그러면 창칼을 쓰지 않고도 승리할 수 있습니다. 이것이 가장 중요한 묘책입니다. 그리고 군대로 전쟁을 하려면 동일한 적이 있는 제후들과 연합해 전쟁을 해야 합니다. 동일한 적이 있어야 서로 지지할 수 있고 일을 촉진시킬 수 있으며 환난을 같이 할 수 있습니다. 그러면 군사들의 사기가 충천하게 됩니다. 그리고 다른 한 가지, 출격 전에는 비밀을 지켜야 합니다."

그는 또 이렇게 말했다.

"지금 상나라 주왕은 정사를 돌보지 않고 있습니다. 조정에는 간신들이 득실거리고 사회는 혼란하기 이를 데 없습니다. 이것은 상나라가 망할 징조입니다. 지금 상나라 논밭에는 풀이 무성하고 사악한 것이 대신들을 지배하고 있으며, 관리들도 불법 행위를 일삼고 있습니다. 성인의 밝은 빛은 천하를 밝게 비출 것이고, 성인이 주장하는 대의大義는 세상 만물 모두에게 이익을 가져다 줄 것이며, 성인의 의로운 군대는 천하의 모든 나라와 민족들을 복속시킬 것입니다."

정세에 유리하게 도성을 옮기다

강태공의 보필로 문왕은 상나라 도성 조가에서 이삼백 리밖에 안 되는 곳까지 쳐들어갔다. 한편 주나라는 전쟁을 더 잘 지휘하기 위해 도성을 정邲, 지금의

●●● 역사문화백과 ●●●

[서주 시대의 청동 악기들]

섬서성 미현眉縣에서 청동 종青銅鐘 13점, 청동 박 3점이 출토되었다. 이 악기들은 주나라 중후기의 이왕이나 여왕의 유물로 추정된다. 이러한 악기들의 발견은 당시 이미 예악 연주에 청동 악기들이 사용되었음을 말해 준다.

| 세계사 연표 |

기원전 1013년 아슈르라비 2세가 대략 이 시기에 아시리아 왕이 되었다.

《예문류취藝文類聚》 2권
《육도六韜·무도武韜》

섬서성 함양시 동쪽으로 옮겼다. 숭나라를 멸망시키고는 다시 도성을 정에서 풍豊, 지금의 섬서성 장안 서남쪽 풍하 서안으로 옮겼다. 그리고 문왕은 또 태자 발에게 풍하의 동안 호읍鎬邑에다 새로운 도성을 건설하게 했다. 이렇게 주나라의 도성은 서부에서 동쪽으로 이동해 위수를 건너 위수의 남안으로 옮겨 왔다. 새로운 도성은 지세가 평탄하고 교통이 발달해 동방까지 큰 길로 직행할 수 있었다.

농담으로 사기를 올리다

숭나라에 승리한 후 문왕은 상나라 왕조를 뒤엎기 위해 산의생에게 승패를 점쳐 보게 했다.

"점괘가 어떠하시오? 길하오?"

그러나 산의생은 머리를 흔들었다.

"불길합니다. 귀갑龜甲(거북의 등껍데기)에 구멍을 뚫고 불에 구워서 갈라 터진 금을 봐도 상서롭지 못한 징조가 나타났고, 시초蓍草로 점을 쳐 봐도 끊어집니다."

그런 데다 출발 직전 비바람이 세차게 불어 치중차輜重車의 가름대가 떨어지고 깃대까지 부러졌다. 산의생은 대경실색하여, "네 가지 불길한 징조가 한꺼번에 나타났으니 출발을 거두어야 합니다." 하고 말했다.

그러나 군사들의 사기가 떨어지면 안 된다고 생각한 강태공이 말했다.

"대군이 출발하기 직전에 생긴 이 일을 어떻게 보아야 하는지 자네는 잘 모르는구만. 출발 전에 바람이 부는 것은 하늘이 우리 몸과 수레의 먼지를 털어 주는 것이고, 비가 내리는 것은 우리의 갑옷과 무기를 씻어 주는 것이란 말일세."

그 말에 모두는 시름을 덜고 크게 웃었다.

상나라를 진공하는 과정에서 강태공은 문왕에게 커다란 도움을 주었다.

주나라에서 점을 치는 데 사용되었던 갑골
주나라 사람들은 중요한 일이 있으면 갑골이나 시초로 그 길흉을 미리 점치고, 그 점괘에 의해 행동 여부를 결정했다. 이런 풍속은 상나라에서 전해 내려온 것이다.

서주 시대의 도성은 종주宗周, 또는 호경이라고도 하는데 지금의 섬서성 장안 서북에 있었음

| 중국사 연표 |

기원전 1052년

주나라가 상나라 남부의 가장 큰 제후국 숭국崇國을 멸망시켰다.

021

임종시 태자에게 남긴 문왕의 유언

임종 때 문왕 창은 태자 발에게 인생의 도리와 경험을 말하고, 특히 상나라를 멸하는 대업을 꼭 완수해야 한다고 당부했다. 사람들은 주왕 창에게 '문文'이라는 시호諡號를 주었는데 이것이 중국 고대 시호 제도의 발단이다.

숭나라를 패망시키고 돌아온 문왕은 나이가 많아 기력이 쇠퇴해지고 몸이 쇠약해졌다. 그런데 당시 주나라는 나날이 강대해지고 상나라는 서산에 기우는 해가 되었다. 이제 일격만 가하면 상나라는 당장 무너질 것인데, 이런 시기에 몸이 말을 들어 주지 않아 직접 포악한 상나라 주왕을 없애지 못하는 것이 문왕은 참으로 한스러웠다.

명당을 세워 흥망의 교훈을 잊지 않게 하다

문왕이 지난날을 돌이켜 보니 후세에 남길 경험과 교훈이 적지 않았다. 요임금과 순임금 시절은 왜 그토록 창성하였고, 걸과 주紂는 왜 멸망의 길을 걷게 되었는가? 문왕 자신은 어떠한 일을 겪었으며 어떻게 오늘같이 강성한 주나라를 이루었는가? 이 경험들을 후세 사람들이 잊지 않고 주나라가 오래도록 번영할 수 있도록 하기 위해 문왕은 도성에다 '명당明堂'이라는 이름의 큰 집 하나를 짓기로 작정했다. 이 명당을 이용해 역사적인 흥망과 교훈을 그린 벽화와 글들을 보여 줌으로써 후세 사람들이 영원히 기억하도록 하게 하려는 목적이었다.

명당이 세워진 후 주나라 초엽에 즉위한 성왕이나 강왕 모두는 이 명당 제도를 지키며 즉위식도 이 명당에서 거행했다. 그리고 늘 명당에 와서 역사의 교훈들을 찾아보고 예의에 어긋나는 일은 하지 않으며 근신한 언행으로 선을 따랐다. 그 결과 주나라는 아주 오랜 세월 안정된 정치와 올바른 도덕을 지켜 나갈 수 있었다. 그 후의 역대 왕조들도 모두 명당을 정치적 교시를 선포하는 곳으로 선택했다.

문왕이 태자를 불러 유언을 남기다

건강이 날로 악화되자 문왕은 태자 발을 불러 유언을 남겼다.

"이제 나는 시간이 얼마 남지 않은 것 같다. 앞으로 지켜 나갈 원칙 몇 개를 말해 주겠으니 자손들이 그대로 지켜 나가도록 전해 주거라. 나는 덕을 쌓고 은혜를 베풀며 신용과 인애를 지키며 일생을 살아왔다. 나라의 임금은 교만하지 말고 사치하지 말고 여색에 빠지지 말아야 한다. 백성들의 재물을 낭비하지 않기 위해 임금이 사는 궁궐은 소박하게 지어야 한다. 그리고 산에 초목이 자랄 때는 벌목을 금해야 하고 호수와 하천에 고기가 번식하는 시절에는 어획漁獲을 금해야 한

서주 시대 청동 투구 – 방어의 무기 장비
갑옷과 청동 투구는 방어와 호신용 무기였다. 사진은 주나라 초기의 청동 투구이다.

●●● 역사문화백과 ●●●

[상나라와 서주 시대의 전차]
고대에는 전차가 전쟁에 중요한 위치를 차지했다. 진秦나라 이전, 전차에 탄 군사는 모두 3명으로 마부는 앞에, 궁노수는 그 뒤 왼편에, 창을 든 군사는 뒤 오른편에 위치했다. 전차를 끄는 말은 상나라는 두 필, 주나라는 네 필이었으며, 그 뒤를 따르는 보병의 수는 서주 시대에는 22명이었다.

중국을 말한다

70 역사 시험장 〉 중국 고대의 시호법諡號法은 언제부터 시작되었는가?

| 세계사 연표 |

기원전 1004년

해국 제2 왕조가 멸망했다.

《일주서逸周書·문전해文傳解》
《회남자淮南子·주술훈主術訓》

다. 장인들은 연장을 시기에 맞춰 마련하고 농민들은 농사철을 놓치지 말게 하고 상인들은 시기를 맞춰 장사를 해야 하는데 이것을 '화덕和德'이라고 한다. 하늘에는 예측 불가한 풍운이 있기에 식량을 비축하지 않고서야 어떻게 재해에 대처할 수 있겠느냐? 이런 일들을 늘 염두에 두지 않으면 장차 위험한 일들이 생기는 법이다."

그리고 문왕은 또 임금이 지켜야 할 원칙과 주의해야 할 일 등을 소상히 일깨워 주고 당부했다. 태자는 그 말을 명심해 부왕의 기대에 어긋남이 없이 나랏일을 보겠다고 맹세했다.

잠깐 말을 끊었던 문왕은 이번에는 자기가 죽은 후의 일 처리에 대해 말했다.

"내가 죽은 다음 너는 태공을 믿고 무슨 일이 있으면 태공과 상의하거라. 그는 내가 가장 믿는 친구다. 그리고 형제들과 화목하게 지내고 재능 있는 형제는 조수로 삼고, 결함 있는 형제는 고치도록 해 합심해 이 나라를 진흥시켜야 한다. 내가 죽은 다음 장례를 크게 하지 마라. 시간도 너무 오래 끌지 마라. 상나라를 멸망시키는 대업에 정력을 기울여야 한다. 상나라 통치를 종식시키는 일은 할아버지 태왕과 아버지 왕계, 그리고 나, 이렇게 삼대가 열망해 온 목표이다. 그것이 장차 너의 손에서 현실로 될 것이다. 상나라 왕조를 뒤엎은 다음 나의 묘소를 찾아와 제를 지내거라."

문왕은 가쁜 숨을 몰아쉬며 말을 마쳤다. 그리고 얼마 지나지 않아 세상을 떠났다.

문왕의 연령과 시호

문왕은 아흔일곱 살까지 살았다고 한다.

문왕 생전에 세인들은 그를 '왕'이나 혹은 '주왕'으로 불렀다. 그러다가 문왕이 승하한 다음엔 그의 덕성을 기려 세인들은 그에게 '문'이라는 시호를 달아 주었다. 그때부터 후세 사람들은 그를 '문왕'이라 칭했다.

중국 고대에는 제왕이나 귀족이 죽은 다음 그의 일생을 평가해 호칭을 더 첨부해 주는 제도가 있었는데 이 제도를 '시법諡法'이라고 한다. 이 제도는 문왕 시대부터 시작된 것이다.

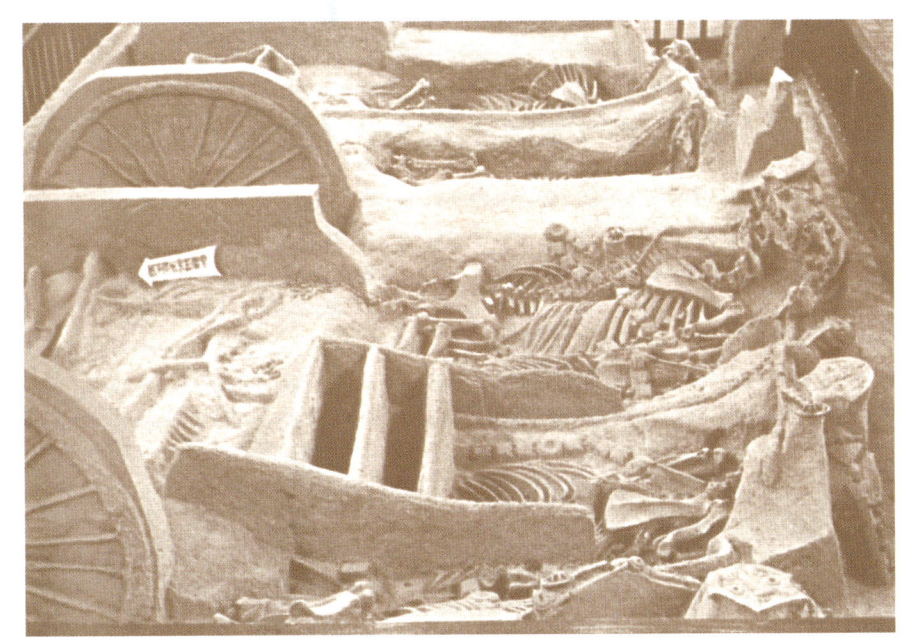

서주 시대 차마갱車馬坑
서안 부근 장가파에서 출토된 서주 시대 차와 말을 순장한 구덩이.

기원전 1051년 문왕의 뒤를 이어 태자 발(무왕)이 즉위했다.

022

맹진의 군사 훈련

군사력을 강화하기 위해 무왕 발은 황하 맹진孟津 나루터에서 군사 훈련을 했다. 당시 많은 제후들이 훈련에 참가해 주나라와 맹약盟約을 맺어 세인들은 그 고장을 '맹진盟津'이라고도 했다.

보좌진을 강화해 전쟁 준비에 박차를 가하다

문왕이 사망한 후 태자 발이 즉위했는데 그가 바로 무왕武王이다. 무왕은 즉위하자 우선 보좌진을 강화했다. 강태공을 태사로 유임했는데 강태공의 본명이 '상'이고 아버지 문왕과는 막역한 데다가 연령도 비슷해 무왕은 강태공에게 '사상부師尚父'라는 특별한 존호를 지어 주었다.

그리고 무왕은 아우 주공, 친척 소공召公과 필공畢公을 기용해 요직을 맡기고 측근에서 보좌하게 했다.

아버지의 유훈을 계승하기 위해 무왕은 즉위한 후에도 연호를 고치지 않고 무왕이 즉위한 첫해를 문왕 8년이라고 했다. 그리고 무왕은 도성을 풍수 서안에 있는 풍읍에서 풍수의 동안에 있는 호읍으로 옮기고 이름을 '호경鎬京'이라 칭했다. 이리하여 상나라를 공격하는 교통이 더욱 편리하게 되었다.

황하 나루터에서 군사 훈련

한 해 동안의 준비를 거쳐 주나라의 군사력은 한층 증강되었다. 무왕은 대신들과 상의해 한 차례 군사 훈련을 진행하기로 결정했다. 그리고 성대한 제사를 지내 이번 군사 훈련이 성공하도록 천지신명과 선조들에게 빌었다. 그러고는 대신들과 군대들을 인솔해 황하 나루터의 하나인 맹진, 지금의 하남성 맹진현 동쪽에 이르렀다.

이번 군사 훈련에서 무왕은 나무로 만든 문왕의 영패를 전차에 세우고 그것으로 문왕이 이번 군대의 출정을 지휘하는 것을 상징했다. 그리고 무왕은 '태자 발'이라고 자칭하며 이렇게 선포했다.

"이번 군사 행동은 문왕의 명을 받들어 개시하는 것이지 나 혼자 결행한 것이 아니다."

그리고 그는 이런 명령을 내렸다.

"모두들 내 말을 들으라. 사리에 밝지 못한 나이지

주 왕조를 세운 무왕
무왕 희발은 맹진에서 여러 제후국들과 연맹을 맺고 상나라 주왕을 멸했다. 이어 서주 왕조를 세운 무왕은 봉건 제도를 실시해 종친들과 공신들에게 땅을 분봉하고 서주의 통치 기구를 탄탄하게 했다.

| 세계사 연표 |

기원전 1003년
바란 왕조가 건립되었다(~기원전 977년).

《수경주水經注·하수河水》
《사기史記·주본기周本紀》
출전

만 선왕의 덕 있는 신하들에 의해 선왕의 공덕을 이어 왕위를 계승하게 되었노라. 지금 우리는 군사 훈련을 한다. 모두들 열심히 하기 바란다. 진짜 전쟁터에 나가는 태도로 임하기 바란다. 이번 군사 훈련의 성공을 위해 특별히 상벌 제도를 만들었나니, 용감히 싸우는 사람은 상을 주고, 두려워 뒷걸음치는 자는 벌을 줄 것이다."

강태공의 직접 지휘하에 모두들 용맹을 떨치다

황하 나루터에서, 왼손에 큰 부월斧鉞을 들고 오른손에는 모우牦牛(무소와 비슷하며, 몸이 길쭉하고 등에는 검은 털이 있음) 꼬리를 단 깃발을 든 사상부가 군사들을 향해 높이 외쳤다.

"머리가 아홉인 창시(외뿔소)가 그대들을 지휘하며 그대들을 도와 노를 젓는다. 모두들 용감하게 앞으로 전진하라. 만일 노력하지 않고 뒤떨어진다면 즉시 참하리라."

군사들은 저마다 있는 힘을 다해 노를 저었다. 세찬 파도를 가르며 배들은 나는 듯이 나아갔다. 무왕도 배를 타고 군사들과 같이 황하를 건너갔다. 배가 황하 강심에 이르렀을 때 흰 잉어 한 마리가 무왕이 탄 배에 뛰어올랐다. 무왕은 그 잉어를 손에 들고 군사들에게 외쳤다.

"흰 잉어는 상나라 사람들이 숭상하는 물고기다. 그런 흰 잉어가 뛰어올라 내 손에 잡혔으니 이것이 상나라가 망한다는 징조가 아니고 무엇인가."

그 말에 사기충천한 군사들은 모두들 있는 힘을 다해 노를 저었다. 그리하여 얼마 지나지 않아 배들이 모두 북안에 도착했다.

제후들이 다투어 찾아오다

상나라를 토벌하기 위해 무왕이 맹진 나루터에서 군사 훈련을 한다는 소식을 들은 각 제후국들이 기뻐하며 군대를 이끌고 응원하러 왔다. 그리고 무왕과 각 제후들은 연합하기로 서약을 맺었다. 연맹을 맺는 회의에서 제후들은 모두 "이젠 상나라를 쳐도 이길 수 있습니다. 상나라로 진군합시다." 하고 말했다.

그러나 무왕의 생각은 좀 달랐다. 상나라는 대국이기에 아직 강하고, 이번 군사 행동은 연습을 하기로 한 것이지 상나라를 직접 진공하는 군사 행동은 아니었다. 그래서 무왕은 제후들에게 이렇게 말했다.

"상나라를 토벌할 시기가 아직은 성숙되지 못했습니다. 여러분들은 돌아가서서 당분간 역량을 축적하기 바랍니다."

맹진의 군사 훈련은 상나라를 직접 진공하는 군사 행동은 아니었지만 지형을 익히고 군대의 능력을 시험했으며 전투 기능을 향상시켰다. 그리고 각지의 제후들과 연맹을 맺게 되었다.

서주 시대 청동 화살촉과 골각骨角으로 된 화살촉
섬서성 장가파에서 출토된 서주 시대 청동 화살촉과 골각 화살촉이다.

●●● 역사문화백과 ●●●

[서주 중앙정부의 구성]

주나라 중앙정부는 크게 경사료卿事寮와 태사료太史寮, 두 부서로 나누어 있었다. 경사료의 장관은 태보와 태사太師로서 국왕을 보필하여 조정의 군권을 쥐고 있었다. 태사료의 장관은 문관이며 신직神職 관원들의 수령인 태사太史였다.
그러나 다른 설도 주장되고 있는데, 서주의 중앙은 천자가 직접 최고 권력을 쥐고 있고 그 밑에서 '삼공'은 국왕의 보좌관 역할을 했다고 한다.

주나라 왕이 상나라를 진공할 때 맹진盟津에서 각 제후국들과 연맹을 맺고 황하를 건넜기 때문에 맹세할 맹盟을 써 '맹진盟津'이라고도 함

| 중국사 연표 |

기원전 1049년 — 무왕은 군대를 거느리고 맹진에서 상나라 토벌을 위한 군사 훈련을 실시했다.

023

〈태서〉의 고동鼓動

상나라에 대한 공격을 개시하는 황하 나루터에서 각 제후의 군사들이 회합을 가졌다. 주나라 왕 발은 이 대회에서 긴 연설을 했다.

첩자가 전해 온 정보

맹진 나루터에서의 군사 훈련 후 무왕은 한편으로는 상나라의 상황을 면밀히 주시했다. 무왕은 첩자를 상나라로 보내 상황을 알아보게 했다.

"상나라는 혼란에 빠졌습니다."

"그래? 어떤 혼란에 빠졌단 말인가?"

무왕의 물음에 첩자는 이렇게 답했다.

"간신들이 등용되고 충신들은 내쫓겼습니다."

"그런 정도라면 아직 멀었다."

그러면서 무왕은 첩자를 다시 상나라로 보냈다. 다시 돌아온 첩자가 이번에는 이런 말을 했다.

"상나라는 더욱 큰 혼란에 빠졌습니다."

"더 큰 혼란이라니?"

"상나라에 실망한 현인들이 모두 서둘러 떠나가고 있사옵니다."

"그 정도라면 아직 더 기다려야 하네."

무왕은 또 세 번째로 첩자를 상나라에 파했다. 상나라에 다녀온 첩자가 이렇게 보고했다.

"상나라는 상황이 더욱더 나빠졌습니다."

"어떻게 나빠졌단 말인가?"

"백성들이 치미는 분노를 감히 입 밖에 내지 못하고 있습니다."

그 정보를 들은 무왕의 얼굴에는 희색이 돌았다.

그때 상나라는 폭군 주가 왕자 비간比干의 심장을 꺼내 죽였으며, 기자箕子가 미치고, 미자 계微子啓가 실종되고, 태사 자疵와 소사 강疆은 악기와 제기祭器를 가지고 주나라로 피신해 왔다. 무왕은 상나라를 토벌할 적기가 왔다고 여겨 강태공의 생각을 물었다. 그러자 강태공은 이렇게 대답했다.

"간악한 자들이 충신들을 압제하는 것은 '폭暴'이요, 현명한 사람들이 떠나는 것은 '붕崩'이라 하고, 백성들이 치미는 분노를 감히 말하지 못하는 것을 '형승刑勝'이라고 합니다. 그러니 지금 상나라의 혼란은 극치에 달했습니다."

삼문협三門峽 괵국의 말馬이 묻힌 구덩이

괵국은 주나라 초기 책봉된 희씨 성을 가진 제후국이다. 문헌 자료나 금문을 보면 괵국은 주나라 변방의 이국夷國과의 싸움에서 큰 공을 세웠다. 삼문협 괵국의 묘지에서 출토된 차마갱은 이러한 역사를 확인시키고 있다.

••• 역사문화백과 •••

[서주의 상비군은 얼마나 되었는가?]

서주의 금문 중에는 '서육사西六師', '은팔사殷八師', '성주팔사成周八師' 등의 기록이 있다. '서육사'는 서부 지역 국토를 지키는 군사이며, '성주팔사'는 남이南夷와 동이東夷를 제압하는 군대를 말한다. '은팔사'와 '성주팔사'는 같은 것으로서, 상나라 유민들로 편성되어 성주를 지키는 군대이기 때문에 이름이 두 가지가 되었다. 그래서 주나라 상비군은 모두 14사師, 14만여 명에 달했을 것으로 추정된다.

| 세계사 연표 |

기원전 1000년

아시리아는 대내외 모두 곤경에 빠져 마침내는 혼잡한 분열의 국면으로 치달았다.

《상서尙書·태서泰誓》
《설원說苑·지무指武》
출전

소박한 예술
하남성 능현凌縣에서 출토된 이 술통(태보조형유)은 서주 시대의 소박한 예술적 특징이 잘 나타나 있다.

필승의 신념으로 대군을 출동시키다

그래도 무왕은 걱정이 되어 아우 주공에게 물었다.
"천하의 사람들이 모두 상나라 왕 주를 천자라고 하고 우리 주나라는 제후라고 하는데, 제후가 천자를 친다면 도의에 어긋나는 짓이 되지 않겠느냐?"
"그거야 그렇지요. 형님이 상나라 왕을 천자라고 여긴다면 주나라는 제후가 되는 거지요. 그렇다면 제후가 어떻게 천자를 친단 말입니까? 그러면 당연히 도리에 어긋나는 짓을 한다는 말을 듣게 되지요."
무왕은 주공의 말이 이해가 되지 않았다. 주공이 다시 말을 이었다.
"신이 알건대, 예의를 손상시킨 자는 도적이라 하옵고, 정의를 버린 자는 잔혹한 자라 하옵고, 국민들을 잃은 자는 필부匹夫라 하옵니다. 우리가 치는 것은 천자가 아니라 잔혹한 도적이며 필부란 말입니다. 그런데 못 칠 것이 무엇입니까?"

시기를 기다리던 무왕은 문왕 11년 겨울에 드디어 상나라를 토벌할 군대를 출발시켰다. 무왕은 각국 제후들에게 이렇게 알렸다.
"온 천하가 힘을 모아 죄 많은 상나라를 징벌해야 한다. 우리는 각국 제후들이 협력하여 이 대업을 이룩하기를 바란다."
상나라를 토벌하는 이번 출정에 주나라는 전차 300대, 친위대 3000명, 갑옷 입은 병사 4만 5000명을 투입했다. 그리고 문왕이 이번 전쟁의 지휘자임을 상징하여, 전차 위에 나무로 만든 문왕의 신패를 세웠다.
12월 무오일, 대군은 황하를 건넜다. 황하 북안에 회합하는 제후들의 군대로 인산인해를 이루었다. 그들은 서로 조심해 만전을 기하자고 다짐했다.

상나라 왕 주의 죄행을 성토해 군사들의 사기를 북돋우다

수많은 제후의 군사들이 회합한 것을 본 무왕은 이때가 바로 군사들의 사기를 올릴 절호의 기회라고 여겨 대회를 열고 선언을 발표했다.
"상나라 주의 죄행이 하늘에 사무치기에 격노한 하늘이 나의 아버지 문왕을 시켜 천벌을 주게 했는데 애석하게도 대업을 못 이루고 붕어하셨습니다. 그런데 지금 상나라 주왕은 회개하기는커녕 오히려 그 잔혹함이 날로 더해지고 있을 뿐입니다. 지금 하늘은 상나라 주를 멸할 것을 명하고 있습니다. 나는 상나라 정벌에 여러분들과 함께할 것입니다. 여러분! 용감히 전진합시다. 단숨에 상나라를 무찌릅시다. 성패는 이번 한 번에 달렸습니다."
대군이 출동하기 전에 한 이 연설을 후세 사람들이 글로 정리하고 그 글을 〈태서泰誓〉라 했다. '태서'란 중대한 연설이라는 뜻인데, 그 글은 《상서》에 수록되었다.

찌기, 삶기, 굽기, 데치기, 말리기, 절이기의 여섯 가지. 볶고 튀기는 것은 더 후에 생겨남

| 중국사 연표 |

기원전 1047년 — 무왕은 상나라를 멸하기 위해 군대를 거느리고 주나라 도성을 출발했다.

024

절지에서의 환생

상나라를 토멸하려는 무왕의 대군이 진군하는 과정에서, 흉한 점괘가 나오고 광풍, 폭우가 쏟아지고 산사태가 나는 등 여러 가지 불길한 일들이 생겼다. 그러나 이 모든 것들도 용맹한 주나라 군대의 전진을 가로막지는 못했다.

무왕의 군사 행동은 각 제후들의 호응을 얻었으나 진군하는 길에 많은 시련에 부딪혔다. 그러나 무왕은 굳센 의지로 난관들을 헤치며 승리의 개선가를 엮어 나갔다.

거북의 껍데기와 시초를 쓸어 버린 강태공

출발 직전에 무왕은 길흉 여하를 점쳤다. 그런데 점괘에 나타난 징조는 대단히 불길했다. 그러자 많은 사람이 진군을 주저했고 상나라에 대한 공격을 포기하자고 주장하는 사람까지 있었다. 이때 강태공이 말했다.

"진군을 멈추다니 그게 무슨 말이오? 상나라 주는 어떤 자요? 비간의 심장을 도려내고 기자를 가두고 비렴이나 비중 같은 간악한 자들을 중용했소. 이런 자를 징벌하는 것이 무엇이 잘못되었단 말이오? 이런 썩은 뼈와 마른 풀이 무엇을 안다고 이 따위에 우리들의 운명을 맡긴단 말이오."

그러고는 탁상 위에 놓인 거북의 껍데기와 시초를 팔소매로 확 쓸어 버리고 바닥에 떨어진 거북의 껍데기를 발로 짓밟아 버렸다. 강태공의 이런 용기와 기백에 무왕은 주저 없이 삼군에 출발령을 내렸다.

태세를 범할까 우려하는 사관

대군이 위수 남쪽 대로를 따라 동으로 진군하고 있을 때 수행 사관史官이 이런 말을 했다.

"올해는 태세신太歲神이 인寅에 있으므로 동쪽으로 진군하는 것은 태세신을 거스르는 것이 됩니다. 태세신을 범하면 화를 입습니다."

원래 중국 고대에서는 간지干支로 해를 계산하는데 그것을 감독하는 신을 태세신이라고 한다. 그해의 지지地支가 어디까지 돌아왔으면 태세신의 위치도 어디까지 온다는 것이다. 무왕이 상나라를 공격하는 해가 지지로는 인이 되는데 인은 바로 동방에 위치하고 있다. 그러므로 동쪽으로 진군하는 것은 태세신을 범하

북을 치는 뇌신雷神 (위의 그림과 오른쪽 그림)
최초 뇌신의 모습은 반은 사람이고 반은 짐승인 형상이었는데 한나라 때에 이르러 북을 치는 장수의 형상으로 발전했다.

병기 기능의 향상
서주의 병기는 기능이 현저하게 향상되었다. 사진은 간소하면서 아주 실용적인 창날이다.

| 세계사 연표 |

기원전 1000년
페니키아 인은 북아프리카와 무역을 했으며, 이 시기를 전후해 북아프리카 연해 지역에 약간의 상업 도시가 계속 세워졌다.

출전
《순자荀子·유효儒效》
《논형論衡·복서卜筮》

는 것이며 그러면 큰 화를 자초하게 된다는 것이다. 이 소식이 군사들에게 전해지자 또 소란이 일었다.

그러자 태공과 주공이 나서서, 상나라를 토벌하는 것은 하늘의 뜻이라 태세신도 하늘의 뜻을 받들어 우리를 도와줄지언정 해치지는 않을 것이라고 군사들을 설득시켰다. 그러자 군심이 안정되어 동진을 계속했다.

광풍, 폭우와 산사태

대군이 맹진 나루터에 이르러 황하를 건널 준비를 하는데 갑자기 하늘에 먹구름이 드리우더니 세찬 광풍이 일었다. 뭍에서는 바람에 모래와 자갈이 날리고 황하에는 세찬 파도가 쳐 황하를 건널 수 없었다. 그러자 무왕이 왼손에는 청동 부월을, 오른손에는 모우의 꼬리를 단 깃발을 추켜들고 높은 소리로 외쳤다.

"듣거라! 내가 여기서 지휘를 한다. 천하에 내 의지를 꺾으려는 자가 도대체 누구냐!"

무왕의 이 큰 외침에 이상하게도 하늘이 개고 바람이 잦아들더니 황하의 파도도 잠잠해졌다. 그래서 주나라 군대는 황하를 건너 각 곳의 제후들과 만났다.

그런데 지금의 하남성 온현 경내에 도착한 주력 부대는 또 큰 홍수를 만났다. 대군은 범람한 물속을 행군해 동북쪽에 있는 회현懷縣에 당도했다. 회현은 지금의 하남성 섭서현涉西縣에 있었다. 대군이 회현성 곁을 지나는데 갑자기 성벽이 무너졌다. 하마터면 수많은 군사들이 깔릴 뻔했다. 무왕은 오랫동안 성을 보수하지 않아 생긴 일이라며 다른 길로 계속 전진하게 했다.

그런데 대군이 지금의 하남성 휘현 동남쪽에 있는 공두산共頭山 아래 이르자 또 산사태가 났다. 다행히 제 때에 피했으니 말이지 하마터면 큰 화를 입을 뻔했다.

-1046~771

서주

기원전 1046년

| 중국사 연표 |

이해 2월, 주나라는 목야牧野의 결전에서 승리해 상나라를 멸망시켰다.

벼락으로 말까지 죽다

재난은 거듭 밀려왔다. 상나라 도성 조가에 거의 이르렀는데 또 갑자기 비바람이 불어치며 천둥과 번개가 쳤다. 세찬 바람은 무왕이 탄 수레의 깃대를 꺾고 수레 지붕을 뒤집었다. 무왕의 수레를 끌던 말까지도 벼락을 맞아 죽었다. 군대 내에서는 또 소란이 일었다. 강태공은 부러진 깃대를 다시 이어 동여매고 뒤집어진 수레 지붕을 다시 옳게 세우고 말도 새 것으로 바꾸었다. 그리고 군사들을 보고 웃으며 말했다.

"우리가 하늘의 뜻을 받들고 극악무도한 상나라를 징벌함을 알고 하늘이 우리를 맞이하라고 풍신風神과 우신雨神, 뇌신雷神을 내려보낸 것이오. 풍신은 바람을 몰아 우리 몸의 먼지를 날려 보내고, 우신은 우리의 투구와 갑옷을 말끔히 씻어 주고, 뇌신은 우리에게 빛을 뿌리고 북을 치며 우리를 환영하고 있소."

그 말에 마음을 놓은 사람들의 얼굴에 웃음이 돌았다. 그리고 주공이 북을 치며 전진을 재촉하자 군사들이 전진하기 시작했다.

바람을 관장하는 천신
상고 시대 전설에 나오는 바람을 종관하는 천신의 이름은 비렴飛廉인데 풍백이라고도 부른다. 치우蚩尤가 군대를 거느리고 황제와 싸울 때 풍백과 우사를 불러 비바람을 몰아오자, 황제의 군대들은 몸을 제대로 가누지도 못하고 비틀거리다가 뿔뿔이 도망쳤다고 한다. 풍신은 또 방천군方天君이라고도 부른다.

낙관주의의 개선가

보름 동안의 행군을 거쳐 문왕 12년, 상나라 역서《은력殷曆》으로 정월 갑자일 새벽에, 무왕의 군대는 드디어 상나라 도성 남교南郊에 도착했다. 은력으로 정월이면 주나라 역서,《주력》으로는 2월이 된다. 그래서 어떤 책에서는 '2월 갑자'라고도 한다.

무왕의 토벌군은 주나라 도성에서 상나라 도성까지 천여 리나 넘는 노정을 행군해 오면서 수많은 난관에 직면했다. 그러나 모두 무왕과 강태공의 군센 낙관주의 정신에 의해 제거되거나 전승되었다.

비를 내리는 우사雨師
우신雨神은 비를 관장하는 신령인데 '우사'라고도 한다. 그림의 우신은 인격을 가진 신령의 전형적인 형상이다. 우신은 늘 전모電母(번개를 장관하는 여자), 풍백 등과 같이 바람을 일으키고 비를 내린다고 한다.

| 세계사 연표 |

기원전 1000년 — 아메리카의 마야 인은 대개 이 시기에 정착하여 농업에 종사하게 되었다.

025

《시경詩經·대아大雅·대명大明》
《상서尙書·목서牧誓》 출전

목야의 결전

상나라를 공격하는 주나라와 각 제후국의 군대들은 상나라 남교 목야牧野에서 만났다. 결전이 시작되자 상나라 군대가 투항해 오히려 상나라 군대를 역습하는 바람에, 상나라 군대는 모래성처럼 무너졌다.

-1046~-771

서주

제후들과의 만남

상나라를 공격하는 무왕의 군대는 문왕 12년 2월 갑자날에 상나라 도성의 남쪽 교외인 목야에 도착했다. 이때 상나라를 토벌하는 전쟁에 가담한 각 제후국의 군대들도 연이어 목야에 도착했다. 그들은 용庸, 촉蜀, 강羌, 무髳, 미微, 노盧, 팽彭, 복濮 등의 제후국들이었다. 목야의 넓은 들판에는 사기충천한 군사들이 들끓었다. 이런 장면을 눈앞에 둔 무왕의 가슴은 설레었다. 상나라를 멸망시킬 시각이 바야흐로 다가오고 있었다.

태공의 계략

진군하는 길에 강태공은 군사들을 교육해 미신을 타파하고 용감하게 전진하도록 했으며, 또 계략으로 적들을 현혹시키면서 상나라를 칠 만반의 준비를 갖추게 했다.

그는 상나라 도성 부근에 이르자 한 아이에게 단약丹藥을 먹여 온 몸을 빨갛게 만들고는 "상나라는 망한다"는 말을 하도록 가르쳤다. 몸이 빨간 아이를 하늘에서 내려온 것으로 안 상나라 사람들은 그 아이가 "상나라는 망한다"는 말을 하는 것을 듣고는 그것이 하늘의 뜻이라고 여겼다. 이 소식이 전해지자 상나라 백성과 군사들은 모두 전의를 잃어버렸다.

행군 길에서 무왕이 상나라 주왕의 신하인 교격膠鬲을 만났다. 교격은 무왕의 출정 목적과 도착 기일을 물었다. 무왕은 그것을 숨김없이 그대로 그에게 말해 주었다.

급히 상나라로 돌아온 교격이 그 사실을 왕에게 고하니, 상나라 왕 주는 급히 근위 군대를 소집하고 노

세상을 바꾼 전쟁
목야의 결전은 주나라 무왕이 강태공 등 현신들의 보좌로 상나라의 도성 조가를 공격해 목야에서 상나라 군대를 대패시킨 전쟁이다. 그림은 세상을 바꾼 이 결전의 순간을 생생하게 표현하고 있다.

활(활과 화살), 수(날이 없는 창), 창(끝이 구부러진 긴 창), 과(갈고리 모양으로 된 무기), 극戟(날카로운 창)

| 중국사 연표 |

기원전 1046년 　무왕이 상나라 주왕의 신하 상용(商容)을 주나라의 '삼공'으로 삼으려 했지만 상용은 끝내 응하지 않았다.

중국을 말한다

80　역사 시험장 › 서주 시대 전쟁의 중요한 형식은 어떤 것인가?

| 세계사 연표 |

기원전 1000년 — 이스라엘 왕 사울이 이때 필리스틴 사람들과 길보아산에서 싸우다가 패하여 자살했다.

이궤利簋와 명문銘文
(왼쪽 페이지의 사진과 이 사진)
사진은 1976년 섬서성 임동현에서 출토된 서주 최초의 청동기이다. 이 궤에 있는 명문은 무왕이 상나라를 멸망시킨 날짜를 증명하는 유일한 자료이며, 주나라 초기의 역사를 연구하는 중요한 실물이다.

예들을 끌어다 군대에 편입시키고 또 그를 추종하는 인근 제후국의 군대까지 불러다가 70만의 군대를 조직했다(어떤 책에는 17만이라고도 한다). 이렇게 구성된 주의 군대는 갑자일 새벽에 무왕의 군대와 결전 태세를 취했다.

광장에서의 선서 대회

이른 새벽, 목야 남쪽에서는 무왕의 지휘하에 연합군의 선서 대회가 있었다. 무왕은 우선 각지에서 모인 군대들에게 위문의 인사를 했다.

"수고했습니다. 먼 길을 마다 않고 여기에 모인 여러 장병들께 인사 올립니다."

그러고는 군사들의 투지를 고무하는 선서 대회의 시작을 선포했다.

"존경하는 우방의 여러 제후님들, 관원 여러분들과 장수들, 그리고 각 나라 용사들이여! 이제부터 선서 대회를 시작합시다."

온 대회장은 물을 끼얹은 듯 조용했다. 무왕의 힘찬 목소리는 하늘을 가르며 메아리쳤다.

"속담에 '암탉이 울면 집안이 망한다.' 고 했는데, 지금 상나라 주왕은 여인의 말만 듣고 조상의 제도 지내지 않고 있으며, 인재를 등용하지 않고 간신들을 중용하고 있습니다. 관리가 된 그들은 백성들을 잔혹하게 압박하고 있습니다. 오늘 나는 하늘의 뜻을 받들어 그자들을 징벌하려 합니다. 오늘의 싸움에서 우리는 용맹하게 싸워야 합니다. 그러나 무기를 버리고 투항한 적들은 죽이지 마십시오. 우리를 위해 일하도록 그들을 이용해야 합니다. 용감하게 싸우십시오. 용감하게 싸우지 않으면 적들이 우리를 죽일 것입니다."

모래성같이 무너진 상나라 군대

날이 점점 밝아 오자 쌍방의 진영이 점점 확연해졌다. 무왕은 먼저 사상부에게 적군을 공격하게 했다. 사상부가 우선 흩어져 있는 상나라 군사들부터 치자 상나라 군사들은 어쩔 줄을 몰라 했다. 이어 무왕은 친위대들과 전차를 몰아 적진을 향해 맹렬히 돌격했다.

상나라 주왕의 군대는 비록 수는 많았지만 사기가 떨어지고 전의를 상실했다. 무왕의 군대들이 돌격해 오자 상나라 군대의 선봉에 서 있던 노예들이 먼저 투항해 넘어와 무왕의 군대와 합세해 상나라 군대를 역습했다. 파죽지세로 쳐 나가는 무왕의 용맹한 군대들에 의해 몇십 만이나 되는 상나라 대군은 두어 시간도 못 되어 모래성처럼 무너져 버렸다.

대세가 기울어지자 상나라 주왕은 수레를 타고 도성 조가로 도망가 분신자살을 했다. 상나라와 주나라 간의 전쟁은 그렇게 끝을 맺었다.

●●● 역사문화백과 ●●●

[무왕이 상나라를 정복한 일을 기록해 놓은 청동기 이궤]

이궤는 1976년 섬서성 임동현 영구진零口鎭 서단촌西段村에서 출토된 청동기이다. 그 속에는 금문 32자가 새겨져 있다. 첫머리에 '무왕은 갑자날 아침에 상나라를 정벌하는 싸움을 시작하여' 라고 새겨져 있고, 다음은 '전투를 거쳐 상나라를 또 얻다. 이레가 지나 청동을 유사 이에게 하사했다' 는 글이 새겨져 있다. 청동기의 주인의 이름은 이利이고 그 모양은 궤(제기)의 형태여서 이 청동기의 이름을 '이궤' 라고 한다.

1046~771 서주

전차를 이용한 전쟁 81

| 중국사 연표 |

기원 전 1046년 　 주周나라 무武왕이 상나라를 멸하자 백이伯夷와 숙제叔齊가 주나라의 곡식을 먹기 거부하며 굶어 죽었다.

026

삼공을 세 번 사양한 상용

상나라 도성에 입성한 무왕은 상나라의 현명한 대신이었던 상용商容을 방문하여 주나라의 삼공三公이 되어 달라고 했으나 상용은 거절했다.

흉악한 무리들을 참해 버린 무왕

무왕이 목야의 결전에서 대승을 거두자 각지의 제후들이 찾아와 전쟁의 승리를 축하했다. 이어 무왕이 제후들과 대신들을 데리고 조가로 향하자 조가의 백성들은 대신 상용의 지휘하에 성문 밖까지 나와 주나라 군대의 입성을 환영했다. 도성에 입성해 상나라 궁전과 주가 분신한 곳을 찾은 무왕은 주의 시체를 활로 세 번 쏘고 검 끝으로 찔렀다. 그런 다음 부월로 주의 목을 쳐서 백기 깃대 위에 매달았다. 그리고 또 달기와 두 첩이 목매 죽은 곳으로 가서 역시 시체를 향해 활을 세 번 쏘고 검으로 찌른 다음 목을 쳐서 백기 깃대 위에 매달았다. 그리고 주왕의 머리와 함께 궁정 밖에 효수했다.

주혁은명周革殷命을 선포

이튿날 무왕은 영을 내려 조가의 길들을 깨끗이 청소하고 종묘와 제단 그리고 궁전을 새롭게 단장했다. 천지신명에게 제사를 지내는 날, 모숙毛叔 정鄭은 정결한 명수明水를 들고, 강숙 봉은 공명초公明草를 뿌리고, 소공은 폐백을 올리고, 상사부는 제사에 쓰일 제물을 끌고 왔다. 모두가 숙연한 자세로 제단 앞에 서자, 태사 윤일尹佚이 책서축문策書祝文을 읽었다.

"상나라 말대 손인 주는 선왕의 명덕을 폐기하고 신명을 모독하며 제사도 지내지 않았으며 백성들을 잔인무도하게 짓눌렀습니다. 헤아릴 수 없이 많은 그의 죄행은 하늘의 천제께서도 이미 알고 계시옵니다."

제문을 읽은 다음 무왕은 머리를 조아리며 두 번 절하고 이렇게 선포했다.

"오늘 상나라를 철저히 패망시켰다. 이제부터는 과인이 하늘의 명을 받아 천하를 다스리노라."

무왕의 이 말은 주나라의 건립을 공식적으로 선언한 것이며, 이로써 서주와 동주를 포함한 주나라 800년 역사가 시작되었다.

평민들을 구제하다

무왕이 궁전 대청에 와 보니 진귀한 미옥들이 많이 있었다.

"이것은 누구의 옥들인가?"

무왕의 물음에 신하가 대답했다.

"제후들이 바친 미옥들입니다."

무왕은 즉시 그 옥들을 제후들에게 되돌려 주라고 명했다. 그리고 무왕이 후궁에 와 보니 아름다운 여인들이 많이 있었다. 무왕이 물었다.

"이 모두는 누구의 집 여인들인가?"

"주왕의 강박에 제후들이 바친 미인들입니다."

무왕은 미인들을 고향으로 돌려보내게 했다.

미옥과 미인들을 돌려보내고 난 무왕은 소공에게 영을 내려 감금된 백성들을 모두 풀어 주고, 남궁괄에게 명해 녹대에 있는 보물들과 거교에 있는 양식으로 가난한 백성들을 구제했다. 그리고 굉요에게 명해 비

| 세계사 연표 |

기원전 1000년 전후 — 에트루리아 인이 이탈리아에 이르고 원시적인 빌라노바 문화가 나타났다.

간의 묘에 흙을 더 올리게 했으니 이를 '봉묘封墓'라고 한다. 무왕은 또 상용이 살고 있던 곳에 깃발을 세우고 상용을 표창했다.

원래 상용은 상나라 궁전에서 조정의 제기를 관할하고 연회 등에서 주악을 관장하던 악관樂官으로, 백성들의 존경을 받았다. 그러나 상나라 왕 주는 모든 일을 제도대로 집행하면서 주왕에게 늘 직언을 하는 상용을 미워해 그의 벼슬을 파하고 조정에서 내몰았다. 조정에서 쫓겨난 상용은 도성을 떠나 태행산 일대에 은거했다.

무왕이 조가에 이르러 상용을 찾았으나 그의 은신처를 알 수 없었다. 그래서 상용의 집에 깃발을 꽂아주는 방법으로 그를 그리는 마음을 표현했다. 그런 무왕을 본 상나라 백성들은 모두 이렇게 말했다.

"무왕은 정녕 인자하신 군왕이시다. 도망가고 없는 상용의 집에도 깃발을 세워 주니 집에 남아 있는 사람들에 대해서야 더 말할 게 있겠는가? 무왕은 또 눈앞의 미색에 유혹되지 않고 모두 제 집으로 돌려보낸 분이시니 미녀들을 강제로 끌어가는 일은 없을 것이 아닌가."

상용을 주나라 삼공으로 청하다

무왕은 상나라의 현신들이 주나라 조정을 찾아와 임직하는 것을 환영했다. 당시 숨어 있던 주의 맏형 미자는 무왕이 승리했다는 소식을 접하고 무왕을 배알하고 사죄했다. 무왕은 그를 반갑게 맞고 주나라 정권의 관직을 주었다. 그리고 상나라의 신하였던 교격

●●● 역사문화백과 ●●●

[무왕이 상나라를 정복한 연도]
무왕이 상나라 도성을 점령한 것은 상나라의 멸망과 서주 왕조의 시작을 아는 중요한 사건이다. 그러나 그 정확한 연도는 확실치 않고 기원전 1046년이라는 설이 가장 유력하다.

용맹한 형상의 미
서주 시대는 중국 고대 청동기가 고도로 발달한 시기다. 도철은 중국 원고 씨족 부락의 토템(생명의 신령)으로서 용감한 무사의 정신을 상징했다. 그의 형상에서 우리는 용맹한 기개를 엿볼 수 있다.

을 원래의 직위로 복직시켰다.

또한 상용의 덕성과 재능을 알고 있는 무왕은 상용을 주나라의 삼공으로 삼을 작정이었다. 그런데 상용은 사양하며 말을 듣지 않았다.

"제가 백성들과 같이 있을 때 상나라 주왕을 징벌할 생각을 한 적이 있지만 능력이 모자라 성사를 못했습니다. 이건 제가 우둔함을 말해 줍니다. 주왕의 잔인무도한 행태를 막지 못하고 도리어 은거해 있었으니 이건 용기가 없음을 말해 줍니다. 아둔하고 용기 없는 사람이 어떻게 나라의 삼공이 될 수 있겠습니까."

무왕이 아무리 권해도 상용은 계속 거절했다.

무왕은 상용이 고관대작을 탐지지 않는 진정한 현인이라며 감탄했다.

사마司馬, 사도司徒, 사공司空을 서주에서는 '삼공'이라고 했다. 또 태사, 태보, 태부太傅를 '삼공'이라 했다는 설도 있음

| 중국사 연표 |

기원전 1046년

주나라 정권을 세운 무왕은 상나라 주의 아들 무경을 제후로 봉했다. 그리고 자기의 세 아우 관숙, 채숙, 곽숙을 상나라 도성 주변의 제후로 봉해 무경을 감시하게 했다. 이를 '삼감 三監'이라고 한다.

027

상나라 포로들에게 감사를 표한 무왕

상나라 도성에 머무는 동안 무왕은 상나라 포로들과도 이야기를 나누었다. 그중에서 득이 되는 말을 들으면 무왕은 감사를 표했다.

완고한 잔여 세력을 소멸

대승을 거둔 무왕은 승리의 성과를 확고하게 다지기 위해 상나라 도성에 머무르면서 상나라의 잔여 세력들을 소탕했다. 먼저 도망친 방래方來를 멸하도록 태공에게 명하자 사흘 후 강태공은 방래의 수급과 포로들을 바쳤다. 이어서 무왕은 장수 여타呂他에게 반란을 일으킨 월극방越劇方이라는 상나라 읍을 토벌하게 했다. 나흘 후 온 여타는 월극방이 평정되었음을 보고했다. 그 후 무왕은 장수 후래侯來에게 명을 내려 상나라의 미靡, 진陳, 두 개 읍을 토벌했다.

반란을 진압한 후 무왕은 제사를 지내면서, 천제와 선조들에게 상나라 주왕의 죄악을 열거하고 상나라를 토벌한 전쟁의 승리를 고했다. 선조들의 신위는 태왕, 태백, 왕계, 우공虞公, 문왕 그리고 무왕의 맏형 백읍고의 순위였다. '우공'은 태백의 아우 중옹을 말한다.

제사가 끝나자 또 일부 지방에서 소란이 일었다. 무왕은 장수 진본陳本을 보내 마磨라는 지역을 토벌하고, 백위百韋를 보내서 선방宣方을 토벌했으며, 신황新荒을 보내 촉을 토벌했다. 그 후 무왕이 아흔아홉 나라를 소멸하자 650여 나라가 항복했다. 이런 과정을 거쳐 무왕은 상나라에서의 통치를 확고하게 만들었다.

시를 통해 경험과 교훈을 총화

시인이기도 한 무왕은 자기의 경험을 시로 쓰기를 즐겼다.

"하늘이 지지하는 것은 파괴할 수 없고 하늘이 파괴한 것은 다시 세울 수 없도다."

간단한 이 시를 무왕은 연회 때마다 꼭꼭 노래로 부르게 했다.

무왕이 시를 쓰는 목적은 후세 사람들이 상나라가 망한 원인을 기억하게 하기 위해서였

백구력伯矩鬲 - 발이 셋인 솥
백구력은 1975년 북경 방산현 유리하에서 출토된 서주 초기의 청동기이다. 연나라 제후가 백구에게 돈을 하사한 일을 기록한 금문이 새겨져 있다.

| 세계사 연표 |

기원전 1000년 전후 — 필리스틴 인이 바다를 건너 남유럽에 이르렀다.

출전 《여씨춘추呂氏春秋·신대람愼大覽》 《국어國語·주어周語 下》

다. 이 시는 "주족은 태왕부터 시작해 계속 인의를 지키며 덕을 쌓았기에 제후들과 백성들이 모두 찾아와 나라가 나날이 강성해졌고 이와는 반대로 상나라 주왕은 잔인무도해 백성들과 제후들의 원한이 하늘에 사무쳐 결국은 나라가 망했다."는 뜻이다.

민간을 방문해 가르침을 받다

상나라 도성에 머무는 동안 무왕은 늘 백성들의 염원과 동태를 알아보았다.

한번은 덕성이 높은 노인이 있다는 말을 듣고 상나라가 망한 원인과 주나라 조정이 실행해야 될 일을 문의하려고 찾아갔다. 무왕이 찾아온 뜻을 말하자 노인은 이렇게 대답했다.

"임금님께서 그 도리를 아시려면 내일 점심에 다시 오십시오. 그러면 제가 소상히 말씀드리오리다."

그래서 무왕과 주공이 그 이튿날 약속한 곳으로 가서 기다렸지만 점심때가 지나 오후가 되도록 노인은 보이지 않았다. 이상한 생각이 들어 무왕이 주공에게 묻자 주공은 이렇게 대답했다.

서주 시대 옥으로 만든 인물 조각상
키가 7.62cm 밖에 안 되는 이 조각상은 노리개에 속한다. 고대 중국은 신령, 제왕, 귀족들의 조각상을 만들지 못하게 해서 인물 조각이 발달하지 못했다. 이 조각상은 하급 관리의 조각상으로, 주나라의 복식 연구에 중요한 자료를 제공했다.

"신은 이미 노인의 의중을 알았습니다. 노인은 군자이기에 자기 군주의 죄악을 말하기 싫은 것이지요. 그래서 아니 오는 것입니다. 또 노인이 약속을 어기고 오지 않는 것은 말에 신용이 없음을 말하는 것이 아닙니까? 이게 바로 상나라가 망한 원인입니다. 노인은 이런 행동으로 이미 임금님께 상나라가 망한 원인을 알려 주었습니다."

무왕은 그 말을 듣고 주공의 말이 일리가 있다고 미소를 지었다.

또 한번은 무왕이 포로 두 명과 이야기를 나누었다.

"너희들 나라에 요괴가 있느냐?"

무왕의 물음에 한 포로가 대답하기를,

"있다마다요. 대낮에 별이 보이고 피 섞인 비가 내렸으니 이게 요괴의 농간이 아니고 무엇입니까?"

그러나 다른 포로는 이렇게 말했다.

"그것도 요괴의 농간이기는 하지만 그보다 더욱 큰 요괴는, 자식이 아버지의 말을 듣지 않고 아우가 형님의 말을 듣지 않고 임금의 어명이 제대로 관철되지 못하는 것입니다. 이것이야말로 제일 큰 요괴라고 생각합니다."

무왕은 이 두 번째 포로의 견해가 아주 옳다고 생각했다. 가정을 분리시키고 나라를 망하게 하는 사회현상을 만들어 내는 것이 제일 큰 요괴의 농간일 것이다. 포로와의 대담에서 중요한 도리를 새삼스레 깨달은 무왕은 자리에서 일어나 포로들에게 감사와 존경의 뜻을 표했다.

●●● 역사문화백과 ●●●

[서주의 제사 예법]

서주의 금문에 나타난 제사 예법은 20여 가지나 되는데 그중 17가지는 상나라와 같다. 목왕 이후 주나라는 점차 독자적인 예의 체계를 형성했다. 주나라의 독자적인 예법은 적서嫡庶, 존비의 차별, 친척이 없어지면 묘당도 없애는 법, 조상의 제사는 3대를 넘지 않는 법, 제물의 희생은 붉은색을 선호하는 법, 제전에 제문을 읽는 사람을 이용하는 법 등이다.

공公, 후侯, 백伯, 자子, 남男 등 다섯 등급

| 중국사 연표 |

기원전 1046년 — 무왕은 황제, 요, 순, 우임금의 후대에게도 많은 제후국을 책봉해 주었다.

028

백이와 숙제

백이伯夷와 숙제叔齊, 이 두 형제는 무왕이 상나라를 토멸하는 것을 '인'과 '의'를 저버린 행실이라고 하며 죽어도 주나라의 양식은 먹지 않겠다면서 초근목피로 배를 채우다가 결국은 굶어 죽었다.

엄한 교육을 받은 백이와 숙제

상나라 말기에, 지금의 하북성 노룡盧龍현 남쪽에 고죽국孤竹國이라고 하는 제후국이 하나 있었는데 이 제후국의 군왕의 이름은 초初였다. 그는 백이라는 맏아들과 숙제라는 막내아들을 두었는데 막내아들 숙제를 더 사랑하여 왕위를 숙제에게 물려주려고 했다.

아버지가 세상을 떠난 후 숙제는 왕위를 형님 백이에게 양도했다. 그러나 백이는 아우에게 "네가 군왕이 되는 것은 아버지의 명이다. 아버지의 유명을 어겨서야 되겠느냐?" 하고는 남 모르게 궁전을 빠져나왔다. 그러나 숙제도 형님의 자리를 차지하기 싫어 궁전에서 나왔다. 이렇게 되어 결국 백이와 숙제의 다른 형제가 왕위를 계승하게 되었다.

백이와 숙제는 어려서부터 엄한 교육을 받았다. 그래서 악행은 보지 않고 악담은 듣지 않았으며, 포악한 군주를 섬기지 않고 덕행이 없는 자들과는 상종을 하지 않았다. 백이와 숙제는 북해, 지금의 발해 근처에 은거하며 천하에 영명한 임금이 나타나기를 기다렸다. 그러다가 서쪽에 있는 주나라 문왕이 인정을 베풀고 있다는 말을 듣고 문왕을 찾아왔다.

이것은 우리가 소망하던 나라가 아니다

그들이 주나라로 왔을 때는 문왕은 이미 죽고 그 아들 무왕이 즉위했다. 무왕은 주공을 시켜 그들을 접견하도록 했다. 그런데 둘은 그곳에서, 주공이 상나라로 잠입할 첩자에게 정탐에 공을 세우면 봉록을 세 급 높이고 관직을 한 급 높여 주겠다고 약속하는 것을 듣게 되었다.

그것을 본 백이와 숙제는 이렇게 말했다.

"이건 우리가 소망하던 나라가 아니잖아. 예전 신농씨가 천하를 다스릴 때는 제때에 제사를 지내면서 분수에 넘치는 것을 탐낸 적이 없고 남을 너그럽게 대하고 신용을 지키면서 서로 도우며 지냈다고 하잖아. 남을 해치거나 남을 딛고 올라가는 것이 아니라 자기 힘으로 성공을 도모했다고 하잖아. 남이 혼란한 틈을 타 자기 이득을 채우는 일은 절대 없었다고 하던데 지금 이 나라를 봐. 상나라가 혼란한 기회를 이용해 계략을 꾸미고 전쟁을 준비하니, 겉으로는 인정을 베푸는 척하지만 실은 자기의 욕심을 위해 전쟁과 살육마

숙제

이당李唐은 송나라 하양 사람인데 산수화와 인물화에 능했다. 그가 그린 〈채미도採薇圖〉는 상나라 유민인 백이와 숙제가 수양산에서 산나물을 뜯어먹으며 살다가 굶어 죽은 일을 묘사한 것이다. 이 그림은 〈채미도〉 인물 중의 하나인 숙제이다.

| 세계사 연표 |
기원전 1050년 ~ 기원전 1000년
그리스의 씨족제도가 점차 해체되었다.

《사기史記·백이열전伯夷列傳》
《맹자孟子·만장万章 下》

저 주저하지 않고 있다. 이것은 악으로 악을 치려고 하는 것이다. 그 결과는 악이 더해질 뿐이다."

무왕의 말 앞에 무릎을 꿇고
대군의 전진을 막으려 하다

얼마 후 주나라 대군이 나무로 만든 문왕의 영패를 앞세우고 상나라를 토벌하려 출발하자, 백이와 숙제는 무왕의 말 앞에 무릎을 꿇고 큰 소리로 간했다.

"부친의 장례도 끝나지 않은 상제가 전쟁을 하다니, 이것을 어찌 효도라고 하겠습니까? 그리고 또 신하 된 신분으로 군왕을 주살하려고 하니 이것을 어찌 인의를 지키는 것이라고 하겠습니까?"

그 말을 들은 병사들이 임금님을 모욕한다고 그들을 죽이려고 하자 태공이 말렸다.

"죽이지 말라. 그래도 인의를 아는 자들이다."

국력과 신분을 상징하는 차마갱
서주 곽국 귀족의 무덤에는 대형 수레와 말들을 순장한 구덩이들이 있다. 말과 수레의 수는 국력과 신분의 중요한 상징이었다.

주나라 곡식을 먹지 않은 백이와 숙제
상나라 말 고죽국의 백이와 숙제는 주나라 무왕을 불효不孝, 불인不仁한 사람이라고 했다. 그 후 백이와 숙제는 수양산首陽山에 은거하면서 주나라 신하가 되기를 거부하다가 끝내는 굶어 죽었다. 이 그림은 《신각전상인감연의新刻全像按鑒演義》에 실려 있다.

죽음으로 항쟁한
백이와 숙제의 지조

백이와 숙제는 무왕 희발이 신하로서 상나라 임금을 무력으로 공격해 정권을 탈취했기 때문에 이것은 수치스러운 행동이라고 결론 내리고, 주나라 양식을 먹지 않는 것으로 자신들의 숭고한 지조를 지키기로 결심했다.

그래서 그들은 주원 서북에 있는 수양산으로 들어가서 고사리를 뜯어 먹으며 겨우 목숨을 연명했다. 그들은 목숨이 경각에 다다른 시각에도 다음과 같은 시를 지어 읊었다.

"서산에 올라 고사리로 곯은 배를 채우네.

악으로 악을 대체하면서도 세상 사람들은 그것이 불의임을 모르고 있구나.

신농이나 하우처럼 왕위를 선양禪讓하는 세월은 다시 돌아오지 못한단 말인가.

그럼 우리 어디로 간단 말이냐? 하늘나라 천국으로나 어서 가자.

이 세상은 정말 말세가 되어 가는구나."

그들은 마지막 숨이 남았을 때까지 이렇게 한탄의 노래를 부르다가 종말을 맞이했다.

| 중국사 연표 |

기원전 1046년 — 무왕이 태백, 중옹의 후대인 주장周章을 제후로 책봉하고, 또 주장의 아우에게 북방의 제후국 우虞나라를 세우게 했다.

029

무경과 삼감

주나라 정권이 건립된 후 무왕은 원래의 상나라 백성을 잘 다스려야 한다는 큰 문제에 봉착했다.

상나라를 정복한 후 가장 어려운 문제가 은민殷民, 즉 원래 상나라 백성들을 어떻게 다스려야 하느냐 하는 것이었다. 주나라는 상나라에서 멀리 떨어져 있는 데다 인구 또한 상나라가 많았다. 주족과 은민은 세세 대대로 내려오면서 줄곧 불화 속에 지내 왔다.

이런 상황에서 무왕은 제후들을 분봉시키는 방법을 쓰기로 했다.

주의 아들은 제후가 되고, 세 아우는 감시하다

무왕은 상주의 아들 무경武庚을 제후로 봉해 상나라 도성 지역을 통치하게 했다. 무경의 자는 '녹부祿父'이다. 그래서 무경을 녹부라고도 하고 '녹부 무경'이라고도 한다.

그리고 무왕은 자기 아우 셋을 녹부 옆에 있는 세 고장의 제후로 봉했다. 큰 아우 숙선은 관(지금의 하남성 정주시 일대)의 제후로 봉하고, 다른 한 아우 숙도는 채(지금의 하남성 상채 주위)의 제후로 봉했다. 그리고 또 다른 아우 숙처叔處는 곽霍(지금의 산서성 곽주 부근)의 제후로 봉했다.

당시 사람들은 이 셋을 관숙, 채숙, 곽숙이라 불렀다. 또 무왕은 관숙 선과 채숙 도를 상나라의 최고 관직인 상相으로 임명해 무경을 감시하게 했는데 그 셋을 '삼감三監'이라 불렀다.

이와 다른 이야기도 전해지는데, 무왕이 녹부를 제후로 봉할 때 상나라를 셋으로 나누어 중부 상나라 도성 부근은 '위衛', 남부 일대는 '용鄘', 북부 일대는 '패邶'라 칭하고 각각 관숙, 채숙, 곽숙이 감시하게 했다.

무왕은 무경이 그 아버지를 계승해 은민을 지배하고 또 무왕의 아우 셋이 무경을 감시한다면 은민에 대한 통치가 튼튼해질 것이라고 생각했다.

옛 성인의 후대와 오군吳君을 제후로 책봉

무왕은 옛 성인의 후대들에게도 책봉을 했다. 신농씨의 후대에게는 초焦 땅을 주어 초국焦國을 세우게 하고, 대우大禹의 후대 동루공東樓公에게는 기杞 땅을 주어 기국杞國을 세우게 했다. 또 무왕이 상나라를 공격할 때 도정관陶正官이 되어 도기 제작을 책임지었던

조형이 특이한 이왈방이夷曰方匜 (오른쪽 페이지의 사진과 함께)
이왈방이는 이왈 계열의 청동기 중 하나이다. 이는 일종의 대야이다.

• • • 역사문화백과 • • •

[정권을 공고히 하기 위한 감국監國 제도]
상나라를 멸망시킨 무왕은 상나라 주왕의 아들 무경에게 은 땅을 주고, 또 자기의 아우 셋에게 그를 감시하게 했는데 이를 '삼감'이라고 한다. 서주의 감국 제도는 분봉제로 인한 분열과 반란을 방지하는 제도로써 주 왕조의 정권을 공고히 하려는 데 그 목적이 있었다.

| 세계사 연표 |

기원전 1000년 전후

히브리 사람들의 원시문학, 신화나 전설 그리고 영웅시 등이 발전하여 한 부의 사사史詩를 이루었는데 그것을 《구약 원본舊約原本》이라고 한다.

《사기史記·주본기周本紀》
《사기史記·진기세가陳杞世家》 출전

우알부虞閼父가 우순虞舜의 후대임을 알고 무왕의 장녀 대희大姬를 우알부의 아들 규만과 혼인시키고 후에 그를 호공胡公이라 칭했으며 진陳 땅을 주어 진국陳國을 세우게 했다. 이와 동시에 황제黃帝의 후대에게 계薊를, 요堯의 후대에게는 축祝을 분봉해 주었다.

황제, 요, 순임금의 후대를 합쳐 '삼각三恪'이라 칭했는데 존경받을 만한 세 사람이라는 뜻이다. 무왕이 이렇게 옛 성인의 후대들을 상나라 주변에 책봉한 것

고대 전차에 쓰였던 청동으로 만든 말 재갈
고대의 전차는 전쟁에서 쓰는 수레로서 적을 추격하고 군수 물자를 나르며 숙영지에서 방위를 담당하는 중요한 무기이다. 사진은 주나라의 청동으로 된 말 재갈이다.

은 상나라를 감독하기 위해서였다.

이 와중에 무왕은 집을 나간 선조 태왕의 두 아들인 태백과 중옹이 생각났다. 수소문한 끝에 태백과 중옹이 동남쪽으로 내려가 오나라를 세웠음을 알게 되었다. 그래서 무왕은 오나라의 임금 주장周章을 제후로 봉하고 주장의 아우 우중虞仲에게 북방의 우虞 땅을 주고 제후로 삼았다. 이 우나라는 춘추 시대 진晉나라에 의해 멸망했다.

나라의 안정을 위해 노심초사하다

은민을 순복順服시키고 정세를 안정시키기 위해 무왕은 제후 분봉에 노심초사했다.

그러나 상나라 주의 아들 무경과 주나라는 대대로 사이가 좋지 않은 데다 무왕의 형제들 사이에도 불화가 있어 무왕의 이런 정책은 얼마 후에 새로운 혼란을 초래했다.

무왕은 점령한 상나라의 도성을 주의 아들 무경, 자기 아우 관숙과 채숙에게 나누어 분봉했는데 이를 '삼감'이라고 한다. 또 관숙, 채숙, 곽숙을 합쳐 '삼감'이라고도 함

| 중국사 연표 |

기원전 1046년 무왕이 석방한 주의 이복동생 기자가 조선으로 가자 무왕은 그를 조선의 군왕으로 책봉했다.

030

조선으로 간 기자

주를 멸한 무왕은 기자箕子를 석방했다. 석방된 기자는 자기 나라가 주나라에 점령된 것

조선으로 간 기자

무왕이 상나라 주를 멸한 후 주의 이복형제 기자箕子는 조선으로 갔다. 무왕은 그를 조선의 왕으로 책봉했다.

을 큰 수치로 여기고 방랑의 길을 떠나 지금의 평양 일대인 조선朝鮮으로 왔다. 기자의 현명함을 알고 있는 무왕은 그 소식을 듣고 기자를 조선의 군주로 책봉했다. 그리고 군사적, 물질적으로 많은 도움을 주었다. 일 년 후, 기자는 호경으로 가서 무왕을 배알했다.

고국을 그리며 옛터를 순방

멀리 타향에서 고국을 그리던 기자는 호경으로 가는 길에 상나라의 옛 도성 터를 찾아갔다. 궁실은 이미 무너지고 부근에는 곡식들이 자라고 있었다. 궁전 옛터를 돌아보는 기자의 심정은 착잡했다. 그는 〈맥수麥秀〉라는 시 한 수를 지어 홀로 읊었다.

"지난날의 왕궁이여,
무너진 그 모습 처량하구나.
궁전 뜰은 밭이 되고,
밭에선 밀이 자라 술렁이누나.
누구를 탓하랴,
그 못된 사람이 내 말을 듣지 않았기 때문이거늘."

시에서 말한 '그 못된 사람'은 상나라 주왕을 이른다. 그 시를 읊고 또 읊는 기자의 목소리는 갈수록 비

미친 척한 기자
음란에 빠진 주왕이 나라 정사를 돌보지 않자 기자가 나서서 간했으나 주는 말을 듣지 않았다. 그래서 기자는 미친것 처럼 행동했다. 상나라가 멸망하기 일 년 전에 주는 아들 비간을 죽이고 기자를 옥에 가두었다. 이 그림은 청나라 손가내 등이 편찬하고 광서 연간에 간행한 《흠정서경도설》에 실려 있다.

●●● 역사문화백과 ●●●

[은민에 대한 서주의 정책]

서주 정권은 은민을 상황에 따라 구별해 대하는 차별 정책을 썼다.
즉, 상나라 귀족들 중에 순종하는 자들은 계속 주나라 정권에 유임시키고, 대부분의 상나라 백성들에게는 먹고살 수 있는 땅을 나누어 주었으며, 가난한 사람들은 나라에서 구제했다. 그리고 주 정권에 반대하는 사람들은 강제 이주를 시키거나 교화하는 방법을 썼다.

| 세계사 연표 |

기원전 1000년 전후 인도 북방의 아리안 인은 펀자브에서 갠지스 강 상류로 이주했다.

통해지고 격앙되었다. 그 소리에 기자가 돌아왔음을 안 백성들이 사방에서 몰려왔다. 초췌한 모습으로 슬프게 시를 읊는 기자의 모습을 본 상나라 백성들은 눈물을 흘렸다.

슬픔을 애써 참으며 조선의 개발에 열정을 쏟다

은허殷墟, 즉 상나라 도성의 폐허에서 잠깐 머물렀던 기자는 호경으로 가서 무왕을 배알했다. 기자의 도덕과 학식을 깊이 존경한 무왕은 기자를 곁에 두고 싶었다.

그러나 기자는 거절하고 조선으로 돌아와 모든 힘을 조선의 개발에 기울였다. 서주 이후 몇백 년 동안 기자와 기자의 자손들은 조선의 군주가 되어 조선의 발전과 번영에 커다란 기여를 했다.

출전 《사기史記 · 송미자세가宋微子世家》
《상서대전尚書大傳》 2권

-1046~-771

서주

서주 병기 – 청동 활촉
서주의 무기는 살상 능력과 방어 능력이 크게 향상되었다. 사진은 서주의 청동 활촉이다.

서주 시대 유행한 인수人獸 복합 옥패
이 청록색 옥패에는 용 세 마리와 봉황 한 마리, 그리고 크고 작은 사람 둘이 새겨져 있다. 이 옥패는 서주 시대 귀족들의 주요한 장신구로 1984년 섬서성 장안 장가파 157호 무덤에서 출토되었다.

《시경 · 소아 · 대전大田》

| 중국사 연표 |

기원전 1045년 주나라 도성으로 돌아온 기자는 무왕에게 치국대법인 〈홍범洪範〉을 말했다.

031

치국의 〈홍범〉

조선에 갔던 기자는 고국이 그립기도 하고 무왕을 만나기 위해 주나라의 도성으로 돌아왔다. 그리고 무왕에게 치국안민의 아홉 가지 법을 진술했다.

치국안민의 아홉 가지 대법을 가르침 받다

조선에 가서 한 해 남짓 있던 기자는 다시 주나라 도성 호경으로 돌아왔다. 기자가 돌아왔다는 소식을 들은 무왕은 기뻐하며 그에게 치국의 가르침을 받으려고 준비했다.

그러던 어느 날, 무왕은 기자가 머물고 있는 처소를 친히 찾아가 상나라가 망한 원인을 기자에게 물었다. 그러나 기자는 그 화제를 피하고 무왕에게 망한 나라도 마땅히 그냥 존속하게 해야 한다는 말만 했다. 기자의 심중을 헤아린 무왕은 화제를 바꾸었다.

"하늘이 백성들을 낳아 기르며 서로 화목하게 살라고 하는데 백성들을 편안하게 하는 이치가 어디 있는지 과인은 잘 모르고 있소이다."

기자는 자신의 생각을 주저 없이 이야기했다.

"전에 곤鯀은 물을 막는 방법으로 홍수를 다스리려고 했는데 결국은 하늘이 만든 '오행五行'의 법칙을 어겨 하늘의 노여움을 사게 되었지요. 그래서 하늘은 치국안민의 대법인 아홉 가지 〈홍범洪範〉을 곤에게 주지 않았습니다. 그 후 우禹가 아버지의 소임을 이어받았습니다. 우는 물의 법칙을 따라 홍수를 다스려 탁월한 성과를 거두었습니다. 그래서 하늘은 홍범 아홉 가지를 우에게 하사했습니다."

무왕은 치국안민의 아홉 가지 대법이 무엇인가를 물었다. 이에 기자가 대답했다.

"그 아홉 가지 홍범 중에 첫째는 '오행五行'입니다. 오행이란 다섯 가지 물질을 잘 이용해야 한다는 말입니다. 둘째는 '오사五事'인데, 즉 다섯 가지 방면의 일을 겸손히 잘해야 한다는 것입니다. 셋째는 '팔정八政'인데 여덟 가지 방면의 정사를 잘 보아야 한다는

| 세계사 연표 |

기원전 1000년 전후 인도의 베다 문학에서 《야주르 베다 본집》과 《사마 베다 본집》이라는 작품이 출현했다.

출전 《사기史記·주본기周本紀》 《상서尙書·홍범洪範》

언후우匽侯盂 - 연나라 사발
1955년 요령성 능원현 마창구에서 출토된 서주 초기의 청동기. 언후는 연후燕侯를 말한다.

'계의稽疑'라고 하는데 의문을 푸는 방법을 명확히 해야 함을 말합니다. 여덟 번째는 '서정庶政'인데 각 징후들을 유심히 살펴야 함을 말하는 것이지요. 아홉 번째는 '오복五福'과 '육극六極'인데 다섯 가지 복으로 착한 사람이 되도록 권하고 여섯 가지 형벌로 사람들의 악행을 금하는 것입니다."

오행, 오사, 팔정, 오기, 황극

기자는 그 아홉 가지를 하나하나 자세히 해석하기 시작했다.

"첫째 '오행'은 수, 화, 목, 금, 토의 다섯 가지 물질을 말합니다. 수는 아래 방향으로 사물을 적시고 화는 위쪽으로 타오릅니다. 그리고 목은 굽힐 수도 있고 곧게 펼 수도 있으며, 금은 여러 가지 형태로 변형시킬 수 있습니다. 토는 곡식을 자라게 합니다.

둘째 '오사'는 태도, 언어, 관찰, 청문聽聞, 사고, 이 다섯 가지를 말합니다. 태도는 공손해야 하고, 언어는 이치에 맞아야 하며, 관찰은 면밀해야 하며, 청문은 총명하게 옳고 그름을 판단해야 합니다. 또 사고는 민첩하고 지혜로워야 합니다.

셋째 '팔정'은 농업, 상업과 무역, 제사, 거주 관리, 교육 관리, 사법 관리, 손님 접대와 군

말입니다. 넷째는 '오기五紀'인데 시간을 기록하는 다섯 가지 방법을 정확히 사용해야 한다는 말이지요. 다섯째는 '황극皇極'인데 나라의 원칙을 세워야 한다는 의미입니다. 여섯 번째는 '삼덕三德'인데 신하와 백성들을 다스리는 세 가지 방법을 말합니다. 일곱 번째는

〈홍범〉을 이야기하는 기자
상나라를 정복한 무왕은 기자에게 백성들을 안정시키는 방법을 물었다. 그러자 기자는 나라를 다스리는 아홉 가지 대법을 이야기했는데 그것을 기록 정리한 것이 〈홍범〉이다. 《흠정서경도설》의 〈상서·홍범〉 전문에는 모두 11폭의 그림이 있는데 그중의 다섯 폭을 골라 여기에 실었다.

-1046~-771 서주

금金, 목木, 수水, 화火, 토土

기원전 1045년

| 중국사 연표 |

서융 여국旅國이 무왕에게 진기한 큰 개 한 마리를 바쳤다.

사 관리, 이렇게 여덟 가지입니다.

네 번째 '오기'는 기년紀年, 기월紀月, 기일紀日, 일월성진의 운행에 대한 기록과 절기와 역법에 대한 기록 등을 말합니다.

다섯 번째 '황극'은 천자는 최고 권위와 원칙을 세워야 한다는 것을 말합니다. 그래서 오복을 신하와 백성들에게 하사하시면 백성들의 옹호를 받게 됩니다. 또 천자를 위해 일을 하는 신하와 백성들을 배려해야 합니다. 그들의 행동이 때로는 천자가 세운 원칙에 어긋날 수도 있지만 죄가 되지 않는 정도라면 관용을 베풀어야 합니다. 그리고 능력 있는 사람들은 그 능력을 계속 발휘하도록 해야 합니다. 그리고 천자는 만백성을 부모와 같은 마음으로 대해야 합니다."

삼덕, 계의, 서정, 오복과 육극

"여섯 번째, '삼덕'은 신하와 백성을 다스리는 세 가지 방법을 말하지요. 그 첫째는 인품이 단정해야 하고, 둘째는 강함, 셋째는 너그러움입니다. 강한 자는 강한 방법으로 제압해야 하며, 친근하게 대할 수 있는 사람들은 너그러운 방법으로 감동시켜야 합니다.

일곱 번째, '계의'는 의문 사항을 고찰하는 방법입니다. 복술에 능한 사람을 선택해 귀갑이나 시초로 점을 치게 하십시오. 그리고 나타난 점괘를 연구해 그 변화를 똑똑히 파악해야 합니다. 난해한 일에 부딪히면 세 사람이 동시에 점을 치게 해 그중 점괘가 같은 두 사람의 판단을 따르십시오.

여덟 번째, '서정'은 비가 오고 개는 것, 따뜻하고 추워지는 것, 그리고 바람이 부는 것 등에서 보이는 여러 징후를 말합니다. 이 다섯 가지 현상이 일정한 규칙대로 생겨난다면 곡식이 잘 되어 풍작을 거둘 수 있지만 그중 하나라도 어긋난다면 흉년이 들지요. 해와 달에 이상한 변화가 없으면 풍년이 들고 나라가 평안해질 수 있지만 이것에 이상한 변화가 생기면 흉년이 들고 나라가 안정치 못하게 되는 법입니다.

아홉 번째, '오복'은 첫째가 장수, 둘째가 부귀, 셋째가 건강과 평안, 넷째가 높은 덕망, 다섯째가 늙어 무탈하게 임종하는 것입니다. 그리고 '육극'은 여섯 가지 벌을 말하는데, 그 첫째는 일찍 죽는 것, 둘째는 질병이 그치지 않는 것, 셋째는 근심 걱정이 쉴 새 없는 것, 넷째는 가난에 쪼들리는 것, 다섯째는 추하게 생긴 것, 여섯째는 허약한 것입니다. 착한 행실을 하는 사람에게는 오복이 오고, 악한 짓을 하는 자는 여섯 가지 징벌을 받게 됩니다."

서주의 옥으로 만든 새
옥으로 만든 암녹색의 새. 상해 박물관에 소장되어 있다.

●●● 역사문화백과 ●●●

[성왕의 고명誥命이 새겨진 서주의 청동기 하준何尊]
1963년 섬서성 보계현 가촌에서 서주의 청동기 하준이 출토되었는데 명문 122자가 새겨져 있다. 그 내용을 보면 상나라를 정복한 무왕은 하늘에 "저는 도읍을 천하의 중심에 세워 그곳에서 국민들을 통치하려고 합니다."라고 말했다고 되어 있다.

깊은 학문과 감동적인 수업

기자에게서 치국의 대법 아홉 가지를 들은 무왕은 감동을 받았다. 후세 사람이 기자의 이 말들을 글로 정리해 〈홍범〉이라는 제목으로, 중국 고대의 문헌 휘집彙集인 《상서》에 수록했다.

사조편족방정四鳥扁足方鼎
서주 후기 청동기의 하나. 작지만 특이한 모양과 정교하고 세밀한 조각들로 중국 선조들의 예술성의 정수를 보여 준다.

기원전 1045년

| 중국사 연표 |

북방 소수민족인 숙신肅愼이 무왕에게 활과 화살을 바쳤다.

032

주공의 계책

주공은 문왕의 넷째 아들이며 무왕의 아우이다. 상나라를 정복하는 과정에서 그는 훌륭한 계책들을 내놓았다.

주공의 품성과 계략

문왕의 넷째 아들 주공의 이름은 단이다. 그가 책봉받은 땅의 이름이 '주'이기 때문에 모두들 그를 주공이라고 부르게 되었다. 그는 아버지 문왕과 형 무왕을 보좌해 상나라를 정복하는 과정에서 아주 중요한 역할을 했다. 또 상나라를 정복한 후에도 많은 계책을 내놓아 주나라 초기 조정의 기둥이 되었다.

상나라 백성들을 안정시키기 위한 묘책

무왕은 상나라 정복 후 많은 상나라 백성들을 안정시키기 위한 묘책을 태공, 소공, 주공에게 물었다.

무왕은 우선 태공에게 물었다.

"상나라 군사들과 백성들을 어떻게 하면 좋겠소?"

그러자 태공은 이렇게 답했다.

"한 사람을 사랑하면 그 집 지붕 위의 까마귀도 사랑하고, 한 사람을 미워하면 그 사람이 부리는 노복들도 미워한다는 말이 있습니다. 상나라 군사들과 백성들은 우리의 적입니다. 그들을 모두 죽여 버려야 화근을 없앨 수 있다고 생각합니다."

그러면 천하가 더욱 혼란해질 것이라고 생각한 무왕은 소공을 불러 같은 질문을 했다.

그러자 소공이 이렇게 대답했다.

"죄 있는 자는 참해 버리고 죄 없는 자는 살려 주면 될 줄 압니다."

"그런다고 천하가 안정되겠나?"

소공은 무왕의 생각이 자기와 맞지 않음을 알고 물러 나왔다.

무왕은 다시 주공을 불러 같은 말을 물어보았다. 그러자 주공은 이렇게 대답했다.

"상나라 백성들에게 먼저 살 집을 마련해 주고 농사지을 땅과 먹고 살 양식을 주어야 합니다. 그들이 살고 있던 집들을 모두 돌려주고 농사지을 땅을 나누어 주어 안정된 살림을 하도록 하는 것이 급선무입니다. 상나라 백성들의 가장 큰 근심이 무엇입니까? 우리가 그들을 적대시하거나 멸시하는 것입니다. 그래서 그들은 지금 공포에 사로잡혀 있습니다. 이것을 방치하면 폭동이 일어나기 쉽습니다. 그러므로 지금 당장 한 가지 정책을 선포해야 합니다. 우리는 민족을 불문하고 인자하고 마음 착한 사람은 모두 친형제이다. 이런 정책을 제정해 선포하는 것이 어떻습니까?"

그 말에 무왕은 지금까지의 근심이 확 풀렸다.

무왕의 근심

무왕은 이런 걱정을 한 적도 있었다. 만약 많은 제후들이 반기를 들고 진격해 오면 어떻게 하겠는가? 그것을 대비해, 그는 도성과 궁전을 지세가 험한 오행산으로 옮길 생각까지 했다.

그러나 그 말을 들은 주공은 미소를 지으며 손을 내저었다.

●●● 역사문화백과 ●●●

[주공은 셋째인가 넷째인가?]

주공이 맏형 백읍고와 둘째 무왕 다음인 셋째라는 기록과, 주공이 넷째이고 셋째는 관숙이라는 기록도 있다. 원래 초기의 문헌에는 모두 주공이 넷째이고 관숙의 아우라고 했다. 그러나 '성인'으로 받들어지는 주공이 관숙을 죽인 일은 한나라의 예의 도덕과는 배치되는 행위이다. 그래서 한나라 조정에서는 역사를 고쳐 주공을 관숙의 형으로 만들었다.

| 세계사 연표 |

기원전 1000년 ~ 기원전 900년

인도 아리안 인이 철기를 이용하기 시작하여 목축업과 농업이 동시에 발전했다.

《시경詩經·대아大雅·문왕文王》
《설원說苑·귀덕貴德》

출전

탁월한 정치가
주공은 문왕의 넷째 아들이다. 주공은 부친 문왕과 형 무왕을 도와 상나라를 정복하는 과정에서 큰 역할을 했다. 주공은 주나라 초기 정권의 기둥이었으며 중국 역사에서 현명한 대신의 전형으로 존경받는다.

"그건 부당한 말씀입니다. 만약 우리 주나라가 천하에 덕을 베풀어 각지에서 조공하는 사신들이 모여든다면 어떻게 하겠습니까? 지세가 험준한 오행산을 어떻게 오르겠습니까? 그리고 만약 반란이 일어나 우리가 포위를 당하게 된다면 어떻게 하겠습니까? 적들이 공격하기는 힘들겠지만 산 위에 물자가 모자라 우리도 오래 버티지 못할 것입니다."

근심을 사라지게 한 묘책

무왕은 또 한 가지 의문이 생겨 주공을 불렀다.
"지금 정국은 바람에 풀숲이 설레듯 소란스럽소. 게다가 어떤 곳은 풍족하고 어떤 데는 궁핍하니 어떻게 하면 좋겠소?"

주공이 대답했다.
"우선 백성들이 정착해 살 수 있는 부락들을 만들어야 합니다. 그리고 상인들이 왕래하면서 장사할 수 있는 길을 닦아야 하고, 백성들을 다섯 집이나 열 집으로 묶어 덕 있는 자를 오장이나 십장으로 내세워야 합니다. 그러면 백성들은 농사도 함께 짓고 남녀가 혼인하기도 편리해져 인근에 친척들이 있게 되지요."

"그뿐이오?"
"아닙니다. 또 있습니다."
주공의 대답은 계속되었다.
"그리고 부락에는 무당과 의사를 두어 병이 생기면 치료할 수 있도록 해야 합니다. 옛 우임금께서는 이런 명령을 내렸다고 합니다. 봄에는 석 달 동안 산의 나무를 못 하게 해 초목들이 무성하게 하고, 여름 석 달은 하천과 호수에 그물질을 못 하게 해 물고기들이 잘 자라도록 했답니다. 그리고 남자는 밭을 갈고 여인들은 누에 치고 길쌈하며 각자 소임을 다하도록 하니, 만물이 자기의 특성을 잃지 않고 하늘이 때를 잊지 않아 세상이 풍족하게 되었다고 합니다."

"오, 좋은 지적이오."
"그리고 백성들의 마음을 얻으려면 그들에게 이득을 주어야 합니다. 물이 깊어야 고기가 놀고, 초목이 무성해야 짐승들이 모이고, 현자들을 등용해야 학식 있는 사람들이 찾아오고, 세금이 공평해야 상인들이 모이고, 땅을 나누어 주고 부세를 경감해야 농민들이 돌아오는 법입니다. 물은 아래로 흐르고 백성들은 이득을 좇는 법입니다. 대왕께서 백성들을 품에 안으시려면 우선 백성들에게 득이 되는 일을 해 주어 그들이 스스로 오게 해야 합니다."

이 말을 들은 무왕은 그동안에 근심하던 일이 한번에 풀어지고 눈앞이 탁 트이는 듯했다. 무왕은 주공의 말을 기록해 수시로 그것을 펼쳐 보곤 했다.

《시경·대아·민로民勞》에서 처음 나온다. '소강'이란 '소안小安', 즉 '조금 안정되었다'는 의미였는데 후에 '경제가 좀 넉넉해져 굶을 걱정이 없어졌다'는 뜻으로 쓰이게 되었음

| 중국사 연표 |

기원전 1045년

무왕의 병이 위중해지자 주공이 무왕을 대행해 선조들의 제사를 지내고 축사祝詞가 쓰여 있는 간책簡策을 금 끈으로 묶은 갑 안에 넣어 두었다.

033

강태공의 단서

문왕이 승하한 후 강태공은 무왕을 보필했는데 무왕은 언제나 강태공의 말을 귀담아들었으며 강태공을 사상부師尙父로 모셨다.

무왕은 강태공을 '사상부'로 받들었다. 강태공은 무왕에게 치국의 도리를 가르쳤는데 이것이 모든 분야에서 큰 도움이 되었다.

장수가 갖추어야 할 세 가지 덕목

무왕이 태공에게 물었다.

"군사들이 돌격할 때 다투어 앞장 서서 성을 오르고, 퇴각 명령을 내리면 슬퍼하고, 진격의 북을 울리면 기뻐하는 상황이 되려면 어찌해야 합니까?"

그러자 강태공이 이렇게 대답했다.

"그렇게 되려면 장수가 세 가지 덕목을 갖추어야 합니다. 엄동설한에도 털옷을 입지 않고 병사들과 고락을 같이 하는 장수를 '예장禮將'이라고 합니다. 험준한 길을 행군할 때는 장수가 맨 앞에서 나아가야 합니다. 이것을 '역장力將'이라 합니다. 군사들의 밥이 다 된 다음에야 장수는 밥을 먹어야 합니다. 이것을 '지욕장止欲將'이라 합니다. 장수들이 이러하면, 병사들은 두려움이 없이 결사적으로 싸울 것입니다."

비방과 칭송의 실체

또 한번은 무왕이 태공에게 이렇게 물었다.

●●● 역사문화백과 ●●●●

[서주 기원의 추산과 측정]

'하, 상, 주 연대 획분 공정'의 전문가들은 무왕이 상나라를 정복한 연대를 기원전 1046년으로 잡고, 또 51점의 서주 청동기 명문과 천문학적인 추산으로 의왕懿王 원년을 기원전 899년으로 잡는 방식으로 몇 개 연대를 고정시키고, 그때부터 열 명 왕의 연대를 추산하는 방법을 이용했다.

"현인을 등용했는데도 나라가 망하는 일이 있는데 그 까닭이 무엇입니까?"

이에 강태공은 "현인들에게 관직만 주었지 실제로 중용하지 않았기 때문입니다."라고 했다.

"그럼 왜 그런 오류를 범하게 됩니까?"

무왕의 물음에 강태공은 이렇게 대답했다.

"그것은 겉으로 현명해 보이는 자를 군왕이 좋아하기 때문입니다."

"그럼 겉으로 현명해 보이는 자들을 쓰면 어떻게 됩니까?"

"군왕은 칭송하는 말을 듣기 좋아하고 시비를 가리지 못하게 됩니다. 그러면 현명하지 못한 사람을 현명한 사람으로 알고, 불충한 사람을 충직한 사람으로 알고, 신의가 없는 사람을 신의를 지키는 사람으로 알게 됩니다. 이런 군왕은 자기를 칭송하는 사람은 인정하고 자기를 폄훼하는 사람은 죄인으로 취급합니다. 그래서 공이 있는 사람은 상을 못 받고 죄 있는 자가 처벌받지 않습니다. 그 결과로 붕당이 많은 자는 중용이 되고 없는 자는 파면이 됩니다. 그래서 관리들은 결당해 사람들을 헐뜯고 배척하는 풍조가 커집니다. 그러면 충신들은 비방 속에 무고한 죽음을 당하고 간신들은 찬양을 받고 상을 받습니다. 이것이 오래 지속되면 나라가 망하게 됩니다."

자손만대를 길이 교육할 격언

무왕은 좋은 격언들을 수집하기 위해 대신들을 불러 물었다.

"자손만대 길이길이 교육이 될 좋은 격언들을 모르시오?"

| 세계사 연표 |

기원전 1000년 ~ 기원전 900년

인도 아리안 부락의 내부가 진일보 분열되어 네 가지 등급이 엄격한 카스트 제도가 나타났다. 이 카스트 제도는 노예주 귀족들의 특권을 수호하고 사회 발달을 저해했다.

출전 《대대예기大戴禮記·무왕천조武王踐阼》
《육도六韜·용도龍韜·여군厲軍》

정교한 서주 옥황玉璜
옥황은 신석기 시대부터 출현해 서주 후기에 유행되었다. 사진의 옥황은 상해 박물관에 소장되어 있다.

그 물음에 대신들은 모두 모른다고 대답했다. 그래서 무왕은 사상부 강태공에게 물었다.

"황제와 전욱의 유훈을 지금 찾아볼 수 있습니까?"

그러자 사상부 강태공은 이렇게 아뢰었다.

"〈단서〉에 있습니다."

강태공은 곧 〈단서丹書〉를 펼쳐 읽었다.

'공경함이 태만함을 누르는 사람은 길하지만 태만함이 공경함을 초월하는 자는 망하느니라. 도의로 욕망을 이기는 사람은 순리롭지만 욕심이 도의를 이기는 자는 항상 위험하리라. 무릇 일이란 스스로 강하지 않으면 굴복하게 되고 공경할 줄 모르면 부정不正하게 되나니, 굴복하는 자는 망하고 공경하는 사람은 영원히 존경을 받으리라.'

〈단서〉를 다 읽은 강태공은 이렇게 말했다.

"이것이 바로 자손만대를 길이길이 교육할 수 있는 격언입니다. 인의로 천하를 다스리면 그 천하는 천세만세 길이 전해질 수 있고, 폭력으로 천하를 빼앗고 인의로 천하를 다스리면 십대까지 전해질 수 있으나, 폭력으로 천하를 빼앗고 폭력으로 다스리면 대를 못 넘기고 망해 버린다고 합니다."

여러 곳에 글을 새겨 명심하다

〈단서〉의 말을 들은 무왕은 스스로를 경계하는 좌우명들을 여러 곳에 새겼다.

좌석 왼쪽 앞에는 '안락필경安樂必敬', 즉 공경하면 편안하다는 뜻의 글을 새기고, 오른쪽 앞에는 '무행가회無行可悔', 즉 결행해 후회가 없도록 한다는 의미의 글을 새기고, 왼쪽 뒤에는 '일반일측一反一側 역불가망亦不可忘', 즉 절대 잊지 말아야 한다는 의미의 글을 새기고, 오른쪽 뒤에는 '소감불원所監不遠 취재전대就在前代', 즉 감독하는 사람이 머지않은 선대에 있다는 의미의 글을 새겼다. 그리고 활과 화살에는 '전전긍긍戰戰兢兢 불다설화不多說話', 즉 조심에 조심하며 말을 적게 하라는 의미의 글을 새겨 놓고, 황동거울 뒷면에다는 '첨전고후瞻前顧後', 즉 앞뒤를 잘 살피고 과거를 거울 삼아 앞일을 내다보라는 의미의 글을 새겨 놓았다. 죽장에다가는 홧김에 모험을 하지 말고 욕심으로 도의를 잊지 말고 부귀로 벗들을 잊지 말라는 의미의 글을 새겨 놓았다. 또 신발에는 부지런히 일해야 부유해질 수 있다는 글을 새겨 놓고, 창틀에는 천시天時에 순종하고 지리地利를 이용하라, 보검에는 허리에 차면 장식품으로 여기고 손에 들면 덕을 행하라. 덕을 행하면 흥하고 덕을 버리면 망한다는 글을 새겨 놓았다. 그리고 창 자루에는 한시를 참지 못해 일생의 치욕을 자초하지 마라는 글을 새겨 놓았다.

목욕은 원래 고대 상례喪禮의 하나이다. '목沐'은 머리 감는 것을 말하고 '욕浴'은 몸을 씻는 것을 말함

기원전 1045년

| 중국사 연표 |
무왕이 45세의 나이에 병으로 죽었다.

출전 《묵자墨子·경주耕柱》
《좌전左傳·선공宣公 3년》

034

신기 구정

하 우가 제후들의 대회를 소집해 각지에서 청동을 헌납하게 하여 그 청동으로 제왕의 권력을 상징하는 큰 정鼎 아홉 개를 만들었다. 그 후 하, 상, 주 및 춘추 전국 시대에 이르기까지 이 구정九鼎은 군왕들이 서로 쟁탈하는 신기神器가 되었다.

하늘이 보우하는 왕권의 상징물

하, 상, 주, 세 왕조에는 왕권의 상징물인 아홉 개의 큰 정이 있었다. 그것을 갖는 사람이 천하의 주인이라는 상징이었다. 그래서 누구나 그것을 소유하려고 했다.

하우는 도산에서 제후들을 모아 놓고 천하 구주九州의 수장들에게 청동을 헌납하게 했다. 그래서 많은 청동들을 모았는데 그것으로 만든 것이 아홉 개의 거대한 정이다.

이 아홉 개의 정은 엄청나게 큰 데다가 사면에는 각 주의 특산물과 신화 이야기들에 관련된 그림들을 부각했다. 이 그림을 보면 신선과 요괴의 생김새를 알 수 있어, 백성들이 요괴를 구분해 불길한 일들을 겪지 않는다고 한다.

하, 상, 주의 변천

상나라 탕왕이 하나라를 멸한 후 구정을 상나라 도성으로 옮겨 왔다. 상나라 600여 년 동안 도성을 여러 번 옮겼는데 그때마다 구정도 자리를 옮겼다.

상나라를 멸망시킨 주나라 무왕은 이 구정을 조가에서 호경으로 옮기려고 했으나 길이 너무 멀고 구정이 너무 무거워 옮길 수가 없었다. 그래서 무왕은 왕권을 상징하는 구정을 낙읍으로 옮기어 소중하게 보존했다. 낙읍은 주나라 복판에 위치하고 있어, 각 제후국들이 조공하는 데도 거리가 가까워 편리하고 주나라 조정이 천하를 지배하는 데도 편리했다.

후에 주공이 동부를 평정하자 도도 낙읍의 지위가 더 확고해져 낙읍에 새로운 건축물이 세워졌다. 이때 성왕成王은 구정을 낙읍의 북쪽 협욕으로 옮기고 그곳을 구정의 고정적인 위치로 정했다.

초장왕의 '문정'과 구정의 행방

그로부터 400여 년이 지난 춘추 시대에, 군대를 거느리고 육혼陸渾을 친 초 장왕楚莊王이 낙읍을 지나게 되었는데 그는 주나라 천자가 보낸 사자 왕손王孫에게 구정의 크기와 무게 등을 물어보며 구정을 빼앗아 가지려는 야심을 드러냈다. 그러자 왕손이 대답했다.

"천자 지위의 취득 여부는 덕성에 달려 있지 구정의 유무에 달린 것이 아니지요. 지금 주나라 왕실의 덕이 이전보다는 못해 가고 있다지만 하늘이 내려 준 천명은 변치 않고 그대로 있습니다. 구정의 크기와 무게 등은 묻지 말아 주십시오."

후에 전국 시대 주현왕周顯王에 이르러 진秦나라가 군대를 출동해 구정을 빼앗아 가려고 했다. 이에 다급해진 주현왕은 제齊나라에 구원을 청해 진나라를 물리쳤다.

주현왕은 구정을 빼앗기지 않기 위해 구정을 동쪽으로 옮기다가 도중에 팽성彭城(지금의 안휘성 서주시)의 사수泗水에 빠뜨렸다. 또 대국들이 구정을 넘보는 것을 피하고 경제적인 어려움을 해결하기 위해 구정을 녹여 동전을 만들고는 사수에 빠뜨렸다고 거짓말을 했다는 이야기도 전해진다.

구정은 하나라, 상나라, 주나라, 세 왕조의 왕권을 대표했던 신기로, 쟁탈 대상이었다. 새로운 왕조가 설 때마다 구정을 새로운 곳으로 옮겼다. 그래서 후세 중국 사람들은 정권 쟁탈을 가리켜 '문정問鼎'이라고 하고 정권의 건립을 '정정定鼎'이라고 한다.

| 세계사 연표 | 기원전 1000년 ~ 기원전 965년
다윗이 통일된 이스라엘 왕국을 세웠다.

035

《상서尙書·여오旅獒》 출전

큰 개를 진상한 서융

주나라 정권이 선 뒤, 서융西戎의 한 나라에서 큰 개 한 마리를 진상했다. 무왕은 그 개를 아주 좋아했다. 이에 태보太保 소공은 "사람을 기만하면 덕을 상하고 물건에 빠지면 뜻을 상하게 된다"는 의미의 글을 올렸다.

털이 곱슬곱슬한 희귀한 개

주나라 왕조를 건립한 무왕은 그 이름이 천하에 알려졌다. 무왕은 소수민족 지역으로 통하는 길을 닦아 놓아 주변국들과의 연계가 더 밀접해졌다.

당시 서융 지역에 있는 여旅나라는 자기들의 존경과 복종을 표하기 위해, 큰 개 한 마리를 무왕에게 진상했다. '오獒'라고 부르는 이 개는 머리와 귀가 크고 털이 곱슬곱슬한데 주나라에서는 볼 수 없는 희귀한 개여서 무왕이 무척 좋아했다.

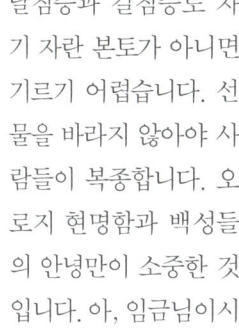

날짐승과 길짐승도 자기 자란 본토가 아니면 기르기 어렵습니다. 선물을 바라지 않아야 사람들이 복종합니다. 오로지 현명함과 백성들의 안녕만이 소중한 것입니다. 아, 임금님이시여! 아침 일찍 기침하시고 밤 늦게까지 부지런히 정사를 보시며 사소한 덕행을 자랑하지 않고 덕을 쌓아 가면 결국엔 대덕大德을 이루게 됩니다. 부디 잊지 마시고 그것을 실행하기 위해 노력하십시오. 그러면 주나라는 세세 대대 길이 빛날 것입니다."

무왕을 경계하는 소공의 글

이런 진기한 동물을 얻은 무왕을 경하하고 그로 하여금 나라를 더욱 잘 다스리게 하기 위해, 주나라 '삼공'의 한 사람인 태보 소공은 〈여오旅獒〉라는 제목의 글을 써서 무왕에게 올렸다.

"현명한 임금들은 도덕을 지키기 때문에 사방의 이민족들이 기꺼이 복종하면서 모두 자기들의 토산물을 진상합니다. 사람은 재물에 의해 좌우되지 말아야 하며, 놀음과 여자로 귀와 눈이 멀어서는 안 됩니다. 사람을 가지고 놀면 덕을 상하고 물건을 가지고 놀면 뜻을 잃기 쉽습니다. 무익한 일로 유익한 일을 그르치지 않아야 성공하고, 기이한 물건을 중히 여기지 않아야 유용한 물건을 중히 여길 수 있사옵니다. 말과 개는 자기가 자란 본토가 아니면 기르기 어렵고, 기이한

조정에 온 소백을 친히 접견한 무왕

그때 남방 소巢나라의 임금 소백巢伯이 무왕에게 인사를 하러 찾아왔다.

이 소나라는 하나라 걸이 유배 가 있던 곳이다. 무왕은 직접 나가 소백을 맞았다. 그것을 본 경사卿士 묘백苗伯은 〈여소명旅巢命〉이라는 제목의 글을 써, 소백이 주나라 궁실을 찾아온 일을 자세히 기록하고 무왕이 소백에게 베푼 은덕도 자세히 기술했다. 무왕이 상나라를 멸망시킨 후 서융이 큰 개를 진상한 일과 소백이 조정을 찾아온 일은 무왕의 영향력이 얼마나 큰가를 잘 설명해 줄 뿐만 아니라 무왕이 이웃 나라들과의 관계를 얼마나 잘 처리했는지도 말해 주고 있다.

오이정五耳鼎 (위 사진)
섬서성 순화현 사가원에서 출토된 위의 용문오이정龍紋五耳鼎은 조형과 무늬가 특이하고 웅장하다.

-1046~771 서주

하 우 시기에 제후 대회를 소집하고 청동을 헌납하게 해 제왕의 권력을 상징하는 아홉 개의 대정을 만들었다. 상나라와 주나라 천자들은 왕위를 물려줄 때 이 정들을 왕권의 상징으로 삼아 넘겨주었는데, 이것이 '정정중원'임

기원전 1044년

| 중국사 연표 |
13세의 나이에 성왕이 즉위했다.

036

활을 바친 숙신

동북방에 있는 숙신肅愼이 무왕에게 좋은 활과 화살을 진상하자 무왕은 그것을 시집가는 맏딸의 예단으로 보냈다. 이 활과 화살은 춘추 시대에 이를 때까지 위력이 아주 좋은 무기에 속했다.

숙신족이 진상한 강력한 무기

주나라 동북쪽의 불함산不咸山(지금의 백두산) 북쪽에 '숙신'이라는 민족이 있었다. 숙신인은 동으로는 바다까지, 북으로는 흑룡강 중하류까지, 남으로는 눈강嫩江에 이르는, 현재 흑룡강성 대부분과 길림성 북부의 광활한 지역에서 사냥을 하고 물고기를 잡으며 생활했다.

숙신은 무왕이 상나라를 멸하고 천하를 통일한 것과, 주나라가 덕으로 나라를 다스리고 있다는 사실을 익히 알고 있었다.

주나라의 제후국이 되어 중원 지역과 경제, 문화 교류를 더욱 밀접히 하기 위해 숙신족도 사신을 주나라 도성에 보냈다. 그들이 진상한 물품은 '호실석노楛矢石砮'라는 아주 정교한 활이었다. 이 활의 사정 거리는 4백 보를 넘었고 강력한 살상력을 가지고 있었다. 무사들은 그런 활과 화살을 보고 모두 좋아 어쩔 줄 몰랐다.

예단으로 진나라에 보내다

무왕은 먼 곳에 있는 숙신까지 진귀한 선물을 보내왔다는 사실을 후세에 알리기 위해 그 화살대에 '숙신씨가 바친 화살'이라는 글을 새겨 놓게 했다. 후에 무왕은 숙신이 바친 이 활과 화살을 맏딸 대희가 순의 후대 호공만胡公滿에게 시집갈 때 예단으로 보냈다.

중국 고대의 예법으로는, 동성 제후들에게는 진귀한 옥기를 하사해 친근함을 표하고 이성 제후들에게는 원방에서 바친 진상품을 하사함으로써 그들이 조정에 대한 직분을 잊지 않게 했다. 그래서 무왕은 숙신이 진상한 활과 화살을 진陳나라에 보낸 것이다.

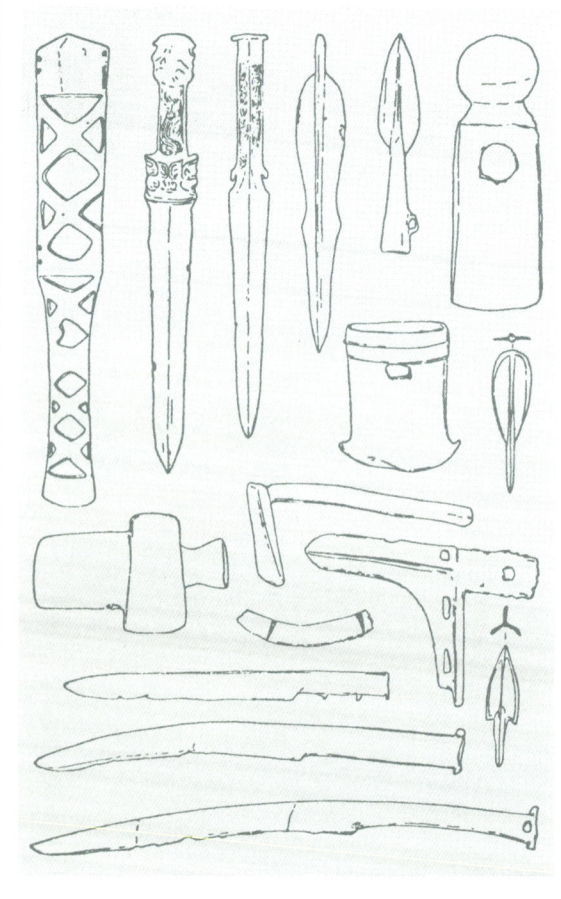

서주의 청동기 무기와 도구들
요령성遼寧省 하가점夏家店 상층 문화는 농업을 기본으로 했으며 일부는 목축업과 수렵을 겸하고 있었는데 대체적으로는 서주의 상황과 비슷했다. 이 문화의 주인은 중국 역사책에 나오는 산융山戎과 호인胡人들일 것으로 보인다. 요령의 서주 문화는 주나라 초기 소공이 세운 연나라와 관련이 있어 보이며 하가점 상층 문화는 청동으로 만든 단검이 많고 생산도구로는 괭이, 도끼, 호미, 칼 등이 있는 것으로 보아 산융과 후세의 동호東胡일 것으로 추측된다.

| 세계사 연표 |
기원전 960년
도리아 사람들이 그리스를 침략해 미케네 문화가 쇠망되었다.

《국어國語·노어魯語 下》

숙신이 진상한 활과 화살

숙신이 진상한 활과 화살은 살상력이 강해 중원 사람들의 큰 관심을 끌었다. 이 활은 춘추 말년, 수렵 도구로 널리 유행했다고 한다. 어느 날 매 한 마리가 진나라 궁전에 떨어졌는데 화살이 매의 몸을 꿰뚫고 있었다. 그런데 화살촉이 단단한 돌을 갈아 만든 숙신 특유의 화살촉이었다.

그 화살의 내력을 공자에게 물었더니 공자가 그런 화살은 숙신 사람들이 쓰던 것이니 진나라 궁전에서 찾아보라고 했다. 그래서 알아보았더니 진나라 궁전의 금띠를 박은 큰 갑 속에 숙신이 주나라 무왕에게 진상한 활과 화살이 있었다고 한다.

와문뇌渦文罍
이것은 1973년 요령성 북하촌에서 출토된 서주 시대 청동기이다. 이 청동 단지의 주인은 주나라 초기 연나라 제후에게서 상을 받은 연나라 관원이다.

다시 주나라 조정을 찾은 숙신

숙신국은 그 후 줄곧 주나라와 양호한 관계를 유지했다. 주공이 동이의 각 나라들의 반란을 평정하자 숙신은 또 사신을 보내 승리를 축하했다. 그리고 정교하게 만든 어렵 도구들과 토산물들을 진상했다. 성왕과 주공도 선물로써 답을 표했다. 그리고 제후 영백榮伯을 시켜 〈회숙신지명賄肅慎之命〉이라는 글을 쓰게 하여 숙신이 조정에 온 일과 그들에 대한 성왕의 답사를 기록했다. 여기에서 '회賄'는 '재물을 진상하다'라는 의미로 쓰인다.

화려한 용 무늬 옥패
이 화려한 용 무늬 옥패에서도 알 수 있듯이 서주 귀족 계층의 의복과 장신구는 상당히 화려했다.

●●● 역사문화백과 ●●●

[가장 큰 청동 원정圓鼎]

1980년 섬서성 순화현 석교공사 사가원촌의 서주 시대 무덤에서 많은 청동기들이 출토되었는데 그중 한 원통형의 정은 무게가 226kg, 높이가 122cm, 입구의 지름은 83cm, 깊이는 54cm나 되었다. 이 정은 고대의 가장 큰 청동기 원정이다.

| 중국사 연표 |
기원전 1044년
성왕의 숙부인 주공周公이 성왕 대신 섭정을 했다.

037

천보미정

상나라를 정복한 무왕은 '천보미정天保未定', 즉 아직 하늘의 보호를 받는다고 확신할 수 없었다.

동방 정세에 대한 무왕의 근심

무왕의 두 동생 관숙과 채숙은 어려서부터 늘 작은 일을 가지고도 서로 다투었다. 그런데 그 둘은 주의 아들 녹부의 행동을 감시하는 직책을 맡고 있었다. 무왕은 두 아우가 직무를 잘 처리할지 늘 근심이었다. 그래서 무왕은 문왕 13년에 관나라로 시찰을 나가 두 아우를 불러 놓고 오랫동안 이야기를 했다. 그리고 떠날 때 그들에게 아홉 가지 죄악과 아홉 가지 덕행을 행해 아홉 가지 도덕을 지키고 아홉 가지 과오를 막으면서 나라에 해가 되지 않도록 노력하라고 당부했다.

상나라의 귀족들이 주나라에 복종하는 문제도 무왕의 큰 근심거리였다. 어느 날 무왕은 구주의 수장들을 불러, 함께 지금의 산서성 남부 분구汾丘에 있는 고대高臺에 올라 상나라 도읍을 바라보았다. 그리고 도성으로 돌아온 무왕은 잠을 이루지 못했다. 주공이 무왕의 처소를 찾아와 잠을 못 이루는 이유를 묻자 무왕은 이렇게 털어놓았다.

"하늘이 상나라를 보호하지 않아, 아첨을 일삼는 간악한 소인배들이 궁실을 휘젓고 다니고 충직하고 현명한 신하들은 오히려 쫓겨났다. 그래서 우리 주나라가 성공하게 된 것이 아니냐. 그런데 지금 상나라의 귀족 360호는 비록 권력은 잃었지만 아직도 이 땅에서 큰 영향력을 가지고 있다. 우리 주나라가 아직 하늘의 보호를 확고하게 받지 못하고 있는데 내가 어찌 편한 잠을 잘 수 있단 말이냐?"

새 도성을 세우고 완고한 자들을 다스리다

그리고 무왕은 또 말을 이었다.

"하지만 우리는 반드시 하늘의 보호를 받아야 한다. 그리고 상나라의 사악한 귀족들을 잡아들여 처벌해야 한다."

그리고 주공에게 다음과 같은 구상을 말했다.

"내가 이번에 고대에 올라 좋은 곳을 봐 두었느니라. 땅이 평탄하고 산과 강에 둘러싸여 있는 하나라의 옛 도성 자리이다. 이곳은 천실天室과 그리 멀지 않은

사여정師旅鼎
서주 초기의 청동기. 명문이 새겨져 있어 그 내용으로 서주의 노예 병사들의 반전反戰 상황을 알 수 있다.

●●● 역사문화백과 ●●●

[종법 제도의 구체적인 내용과 그 실시 상황]
중국 고대의 귀족 세습 통치 제도는 주나라에 이르러 정식으로 확립되었다. 주나라 국왕을 천자로 칭하고 그의 적장자嫡長子들이 맥을 이어 가는 것을 천하 '대종大宗'이라고 한다. 천자가 책봉한 제후들은 천자에게는 '소종小宗'이지만 자기의 제후국 안에서는 '대종'이 된다. 주왕은 이런 종법 제도로 엄격한 통치망을 구성했다.
후세 봉건 통치 계급들도 이런 종법 제도를 오랫동안 이용해 봉건 사회의 정권, 족권族權, 신권神權, 부권父權을 공고히 했다.

| 세계사 연표 |

기원전 960년

이오니아의 그리스 사람들이 자음과 모음이 있는 그리스 문자 체계를 창제했다.

《일주서逸周書·도읍해度邑解》
《사기史記·주본기周本紀》

출전

곳이 되리라."

무왕이 말하는 천실이란 하늘이 주나라 임금에게 주는 처소를 뜻한다. 그리고 마지막으로 이런 말을 했다.

"난 낙읍에다 주나라 궁전을 하나 더 세우려고 한다. 그런 후 화산華山의 양지에서 말을 달리고, 도림桃林의 폐허에서 소를 먹이고, 창이나 칼 같은 무기들은 창고에 넣고 군사들은 집으로 돌려보내 전쟁이 다시 없음을 이 세상에 선포하련다."

그 말을 들은 주공은 이렇게 권했다.

"신의 생각엔 너무 급하게 서두르지 않는 게 좋을 듯합니다. 세월이 흐르면 모든 것이 좋아질 것입니다. 너무 걱정 마시고 건강에 주의하시기 바랍니다."

중국의 가장 오래된 천문대 - 측경대測景臺
주나라 초기 정치가 주공 희단은 역법에도 정통했다. 그는 양성陽城에 태양의 그림자를 관측하는 대를 세우고 그 그림자의 변화에 근거해 동지, 입춘, 하지, 입추, 네 절기를 관측했다. 이 측경대는 중국 최초의 천문대다.

악화되는 건강, 후일에 대한 당부

계속되는 걱정으로 신경이 쇠약해진 무왕은 건강이 날로 악화되었다. 그러던 어느 날, 무왕은 주공을 불러 후사를 당부했다.

"단아, 너는 나의 제일 믿음직한 아우가 아니더냐. 이제 우리는 겨우 상나라를 정복했다. 상나라 귀족들은 아직도 진심으로 승복하지 않고, 천하 정세는 아직 불안하다. 그런데 나는 얼마 살지 못할 것 같다. 더구나 태자 송誦이 아직 어리니 내 왕위의 계승은 네가 가장 적합한 것 같다. 내가 이 강산을 아우에게 전해 주어야 나라의 앞날이 밝을 것이다."

그 말을 들은 주공은 무왕의 손을 잡고 한동안 목이 메어 말을 잇지 못했다.

풀리지 않는 수수께끼
《사기》에는 "무왕이 상나라 주왕을 멸하고 소공 석奭을 연나라 제후로 책봉했다"는 기록이 있는데 소공의 봉지인 연의 위치는 풀지 못했던 수수께끼였다. 그러나 후에 북경시 방산현 유리하에서 연나라의 도성 유적이 발굴되면서 이 수수께끼가 풀리게 되었다. 유리하에 있는 연나라 도성은 북성의 길이가 829m, 지금 남아 있는 동서 성벽의 길이는 300m이며 성벽 밖에는 2m 깊이의 하천이 있었다. 사진은 연나라 도성에 돌로 쌓은 배수구이다.

-1046~-771 서주

《주역·계사系辭》에는 "고개 들어 천문을 올려다보고 고개 숙여 지리地理를 살핀다"는 말이 있다. '지리'라는 단어는 여기에서 처음 나옴

| 중국사 연표 |

기원전 1044년 ~ 기원전 1040년

주의 아들 무경과 동이東夷 그리고 관숙과 채숙 등이 연합해 반란을 일으켰다.

038

금갑 안에 보관한 책서

건국 초기 수많은 난제들로 노심초사하던 무왕이 중병에 걸리자 주공은 선조들께 무왕 대신 자기가 죽게 해 달라고 빌었다.

선조들께 기도드리는 주공

상나라를 함락시킨 그 이듬해, 무왕이 갑자기 중병으로 앓아눕자 태공과 소공이 주공에게 말했다.

"대왕의 병이 위중한데 점이라도 한번 쳐 보는 게 어떻겠습니까?"

그러나 주공은 선왕들께 우려를 끼쳐서야 되겠냐며 동의하지 않았고 자기의 생명을 볼모로 삼아 조상들께 제사를 지낼 준비를 했다. 제사 지낼 장소를 정하고 그곳에 태왕, 왕계, 문왕의 제단을 세웠다. 그리고 귀중한 벽옥을 몸에 차고 아름다운 옥규玉圭를 손에 들고 제단 앞에 나섰다. 주공은 태왕, 왕계, 문왕께 공손하게 기도를 드리기 시작했다.

주공이 미리 죽간에 써 놓은 기도문, 그것을 '책서策書'라고 하는데 그 책서를 사관이 읽었다. 사방은 쥐 죽은 듯 조용하고 다만 기도문을 읽는 사관의 목소리만 숙연하게 울려 퍼졌다.

"선조님들의 장손인 대왕 발이 중병으로 일어나지 못하고 있사옵니다. 만일 이것이 선조 대왕 세 분께 불편함이 생기시어 선조님들을 시중들라고 우리 자손들을 부르시는 것이라면, 주나라 대왕이시며 저의 형님이신 발 대신 이 희단을 데리고 가십시오. 이 희단은 효도할 줄도 알고 영리해 선조님들과 천지신명을 아주 잘 섬길 수 있사옵니다. 선조님들과 천지신명을 섬기는 데는 저의 형님이며 대왕이신 발이 저보다 못할 겁니다. 대왕 발은 지금 하늘의 명을 받고 하늘의 뜻대로 천하를 다스리고 있습니다. 형님의 노력으로 선조님들 자손들의 통치권이 이 세상에 확립되고 사방의 백성들이 모두 경탄하며 복종하고 있사옵니다. 선조님들이시여, 부디 형님의 소중한 대명을 아껴 주옵소서. 그러면 지금 저희들은 큰 거북으로 세 분 선왕님들의 명령을 점쳐 보겠습니다. 선조님들이 저의 기원을 허락하신다면 저는 기꺼이 이 벽옥과 옥규를 지니고 선조님들 곁으로 가서 분부를 듣겠습니다. 만일 저의 기원을 허락하지 않는다면 저는 이 벽옥과 옥규를 버리겠사옵니다."

금갑 속에 보존한 책서

주공의 기도문은 무왕을 대신해 자기가 목숨을 바치겠다는 염원을 선조 세 분께 알리는 글이었다. 기도문을 대독한 사관은 태왕, 왕계, 문왕의 영위 앞에 각각 거북 한 마리씩을 놓고 점을 쳤다. 그리고 점괘를 보니 모두 길한 점괘들이었다. 그러자 주공은 기뻐하며 이렇게 말했다.

"기쁜 일이오. 대왕님은 별고 없을 거요. 나는 세 선조님들의 명을 들었소. 이제부터는 우리 다른 생각 말고 나라를 잘 다스리는 데만 신경 씁시다. 그런데 이 막중한 일을 우리 대왕님께서 영도하고 있습니다. 그러니 우리 다 같이 대왕님께 축복을 드립시다."

집으로 돌아온 주공은 기도문을 적은 책서를 금갑 안에 소중히 보관했다. 그런데 제사를 지낸 그 이튿날 무왕의 병에 차도가 있었다.

●●● 역사문화백과 ●●●

[왕궈웨이王國維의 고대사 고증]

근대 학자 왕궈웨이(1877~1927)는 지하에서 발굴한 고고학 자료와 역사 문헌을 결합해 고대사를 연구하는 데 조예가 깊었다. 그는 갑골문을 연구한 《상나라 복사에서 고찰한 선공선왕고先公先王考》에서 《사기·은본기》에 나오는 사실들을 증명했고, 《모공정고석毛公鼎考釋》, 《생파사파고生罷死罷考》 등을 써서 금문을 해석했으며 일부 고대사의 미해결 문제도 증명했다.

| 세계사 연표 |

기원전 965년 ~ 기원전 928년

유대인 다윗이 사망한 다음 그의 어린 아들 솔로몬이 왕위를 승계해 이스라엘 국왕이 되었다.

출전 《사기史記·노주공세가魯周公世家》 《상서尚書·금등金縢》

금등의책-주공의 일편단심

상나라를 정복한 무왕의 병이 위중해지자 주공은 태왕, 왕계, 문왕의 신위 앞에서 무왕을 대신해 자신이 죽게 해 달라고 빌었다. 그러고는 그 제문을 금띠로 묶은 갑 '금등' 속에 넣어 두었다. 금등 갑 속의 글을 본 사관은 그 일을 기록해 주공의 충성을 칭송했는데 그 글이 바로 〈금등〉이다. 《흠정서경도설》〈금등〉에는 15폭의 삽화가 있는데 여기에 실은 것은 그중의 다섯 폭이다.

주공의 숭고한 정신

천하가 아직 채 안정되지 않았는데 무왕이 중병으로 눕게 되자 주공은 하늘에 있는 선왕의 영령에게 형님 대신 자기를 데려가 달라고 기도드렸다. 형 대신 자신을 죽여 달라는 기도를 한 것이다. 이렇듯 주공은 자기의 생명보다 나라의 이익을 중히 여기는 숭고한 정신의 소유자였다.

기원전 1044년 ~ 기원전 1040년

| 중국사 연표 |

성왕과 대신들의 의심을 해소시킨 주공은 군대를 이끌고 동정東征을 해 반란을 평정했다.

039

하늘이 노하다

무왕이 죽자 열세 살 된 태자 송이 즉위했는데 그가 바로 성왕이다. 왕이 어려 주공이 나라 행정을 대행 했는데 그만 성왕의 의심을 사게 되었다.

시호를 무武라 정하다

제사를 지낸 지 얼마 안 되어 무왕은 병이 도져 세상을 하직하고 말았다. 무왕은 겨우 6년 동안 왕위에 있었다. 승하할 때 그의 나이 마흔 다섯이었다. 그의 이름은 발인데 대신들이 그의 시호를 '무'라고 했다. 그래서 역사에서는 그를 주 무왕이라고 한다.

태자를 대신해 주공이 섭정을 하다

태자의 이름은 송인데 무왕의 장자이다. 무왕이 승하할 때 태자 송의 나이가 겨우 열세 살이었다. 그는 주공, 태공, 소공 등 대신들의 옹립으로 왕위를 계승했다.

그러나 당시의 정세는 위험이 도처에 도사리고 있었다. 주공은 무왕의 임종 유훈대로 성왕을 대행해 나라의 행정 관리를 섭정한다고 선포했다.

형제들 사이의 풍파

그런데 셋째 주공의 이 결정이 형제들 사이에 풍파를 일으킬 줄 누가 알았겠는가. 특히 관숙은 임금을 대행한다면 자기가 해야 된다고 생각했다. 관숙은 채숙, 곽숙과 결탁해, "주공은 장차 대왕께 불리한 일을 할 것이다."라는 유언비어를 퍼뜨렸다.

이 말은 주공이 장차 왕위를 찬탈한다는 의미이다. 이 말을 들은 주공은 태공과 소공을 찾아가 이렇게 말했다.

"이 기회에 동란이 일어나 어렵게 쟁취한 승리를 잃어버릴까 봐 내가 섭정을 하겠다고 나선 것입니다. 오늘의 이 성공이 어떻게 온 것입니까? 태왕, 왕계, 문왕, 이 세 분들이 갖은 고생을 해 얻은 것이 아닙니까. 그런데 지금의 상황은, 무왕께서는 젊어 돌아가시고 연소한 대왕께서는 경험이 없질 않습니까. 그래서 내가 대행으로 나선 것입니다. 대업을 계속 밀고 나가기 위해서이지 결코 다른 목적은 없습니다."

| 세계사 연표 |

기원전 950년 전후 — 솔로몬 시기 이스라엘은 나라가 번영하고 발전했으며, 백성이 편안한 생활을 즐겼다.

《사기史記·노주공세가魯周公世家》
《상서尙書·금등金縢》

서주의 청동기 편종
주나라는 예의로 나라를 다스리면서 매번 편종의 수와 사용하는 정의 수량의 많고 적음으로 귀족들의 상하 등급을 구분했다. 이 편종들은 삼문협 괵국의 무덤 중 괵계虢季의 무덤에서 출토된 것이다.

그러나 태공과 소공은 아무런 말도 하지 않고 냉담한 표정을 지었다.

혐의에서 벗어나기 위해 초나라로 가다

나이 어린 성왕은 그 유언비어를 믿었다.
'주공이 지금은 섭정의 이름으로 나를 대행한다지만 언제 나를 차 버릴지 누가 알겠는가.'

이런 생각을 한 성왕은 주공을 경계하면서 도와주질 않았다. 성왕의 마음을 안 주공은 갈등이 심해지는 것을 피하기 위해 외지로 잠시 나가 있기로 작정했다. 그는 시찰과 방문을 이유로 동남으로 내려가 초楚나라에 이르렀다. 당시의 초나라는 지금의 하남성 서남부, 단강 이북과 절수 이서인 단양丹陽이라는 곳에 있었다.

금갑 속의 책서를 보고 운 성왕

주공이 도성을 떠난 후, 성왕은 자기가 무례해서 주

서주 견직품의 흔적
비단은 중국 문화의 중요한 일부분이다. 신석기 시대의 서음촌에서 집누에 고치가 출토되었고, 절강성 호주현 전산양의 신석기 문화 유적에서도 견직품 조각들이 출토되었다. 그리고 서주의 고고학 자료들 중에서 하남성 준현 신촌의 옥잠玉蠶과 청동기에 있는 잠사 무늬, 서주 중기 무덤에서 출토된 많은 수량의 옥잠, 그리고 청동기에 부착되어 있거나 흙에 눌리어 있는 견직의 흔적들이 발견되었다.

-1046 ~ -771

서주

궁宮, 상商, 치徵, 우羽, 네 개 음률

공이 떠나갔다는 생각에 마음이 편하지 않았다. 그런데 그해 가을, 추수도 하기 전에 갑자기 광풍이 불어치고 뇌성벽력에 땅에 꺼지는 듯했다. 그 바람에 논과 밭의 곡식들이 모두 넘어가고 수목들이 송두리째 뽑혔다. 백성들은 두려움에 떨었다.

그런데 궁정 백관을 거느리고 주공의 저택으로 갔던 성왕의 눈에 금띠가 둘린 갑이 띄었다. 열어 보니 그 속에 주공이 쓴 선왕을 위한 기도문이 있었다. 자기가 인질이 되어 무왕 대신 죽겠으니 제발 무왕이 회복되게 해 달라는 내용이었다. 그것을 본 성왕은 주공의 충성심에 크게 감동하여 수행 사관에게 물어보니 사관이 이렇게 대답했다.

"이건 진짜입니다. 그러나 주공이 이 일을 절대 입 밖에 내지 말라고 당부해 신들은 여태까지 발설을 아니 하고 있사옵니다."

주공이 친히 쓴 책서를 보고 성왕은 숙부 주공께 죄송한 마음이 들었다. 책서를 들고 흐느끼던 성왕은 이렇게 말했다.

"주공은 오로지 주나라 왕실을 위해 노심초사하는 분이시다. 그런데 과인은 지금까지 어리석어 그것을 몰랐다. 오늘 하늘이 과인에게 노여움을 보인 것은 주공의 덕행을 만천하에 표하는 것이다. 이제 과인은 친

히 가서 주공을 모셔 올 것이다. 예법을 봐도 반드시 그렇게 해야 한다."

폭풍우의 위력

초나라에 있는 주공을 모셔 오기 위해 성왕이 성을 나가자 비가 멎고 바람도 방향을 바꾸어 불었다. 넘어졌던 곡식들이 그 바람에 다시 일어섰다. 태공과 소공은 바람에 넘어진 나무들을 다시 세우고 그루에 흙을 더 얹어 기반을 튼튼하게 했다.

한 차례의 풍파를 겪은 후 성왕과 주공의 사이는 다시 좋아졌다. 그리고 가을에는 곡식들도 더없는 풍작을 거두었다.

주공이 초나라로 잠시 피한 것은 하나의 책략이었다. 그런데 마침 불어 닥친 한 차례 폭풍우가 하늘을 대신해 성왕의 잘못을 꾸짖은 것이다.

●●● 역사문화백과 ●●●

[섭정한 주공을 왕이라고 부를 수 있는가?]

《상서》에 실린 서주 초기 고문古文 중에는 "왕이 말하기를"이란 말이 많은데 이 왕은 누구를 가리키는 것인가? 역대의 주석가註釋家들은 모두 왕권의 존엄을 수호하기 위한 목적으로, 이 왕은 성왕이나 무왕이거나 주공이 성왕을 대신해 말하는 것이라고 했다. 그러나 청나라 때 이르러 이것은 주공이 자기를 지칭한 것이라는 주장이 나왔다.
근래 일부 학자들도 이 주장을 받아들였다. 즉 《순자》 등 책에서는 주공이 천자의 자리를 대신했다고 지적했으며, 〈강고康誥〉에는 강숙을 왕의 아우라고 했으니 이 왕은 주공을 말하는 것이며, 또 청동기 두 점에 있는 '왕'도 모두 주공을 가리킨다고 했다.

| 세계사 연표 |

기원전 950년 전후 — 이스라엘 솔로몬 왕은 7년에 걸쳐 예루살렘에 웅장하고 아름다운 성전聖殿을 세웠다.

040

반란을 평정한 동정

상나라 주의 아들 무경, 주공의 형제인 관숙과 채숙 그리고 일부 동이東夷 국가들이 성왕의 정권이 불안정한 틈을 타 반란을 일으켰다. 주공은 군대를 이끌고 동정東征을 진행했다.

출전 《한비자韓非子·설림說林》 《상서尙書·대호大誥》

1046~771 서주

폭풍우의 시련을 거치고 금갑을 열어 주공의 일편단심을 본 성왕은 친히 주공을 궁으로 모셔 왔다. 이것을 본 태공과 소공도 기뻐했다.

반란 세력의 야합

이때, 주나라 동부를 분봉받은 관숙과 채숙, 주의 아들 무경 녹부 그리고 동이의 엄奄과 포고蒲姑 등이 반란을 준비했다. 유언비어를 통해 주공을 밀어내려

고 했던 관숙은 성왕과 주공이 더 가까워졌다는 소식을 들었다. 그는 형제인 채숙, 곽숙과 주의 아들 녹부, 동이의 각 나라들과 야합해 자기들의 새 왕조를 세우려고 했다.

"무왕은 이미 죽고 성왕은 나이가 어리고, 주공은 의혹을 사고 있으니 장차 큰 난이 일 것입니다. 이런 때 거사해 상나라를 복구하지 않고 언제 하겠습니까."

이렇게 되어 관숙 집단과 무경, 동이 집단이 야합해 강력한 반란 세력을 구성했다.

고시를 발표하고 과감하게 대응

주공은 대군을 이끌고 반란을 진압하기 위해 동방 정벌을 시작했다. 출발 전에 주공은 각 제후국에 고시를 보냈다.

"상서롭지 못한 일이 발생했다. 하늘이 큰 화를 내려 보내 재앙은 날로 커져가고 있다. 그래서 문왕이 남겨 준 거북으로 점을 쳤는데 '서부에 아주 큰 재난이 있으리라'는 점괘를 얻었다. 그래서인지 반란을 꾀하는 자들이 더욱 크게 움직이고 있다. 상나라 잔존 세력들은 통치를 회복하겠다고 무장 반란을 일으켰다. 거기에 일부 지방의 반란군까지 합세하고 있다. 내가 반란군을 진압하는 전쟁이 옳은지 점을 치자 아주

추자구준駒子駒尊(부분)

《상서·여오旅獒》에, 소공이 무왕에게 간하는 말에서 '완인상덕玩人喪德, 완물상지玩物喪志'란 말이 처음 나옴

| 세계사 연표 |

기원전 945년 — 리비아 인 셰송크가 이집트의 제22 왕조를 세웠다. 따라서 이집트는 잠시 통일되었다.

길한 괘가 나왔다. 나 문왕의 아들은 하늘의 명을 거역할 수 없다. 하늘이 문왕을 보호해, 우리 주나라를 이토록 강성하게 만들어 주었다. 점을 친 나는 또 한 번 하늘의 뜻을 받았다. 하늘의 뜻이 이런데 우리가 무엇이 두려우랴. 우리 하늘의 뜻을 받들어 용감히 나아가자. 하늘은 농사짓는 농민이 밭에 잡초를 제거하듯 상나라를 깨끗이 없애려고 한다. 하늘의 뜻을 받든 나는 여러 제후국 군주들과 더불어 반란을 평정하려고 한다. 하늘의 명은 틀림이 없다. 점괘가 이를 확실하게 설명하고 있다."

후세 사람들은 이 고시를 정리해 〈대고大誥〉라는 제목으로 《상서》에 수록했다.

관숙과 채숙을 격파하고 무경을 생포하다

고시를 발표한 주공은 황하의 남안 도로를 따라 동으로 진군했다. 관숙과 채숙의 연합군도 관지, 지금의 하남성 정주에 집결해 서쪽 낙읍으로 진격할 준비를 하고 있었다. 낙읍은 중원 지역의 전략적 요새다. 관숙과 채숙의 연합군이 낙읍을 점령하면 그곳에서 천

서주의 얼굴 가리개 (왼쪽 사진)
곽계의 무덤에서 출토된 옥으로 묶은 이 면구는 '명목瞑目', '면건面巾'이라고도 한다. 이 옥 조각들을 천이나 비단 위에 붙인 다음 죽은 사람의 얼굴에 덮었다. 천은 이미 사라졌지만 남아 있는 옥 조각들은 한 늠름한 사나이의 얼굴을 연상시킨다.

●●● 역사문화백과 ●●●

[반란을 평정한 기록이 새겨진 사밀궤]
1986년 섬서성 서안시 안강촌에서 발견된 서주 시대 청동기 사밀궤에는 다음과 같은 내용의 글자가 새겨져 있었다.
서주 중기 어느 해 11월, 남회이南淮夷의 노虜, 호虎 등이 기이杞夷, 주이舟夷 등과 야합해 동부의 여러 나라를 침공했다. 이에 주왕은 사속師俗, 사밀史密에게 명해 그들을 정벌하고 포로 백 명을 사로잡았다.

하를 지휘할 수 있었다. 관숙과 채숙의 의도를 미리 간파한 주나라군은 낙읍 교외에서 관숙과 채숙의 연합군에게 치명적인 타격을 가했다. 관숙은 자기의 군대가 무너지자 목을 매 자진하고 채숙은 동정군에게 생포되어 옥에 갇혔다. 곽숙은 제후의 직위를 박탈당하고 서인이 되었다.

관숙과 채숙의 반란을 평정한 주공이 대군을 이끌고 황하를 건너 북상하자 무경의 반란군은 싸움 한번 못 해 보고 스스로 와해되었다. 무경은 성을 버리고 달아나다 나포되어 참수를 당했다.

남방의 평정과 동이에 대한 토멸

은도殷都를 함락하고 무경을 죽인 주공은 계속 동진해 동이의 대국인 상엄商奄의 반란을 진압하려고 했다. 그러자 신갑申甲이 이런 건의를 했다.

"동이의 대국들은 강해 진격하기가 쉽지 않을 겁니다. 먼저 작은 반란 세력들을 토벌하고 그 후에 대국을 징벌함이 옳은 듯합니다."

주공은 신갑의 제안대로 먼저 남방의 호방虎方, 관貫, 초楚, 녹彔(혹은 六이라고도 함) 등의 나라를 정벌하고 지금의 회하 상류, 장강 중하류, 한수 유역에 걸치는 광활한 지역을 통제했다. 남방 지역의 반란을 평정한 주공은 군대를 둘로 나누어 하나는 남에 있는 회이淮夷를 먼저 공격하게 하고 다른 하나는 곧장 동쪽으로 진격하게 했다. 동이의 엄奄과 포고蒲姑는 무경의 반란을 적극적으로 지지한 나라들이다. 주공의 군대는 엄나라를 정복한 다음 포고를 멸망시켰다. 그리고 반란군 잔여 세력들을 소멸하고 반란을 지지했던 당唐이라는 제후국도 정복했다.

주공은 섭정한 2년 반 동안에 무왕이 상나라를 정복한 전쟁보다 더 큰 승리를 거두었다.

-1046~771 서주

| 중국사 연표 |

기원전 1040년 전후 — 주공은 반란을 평정한 후 새로 점령한 동방의 광활한 지역의 통치를 공고히 하기 위해 많은 친척들과 공신들을 제후로 책봉했다.

출전: 《사기史記·노주공세가魯周公世家》
《시경詩經·빈풍豳風·치효鴟鴞》

041

시 〈치효〉

전쟁 중에 조카 성왕을 걱정한 주공은 전장에서 시 한 수를 써서 성왕에게 보냈다. 그것을 본 성왕은 주공을 더욱 존경하게 되었다.

전쟁터에서 보낸 시

주공은 자신이 지금 공격하는 적이 바로 성왕의 숙부인 관숙과 채숙, 곽숙인데 성왕이 어떻게 생각할지, 권력 다툼으로 인한 형제들 간의 싸움으로 여기지 않을지 걱정이 되었다. 그래서 주공은 관숙과 채숙, 무경을 공격하기에 앞서 〈치효鴟鴞〉라는 시 한 수를 써서 성왕에게 보냈다.

큰 새의 숭고한 정신에 감동

치효는 부엉이같이 생긴 새다. 큰 새 한 마리가 치효의 죄악을 질책하는 것을 내용으로 하는 이 시는 어린 새끼를 보호하려는 큰 새의 마음을 표현한 것이다. 여기서 큰 새는 주공 자신을 비유하고, 치효는 무경 녹부를, 어린 새는 성왕을 비유한 것이다.

"치효야, 치효야. 내 자식을 앗아간 치효야, 내 둥지까지 해치려 하지 마라. 어린 내 자식을 친절히 돌봐주렴. 그 애는 불쌍한 아이다. 장마가 다가오는 이때, 뽕나무 껍질을 벗기다가 창문과 문설주를 세우는데 너희들이 또 나를 괴롭힌다. 흰 쑥을 뜯어다 둥지를 만들고 마른 풀을 물어다 깃을 까느라고 나는 발톱이 닳고 부리가 헐었지만 너희들 때문에 아직도 둥지를 제대로 틀지 못하고 있다. 이제 나는 너무도 지쳤다. 깃털도 푸시시하고 꼬리도 뭉툭해졌다. 둥지도 아직 어설프다. 나는 비바람 속에서 떨고 있다. 아, 나의 목소리조차 얼마나 가냘프냐."

이 시는 큰 새 한 마리가 치효라는 새와 투쟁하는 것을 묘사했다. 큰 새는 외세의 침략을 물리치고 자신의 어린 새끼를 보호하기 위해 온갖 고생을 하며 둥지를 틀고 있다.

그 뜻을 이해한 성왕은 주공을 더욱 존경하게 되었다.

시를 써서 주고받음

그때 성왕의 아우 당숙唐叔이 가화嘉禾 한 묶음을 얻어 왔다. 가화는 희귀한 식물인데 모두 그것을 복을 주는 길한 것으로 여겼다.

〈치효〉를 보고 주공을 존경하게 된 성왕은 가화와 직접 쓴 시 〈궤화饋禾〉를 주공에게 보냈다. 궤화란 '가화를 드린다'는 뜻이다.

가화를 받은 주공은 기뻐하며 〈가화〉라는 시 한 수를 다시 써서 천자에게 화답했다.

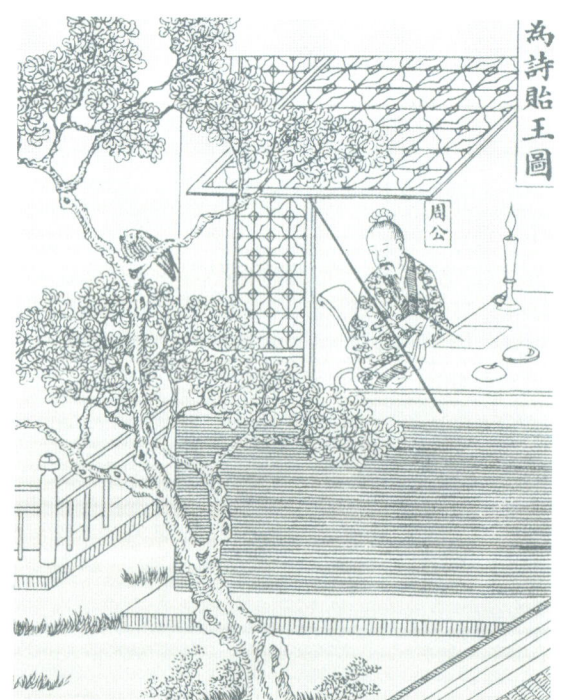

왕에게 올릴 시를 쓰는 주공
조카 성왕이 걱정된 주공은 성왕에게 올리는 정이 넘치는 글을 썼다. 이 그림은 청나라의 《흠정서경도설》에 실려 있다.

역사 시험장 〉 중국 최초로 도덕 교육을 관리한 기구의 이름은?

| 세계사 연표 |

기원전 930년 전후 　 솔로몬 통치 말기, 이스라엘 북방에서는 예로보암을 수장으로 하는 분열 운동이 일어났다.

042

사병들의 마음

《시경詩經·빈풍豳風·파부破斧》
《시경詩經·빈풍豳風·동산東山》

출전

3년이나 되는 전쟁 기간 동안 사병들은 집에 편지 한 장 띄우지 못했다. 그런 그들이 개선을 앞두고 어떤 노래들을 불렀는가.

3년 전쟁 끝에 읊은 시 한 수

주공이 반란을 평정하는 데에는 3년이라는 시간이 걸렸다. 수많은 병사들이 산을 넘고 강을 건너며 얼마나 많은 생사의 고비들을 넘겼는지 모른다. 그러나 이 3년 동안 그들은 집에 편지 한 장 띄우지 못하고 받지도 못했다. 그런데 지금 그들은 전쟁의 승리를 눈앞에 두게 되었다. 이때 한 병사가 시 한 수를 읊었다. 이 시는 당시 수많은 병사들의 마음을 대변했다.

고향과 육친에 대한 그리움

"대열을 따라 동산으로 출발한 나, 너무도 오랜 시일 돌아가지 못하였네. 이제 고향 길 오르려니 하늘에선 보슬비가 내리네. 돌아가는 발걸음 떼기도 전에 마음은 벌써 고향으로 가 있어 그녀가 만들어 준 옷깃 여미네. 이젠 자갈 물고 다그치는 강행군도 없다네. 뽕나무 위에선 벌레가 한가로이 기어가고, 멈춘 전차 밑에 몸 웅크린 한 무리의 병사들은 고달픈 잠이 들었어라. 고향 집 처마 밑에는 열매들이 주렁주렁 달리고 다리 긴 거미는 문에 거미줄을 치고 있겠지. 밭들은 산짐승들에게 뭉개져 있고 지금도 밤에 반딧불이 보일까? 생각하면 그 광경 처량하다만 난 집에 남은 그녀만 그리고 있네."

"대열을 따라 동산으로 출발한 나, 너무도 오랜 시일 돌아가지 못했네. 이제 동방에서 고향 길에 오르니 하늘이 보슬비를 뿌려 주네. 다리 긴 두루미는 언덕에서 울고 집에 남은 아내는 기뻐서 눈물짓네. '어서 집안을 청소해야지, 전쟁 나간 그이가 돌아오는데.' 섶 위로 뻗은 넝쿨에는 늙은 오이들이 주렁주렁하고 전쟁에 나간 나는 3년이 지나도록 그대를 그리기만 하였도다. 고향에 나는 꾀꼬리는 지금도 그렇듯 예쁘겠지. 그대가 시집오는 날 몰고 온 누렁 말과 얼룩말이 생각나네. 장모는 그대의 머리 수건을 여미어 주고 예법을 가르쳐 주고, 새 각시 때 그대는 얼마나 어여뺐던가. 3년이란 세월이 흐른 지금도 그렇게 예쁠까."

시에서 말하는 '동산'은 '동부의 산지'들을 말한다. 이 시들에서 병사들이 고향을 그리는 마음이 사무치게 다가온다. 이 시들은 후에 〈동산〉이라는 제목으로 《시경》 속에 수록되었다.

한 병사의 시

3년 만에 승리하고 돌아오는 한 병사가 그동안의 일을 회고하며 시 한 수를 읊었다.

"원공부圓孔斧도 전장에서 무디고 방공부方孔斧도 전장에서 무디었건만 우리는 반란자를 무찌르고 드디어 이겼노라. 전쟁은 참혹했어도 가엾은 우리들만은 건장히 살아남았구나. 원공부도 전장에서 무디고 쌍날 기錡도 전장에서 이 빠졌건만 우리는 사방의 배반한 나라들을 무찌르고 드디어 이겼노라. 전쟁은 참혹했어도 가엾은 우리만은 복받아 살아남았구나. 원공부도 전장에서 무디고 삼봉모三鋒矛도 전장에서 무디었건만 우리는 이겼노라. 전쟁은 참혹했어도 가엾은 우리만은 그래도 행운아로 살아남았구나."

이 시는 병기들이 전장판에서 무디어졌음을 통해 전투의 격렬함과 병사들의 고생을 묘사했다. 이 시는 후에 〈파부破斧(무디어진 부월)〉라는 제목으로 《시경》에 수록되었다.

-1046~-771

서주

서주의 대사도大司徒가 집행했으며 '육례六禮'와 '육덕六德'을 가르쳤음

| 중국사 연표 |
| 기원전 1040년 전후 | 상나라와의 전쟁에서 공을 세운 강태공이 산동 고향에 제후국인 제齊 나라를 세웠다.

043

친척에 대한 책봉

몇십 개의 나라를 정복한 주나라는 동부의 광활한 지역을 통치하기 위해 왕실 친척들을 그곳 제후국의 군주로 책봉했다.

중앙정권을 공고히 하기 위한 방법

주공은 관숙, 채숙, 무경과 사방 각국의 반란을 평정해 광활한 토지와 수많은 백성들을 얻었다. 이 광활한 국토를 통치하기 위해 주공은 믿음직한 친척들을 새로운 점령지의 제후로 책봉해 그곳을 중앙정권을 보위하는 제후국으로 삼았다.

주공의 장자가 노나라를 세우다

제일 먼저 제후를 책봉받은 사람은 주공의 장자 백금伯禽이다. 그는 상엄이라는 고장을 분봉받아 노魯나라를 세웠는데, 그곳은 지금의 산동성 곡부 일대이다. 주공은 백금을 상엄으로 보낼 때, 귀중한 물건들을 많이 나누어 주었다.

노나라에는 원래 있던 엄의 사람들과 새로 이주해 온 상나라의 조씨條氏, 서씨徐氏, 소씨蕭氏, 삭씨索氏, 장작씨長勺氏, 미작씨尾勺氏 등 여섯 개 종족의 귀족과 노예들도 있었다. 또 백금에게만 준 넓은 땅과 그 땅에 의존해 사는 농노들, 그리고 제사나 전례를 책임지고 역사 기록과 천문 역법을 하는 축祝, 종宗, 복卜, 사史 및 다른 행정 백관들이 있었고 각종 전적典籍, 복식, 제기 등도 있었다.

주공은 이렇게 복잡한 민중을 가진 나라를 통치하기 위해서는 엄한 법과 옳은 정책뿐 아니라 도덕 정치로 감동을 주어야 한다고 아들 백금에게 당부했다.

조가를 분봉받은 강숙

그 다음으로 책봉받은 사람은 주공의 아우 강숙康叔인데 은허, 즉 상나라 옛 도읍지 조가를 분봉받았다. 그는 그곳에 위衛나라를 세웠다. 무왕이 상나라를

열영방이矢令方彝(술병 모양의 제기)
1929년 하남성 낙양시 망산邙山 마파馬坡에서 출토된 서주 초기의 청동기. 주나라 초기 대신 명공이 성주에서 제사를 지내고 '윤삼사 사방尹三事四方'의 명을 받은 경과를 기록한 명문이 있다. 명공은 그 의식에서 직책을 다한 열영과 항사亢師에게 선물을 주고 벼슬을 올려주었다. 열영은 그것에 대한 보답으로 이 방이를 만들어 명공의 은덕을 칭송했다.

●●● 역사문화백과 ●●●

[예의 제도의 형성과 완성]
서주 사회는 많은 등급으로 이루어졌다. 이 등급들 간의 상호 조화를 위해 혼인, 장례, 제사, 의복 등 여러 가지의 예의범절과 의식 절차를 제정했다. 서주의 이 제도는 상나라를 토대로 해서 더욱 발전시킨 것이다.

| 세계사 연표 |

기원전 928년

이스라엘의 솔로몬 왕이 죽고 그의 아들 르하브암이 즉위했다.

《좌전左傳》 희공 24년과 정공 4년 출전

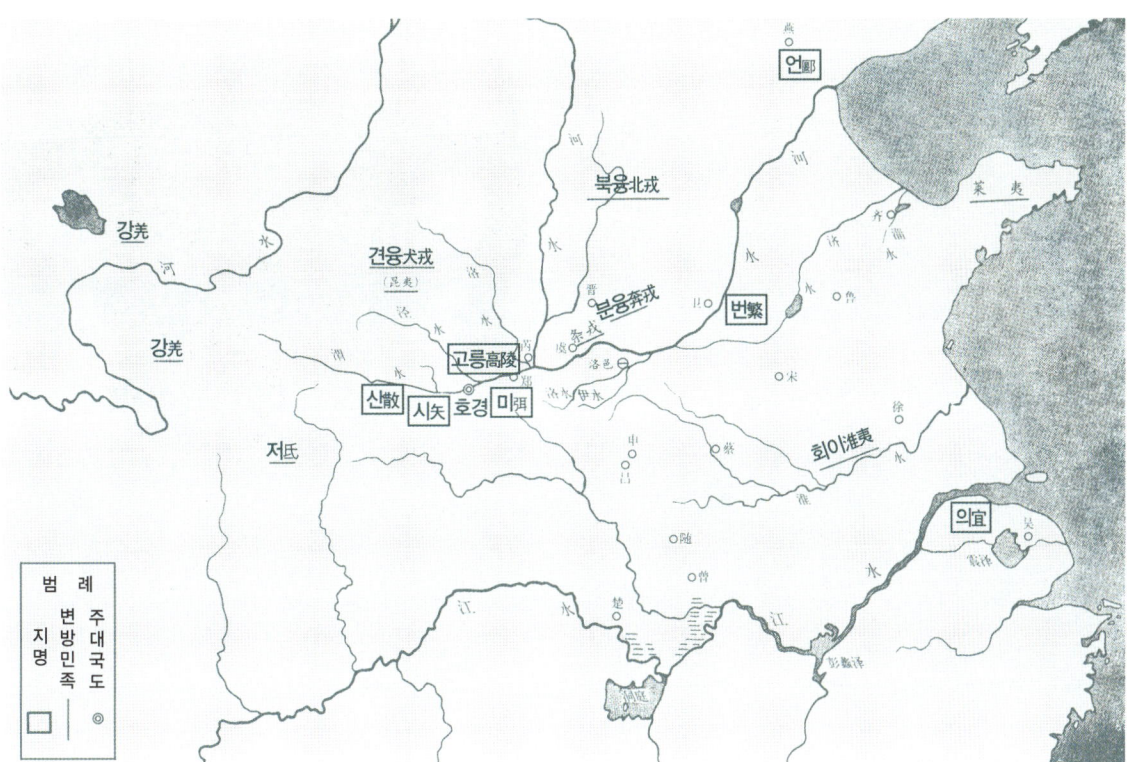

서주 형세 약도

멸망시킨 후, 원래는 주의 아들 무경 녹부를 그곳의 제후로 봉하고 계속 상나라 백성들을 통치하게 했으나 무경이 기회를 틈타 반란을 일으켰던 것이다. 그러므로 이곳은 반드시 믿을 만한 친척이 통치해야 안정된 국면을 이룰 수 있다고 생각한 주공은 자신이 가장 믿는 막내 아우 강숙에게 맡긴 것이다.

강숙도 책봉 때에 수많은 귀중한 물건들을 얻었다. 강숙이 다스릴 상나라 백성의 종족은 도씨陶氏, 시씨施氏, 번씨繁氏, 기씨錡氏, 번씨樊氏, 기씨飢氏, 종규씨終葵氏 등이었다. 주공은 강숙에게, 정치는 백성들의 풍속 습관에 순응하고 토지 분배 때는 주나라의 구획 방법을 그대로 채용하라는 명령을 내렸다. 그리고 형벌을 제한하고 덕으로써 정사를 돌봐 강산을 영원토록 지켜 나가라고 당부했다.

융적을 받은 성왕의 아우

성왕의 아우 숙우叔虞는 당을 분봉받았다. 후에 그를 당숙 우라고 불렀다.

무왕의 비 읍강邑姜이 임신했을 때, 천신이 무왕의 꿈에 나타나 이런 말을 했다고 한다.

"내가 너에게 아들을 낳게 하리니 그 이름이 우虞이니라. 장차 그에게 당이라는 나라를 맡길 것이다."

읍강이 아들을 낳은 후 아기의 손바닥을 펴니 과연 '우虞' 자 형의 손금이 있어 이름을 우라고 지었다.

당숙도 책봉 때 귀중한 물건들을 많이 받았다. 당숙이 통치하는 백성 대부분이 융적 부락 사람들이었다. 그들은 모두 회懷씨인데 외隗씨라고도 한다.

당숙은 직관 '오정五正'도 함께 받았다. 직관 오정이란 다섯 직무의 장관을 말한다.

제왕이 작위와 토지를 나누어 주고 그들이 그 지역에서 제후국을 세우게 하는 것

| 중국사 연표 |

기원전 1040년 전후   주紂의 맏형인 미자 계啓에게 지금의 하남성 상구시 일대를 분봉해 주어 제후국 송宋나라를 세우게 했다.

당나라는 원래 하나라의 도성과 그리 멀지 않다. 그래서 당나라를 하허夏墟, 즉 하나라 옛터라고도 부른다. 주공은 당숙에게 당나라 백성이 정치적으로는 하나라의 생활 관습을 따르도록 하고 토지의 분배는 융적의 풍속을 따르라고 명했다. 그 당시 당숙의 나이가 아직 어려 주공은 '당고唐誥'라는 글을 써서 당숙을 가르치고 격려했다. 그리고 충직한 관원들을 파견해 당숙을 보좌하게 했다. 후에는 당숙의 아들 섭부燮父가 도읍을 진수晋水 옆으로 이동하고 국호를 진晋이라고 고쳤다. 진晋나라는 춘추 시대에 가장 강성한 나라가 되었다.

동성 친척들에게 봉한 53개 제후국

이 외에도 주나라는 왕실의 친척들에게 땅을 나누어 주고 제후로 임명했다. 주공의 아우 숙무叔武에게 책봉한 성郕나라, 주공의 아우 모숙 정에게 분봉한 모

귀한 역사 실물
섬서성 기산현에서 출토된 서주 초기의 청동기 궤. 이 궤에는 주나라 무왕이 부왕 문왕에게 제사를 지내고, 또 하늘의 천제에게 제를 지낸 일을 기록한 명문 78자가 새겨져 있다.

毛나라, 그리고 주공의 막내 아우 계재에게 분봉한 염冉나라, 주공의 아우 숙진탁叔振鐸에게 분봉한 조曹나라 등이 있다.

또 다른 형제들에게도 고郜나라, 옹雍나라, 원原나라 등을 골고루 분봉했다. 그리고 성왕의 세 아우가 책봉 받아 세운 제후국들로는 우邘나라, 응應나라, 한韓나라가 있다.

그리고 주공의 여섯 아들에게 책봉한 제후국들로는 범凡나라, 장蔣나라, 형邢나라, 모茅나라, 조胙나라, 채蔡나라 등이 있다.

또 주공에게는 성이 같은 친척인 소공 석奭이 있었는데 무왕이 상나라를 정복했을 때 연燕 땅을 분봉받아 연나라를 세웠다.

주공은 71개의 제후국을 봉했는데 그중 동성 친척들에게 분봉한 것이 53개나 되었다고 한다.

서주 시대의 영계유嬴季卣

| 세계사 연표 |

기원전 928년 — 통일되었던 이스라엘은 솔로몬 왕이 죽은 후 남북 두 나라로 분열되었다.

044

태공의 귀향

《사기史記·제태공세가齊太公世家》

주나라의 일등 공신인 강태공은 산동 고향을 분봉 받아 제나라를 세웠다. 그는 예법을 간소화하고 경제를 활성화시켜 제나라를 부강하게 만들었다.

강태공은 주나라 왕실에서 오랫동안 태사라는 고위직에 있었다. 무왕은 그를 사상부라고 부르면서 아버지같이 모셨다. 주나라를 건국하는 과정에서 강태공은 누구보다 큰 공을 세웠기에 당연히 먼저 제후국을 분봉받아야 했다. 그러나 강태공의 고향은 아직도 엄과 포고, 이 두 나라가 집권하고 있었다. 그래서 주공이 다시 진격해 엄나라와 포고를 점령한 후 엄은 자신의 장자인 백금에게, 포고는 강태공에게 분봉하기로 결정했다.

분봉지를 보위하는 한 차례 전쟁

강태공의 분봉지는 영구營丘, 즉 지금의 산동성 치박시 동쪽이었다. 책봉을 받은 강태공은 주나라 도성을 떠나 동이의 지역에 이르렀다. 그런데 어느 날 태공이 주막에 들렀는데 주막 주인은 그가 영구 땅을 받아 나라를 세우러 간다는 것을 알고 있었다. 주막집 주인은 서두르는 기색이 하나 없이 행동이 무척 느긋한 강태공을 보고 이렇게 말했다.

"기회란 잃기는 쉽지만 얻기는 어렵다는 말이 있소이다. 손님을 보니 아무런 근심도 없는 것 같은데 어쩐지 나라를 세우러 가는 분 같지 않습니다."

그 말을 들은 태공은 이 고장이 아직 안정되지 않았음을 알고 급히 일어나 길을 떠났다. 그리고 그 이튿날 새벽에 목적지에 이르렀다. 그때 바로 인근의 내국萊國 군대가 영구 땅을 빼앗기 위해 밀려왔다.

태공은 급히 군대를 조직해 그들을 물리치고 나라를 지켰다. 영구는 원래 제나라 땅이었다. 강태공은 젊었을 때 제나라에서 데릴사위로 지낸 적이 있어 나라 이름도 옛 이름 그대로 제齊나라라고 했다.

시장경제를 실행해 부강한 나라로

나라를 세운 강태공은 그곳 풍속에 알맞게 관리들을 배정하고 예법들을 간소화했다. 영구의 토지 대부

●●● 역사문화백과 ●●●

[서주의 청동 화폐-주패鑄貝]

섬서성 부풍현에서 청동으로 주조한 화폐가 발견되었다. 이 청동 주패는 서주 정부가 화폐의 부족을 보충하고 상업을 발전시키기 위해 화폐를 주조했음을 증명한다.

강태공의 형상
청나라에서 간행된 《흠정서경도설》에 실려 있다.

-1046~771 서주

주 초기 강태공에게 지금의 산동성 북부를 주어 제나라를 세우게 하고, 주공의 아들 백금에게는 지금의 산동성 남부를 분봉해 주어 노나라를 세우게 하여 별칭이 '제노齊魯'가 됨

기원전 1040년 전후

| 중국사 연표 |

주공의 영도하에 동부 지역 통치의 중심지인 동도東都 낙양을 건설했다.

분이 척박한 땅이어서, 강태공은 농사로서는 경제를 살릴 수 없다는 것을 알고 뽕나무를 심고 누에를 쳐 비단을 짜게 했다. 그리고 여인들은 자수를 배워 갖가지 공예품들을 만들어서 중원 시장에 팔게 했다. 바닷가에서는 염전을 만들어 소금을 만들게 했으며 강과 호수에서는 어업을 장려했다. 강태공은 제나라의 자연조건에 맞는 산업 활동을 장려해 시장경제를 실행함으로써 나라를 부강하게 만들었다. 제나라의 경제가 좋아지고 백성들의 살림이 풍족해지자 주변국의 백성들은 앞 다투어 제나라로 들어왔다.

한 지역의 징벌권을 수여받다

강태공이 강력한 나라를 만들었다는 소식을 들은 주공은 제나라에게 명을 반포했다.

"동으로는 바다, 서로는 황하, 남으로는 목릉穆陵, 북으로는 무체無棣까지 이르는 지역의 오등五等 제후와 구주 방백方伯 중에 무릇 왕명을 거역하는 자가 있으면 그들을 무력으로 징벌해 주나라 왕실을 보좌할 수 있는 권한을 강태공에게 준다."

주나라 왕실이 강태공에게 위임한 지역은 분봉받은 영구보다 엄청나게 큰 규모다. 이는 제나라가 급속히 성장해 후에 동방의 대국으로 부상하는 데 든든한 토대가 되었다.

모든 일에 막힘 없는 강태공
당나라의 현종이 영을 내려 동서 두 도성과 각 주에 모두 태공묘太公廟를 세우게 했는데 이로 하여 강태공은 전국적인 신이 되었다. 현종은 강태공을 무성왕으로 봉하고 그 사당을 문선왕 공자의 문묘文廟와 대칭으로 무묘武廟라고 불렀다. 더욱이 명나라 때 《봉신연의封神演義》는 강태공을 무궁한 법력法力으로 요귀를 물리치는 신으로 격상시켰다. 중국에는 설날에 집집마다 연화年畵(설날에 붙이는 그림)에 강태공의 형상을 그려서 붙였는데, 그러면 그해 귀신들이 범접을 못하고 복이 찾아든다고 여겼기 때문이다. 그림은 연화에 나오는 강태공의 형상이다.

| 세계사 연표 |

기원전 922년 — 이스라엘 남부 유대 국왕 르하브암은 북방 부락과 예루살렘의 전통적인 종교 연계를 단절시키려고 했지만 반대에 부딪쳤다.

045

《사기史記·송미자세가宋微子世家》
《상서尚書·미자지명微子之命》 출전

송나라를 책봉받은 미자

상나라 왕 주의 맏형인 미자는 성품이 곧고 신의가 있었다. 주공은 그에게 지금의 하남성 상구商丘 일대를 주어 제후국인 송宋나라를 세우고 일부 상나라 백성들을 계속 통치하게 했다.

심사숙고의 선택

무왕은 상나라를 정복한 다음 주의 아들 녹부를 제후로 봉해 상나라의 백성들을 관할하게 했다. 그러나 이것은 녹부가 다른 지역과 야합해 반란을 일으키는 화근이 되었다. 3년이란 긴 시간이 지나서야 이 반란이 평정되었다.

주나라 왕실은 미자에게 상나라 고도인 지금의 상구 일대를 분봉해 송나라를 세우고 상나라 백성들을 통치하면서 상 민족의 후대를 이어 가게 했다.

상나라 왕실의 친척인 미자 계를 제후로 책봉해 상나라 백성을 계속 다스리게 한 것은 심사숙고 후의 선택이었다. 미자 계는 품성이 인애로운 사람이었다. 그는 포악무도한 상나라 주왕을 피해 민간에 숨어 있다가 주나라 무왕의 군대가 상나라 도읍에 진입하자 무왕의 앞에서 석고대죄를 했다. 주공은 이런 미자의 행동을 보고 반란을 일으키지 않을 것이라고 판단했다.

미자지명

미자 계를 책봉해 송나라로 보낼 때 주공은 왕을

서주의 청동방호青銅方壺 (위 사진)
서주 시대의 호壺는 술이나 물을 담는 주전자이다. 청동기의 장식은 상나라 시대에는 신비감, 위엄과 용맹함을 표현하다가 서주 시대에는 검소하고 실용적인 장식으로 변했다.

대행해 '미자지명微子之命'이라는 글을 써서 미자를 교육하고 훈계했다.

"그대들의 조상 성탕成湯은 덕성이 높고 인자해 하늘이 천자로 임명했다. 하늘의 명을 받은 성탕은 백성들을 너그러운 마음으로 다스리고 사악한 무리들을 엄하게 벌했기에 그 공덕이 후세까지 미쳤노라. 성탕의 덕을 이어받은 그대 미자도 천지신명을 공경했기에 명성이 널리 알려졌다. 내가 그대의 도덕을 칭찬하니 그대는 도의를 잃지 말고 제후의 직분을 다하여 왕실을 돕기를 바란다. 그대들의 조상인 성탕의 덕과 의를 이어 나가면서 법으로 백성들을 다스리면, 그대는 제후의 자리에서 왕실을 보필할 수 있으며 그대의 조상들을 욕되게 하지 않을 것이다. 그리고 세세 대대 영예를 빛내며 만방의 모범이 되리라. 바라노니, 나의 영을 잊지 말고 부디 덕정을 베풀라."

송나라의 제후 미자

송나라 제후가 된 미자는 일부 상나라 백성들을 다스리며 상나라 왕실의 선조들에게 제사를 지낼 수 있었다. 제후로 책봉된 미자는 본분을 지키며 법과 도덕을 지키도록 상나라 백성들을 교육했다. 미자는 현명하고 인자해 상나라 백성들의 사랑을 받았다. 상나라 왕실의 후대로 이어진 제후국 송나라는 전국 시대까지 8백여 년 존속하다가 제나라에게 멸망되었다.

-1046~-771 서주

모공정 毛公鼎

| 중국사 연표 |

기원전 1040년 전후 주나라는 상나라 귀족들을 위나라, 노나라와 동도에 이주시켜 다스렸다.

046

동도의 건설

동부 지역에 대한 통제력을 강화하기 위해 무왕은 낙읍에다 동도東都를 세우려고 했다. 상나라를 정벌한 주나라는 동도의 건설을 본격적으로 시작했다.

동도 건설의 염원

주족은 선조 불줄 때는 융적들의 틈에서 살았고, 공류 때에는 빈으로 이동했으며, 공단부 때는 기산으로 남하했고, 문왕 때는 풍, 무왕 때는 호경으로 이동했다. 주족은 이렇게 중국의 서북 지역으로만 이동하며 살아왔다. 주나라는 상나라를 멸하고 동부 지역의 광활한 땅을 점령한 후 오래 전부터 염원해 오던 동도를 건설하기로 했다.

동도를 건설할 생각은 무왕 때 이미 있었다. 무왕은 그 생각을 주공에게 말하고 새로 세울 도성의 자리까지 이미 정해 놓았다. 무왕은 이수伊水와 낙수 기슭을 '천실天室'이라고 하면서 낙읍에 새로운 도성을 세울 계획을 세웠다. 그는 제단을 만들고 이 일을 하늘에 고하기도 했다.

"도성을 국토와 민심의 중심에 세우고 그곳에서 민중을 다스리려 하나이다."

무왕은 이런 생각으로 상나라를 정복한 다음에도 왕권을 상징하는 신기 구정을 도성 호경으로 옮기지 않고 상나라 도성 조가에서 낙읍으로 옮겼던 것이다. 그러나 무왕은 낙읍을 건설하는 것을 보지 못하고 세상을 떴다.

새로운 도읍 건설

주공은 낙읍을 도성으로 건설하려는 토목공사를 본격적으로 시작했다.

주공 섭정 5년이 되는 해, 성왕은 아침 일찍 종묘에 제사를 지내면서 낙읍에 새로운 도성을 세우는 일을 조상들께 알렸다. 그리고 지형을 살피기 위해 태보 소공을 먼저 낙읍으로 보냈다. 낙읍에 도착한 소공이 먼저 점을 치자 길한 괘가 나왔다. 그래서 새 도읍의 윤곽을 잡고 각 건축물의 위치를 정한 다음 각 건축물의 위치를 표시하는 말뚝을 박았다.

나중에 낙읍에 도착한 주공은 낙읍의 여러 구역을 둘러보았다. 그리고 새로 정한 도읍의 지도와 점괘를 성왕께 보고한 다음 낙읍의 교외에서 하늘에 제를 지냈다. 그 이튿날에 또 소, 양, 돼지를 각각 한 마리씩 잡고 제사를 지내며 새 도성을 세우는 일을 토지신께 알렸다. 그런 다음 주공은 길일을 택해 낙읍을 동도로 건설하는 동원령을 서면으로 내렸다. 이렇게 되어 동도 낙읍을 건설하는 공사가 주공 섭정 5년 3월 하순에 정식으로 시작되었다.

새로운 도읍의 이름과 규모

주공은 새로운 도읍의 이름을 건설 초기 '성주成周'라고 했다. 성주란 주나라의 위업이 성취되었다는

서주 시대의 와당瓦當
서주 말기의 지붕들은 거의 기와지붕이었고 궁실도 모두 기와지붕이었다. 동시에 장식이나 글자를 새긴 와당도 나타났다.

| 세계사 연표 |

기원전 918년 이집트의 파라오 셰송크가 팔레스타인을 공격해 예루살렘의 성전을 약탈하고 많은 도시들을 파괴했다.

《일주서逸周書·작낙해作雒解》
《상서尙書·소고召誥》
출전

송나라 마화지馬和之의 〈빈풍도豳風圖〉

송나라 화가 마화지는 인물, 불상, 산수 등을 그리는 데 능했다. 그의 〈시경도〉 계열은 중국 회화의 대표작 중의 하나다.

궁성의 남쪽에는 중요한 행사를 하는 큰 광장이 있고, 궁성의 동남쪽에는 위패들을 모신 종묘가 있고, 서남쪽에는 토지신과 곡신谷神에 제를 지내는 사직社稷을 만들었다. 상업 지역은 궁성의 북쪽에 만들고 '시市'라 했다. 시 바로 옆에 양식과 물품을 비

뜻이다. 동시에 원래의 도성인 호경은 '종주宗周'로 개칭했다. 그래서 주나라 초기에는 도성이 서쪽과 동쪽에 두 개가 되었다.

새 도성 성주는 간수澗水의 동쪽, 전수瀍水의 서쪽에 위치했는데 성은 정방형에 매 변의 길이는 각각 1620장(1장은 10자尺이며 미터법의 3.03m에 해당), 모두 9리였다. 이것은 도성의 규범대로 설계한 것이다. 성 외곽은 매 변의 길이가 27리나 되었다. 성벽의 높이는 일곱 장, 성 밑의 너비도 일곱 장, 성 위의 너비는 좀 좁았다. 성벽의 네 귀의 높이는 9장으로 감시와 방어에 유리하게 만들었다. 성의 사면에는 각각 문이 세 개씩 있어 성문이 모두 열두 개나 되었다. 성내의 길은 가로, 세로 아홉 갈래로 바둑판 같은 도로망을 이루었다.

성의 중앙은 주왕과 공경 대신들이 조정의 일을 보며 생활하는 궁성宮城으로 성의 9분의 1을 차지했다.

축하는 창늠구倉廩區를 만들었다. 나머지 다른 구역은 주택지로 만들었다. 성 밖 곽내의 남쪽에 둥근 단壇을 하나 축조했는데 그곳은 하늘에 제를 지내는 곳이다.

3년 걸린 새 도성의 역할

새 도성 건설은 주공 섭정 5년 3월에 시작해 7년, 주공이 섭정을 그만두고 성왕에게 정권을 돌려줄 때까지, 3년 가까운 시간이 걸렸다고 한다.

성주는 호경과 마찬가지로 주나라 왕조의 정치, 경제, 군사 및 문화의 중심이었다. 이곳에도 중앙정권의 최고 관서가 있어 주왕은 늘 성주를 순시했다.

더욱이 성주는 제후국과 소수 민족들에게 공납품과 부세를 받아들이는 임무를 맡고 있었다. 각 제후들과 백성들은 성주로 와 조정에 진상품을 상납하거나 물자를 교환하고 집회도 했다.

무왕은 도읍을 호경에 정했고, 성왕은 동도를 낙읍(낙양)에 세웠다. 이 동도를 성주라고도 함

기원전 1040년 전후

| 중국사 연표 |

주공의 아들 백금이 노나라를 세우고 인근의 회이淮夷와 서융徐戎의 침입을 물리쳤다.

047

상나라 귀족들의 강제 이주

주공은 상나라 귀족 중에서 아직 주나라 정권을 적대시하는 사람들을 강제로 이주시키고 분산시키는 방법을 취했다.

강제적 분산과 이주

무경을 위수로 하는 상나라 반란 세력들을 진압한 후 주공은 그들이 또다시 반란을 일으키는 것을 방지하기 위해 분산시키는 방법을 강구했다. 그들 중 일부는 강숙이 세운 위나라에서 감독하게 했고, 일부는 동부의 노나라로 이주시켰으며, 나머지 일부는 동남방에 있는 송나라로 이주시켰다. 그리고 아직도 주나라에 반감을 가진 상나라의 대신들과 귀족들을 낙읍으로 이주시켜 동도 성주 중앙정권의 직접적인 통제를 받게 했다.

주공은 상나라를 무경의 반란 이전에 이미 세 곳으로 분할했는데 상나라 도성 이북을 '패邶'라고 하고, 이남을 '용鄘'이라 했으며, 상나라 도성 부근을 '위衛'라고 했다. 그중에서 패와 용, 두 고장에 있는 상나라 귀족들을 낙읍으로 이주시키고 위에 남아 있는 상나라 귀족들은 강숙이 감독하게 했다.

주공의 명령과 훈계

주공 섭정 4년 주공은 반란을 일으킨 나라들의 귀족과 제후들에게 주왕의 신분으로 명령을 내리고 경고했다.

"너희들은 끝내 천명을 배반하고 반란을 일으켰다. 그동안 나는 항상 너희들을 교육하고 권고했지만 너희들은 내 말을 듣지 않았다. 그래서 결국 너희들을 토벌하고 감금하지 않을 수 없었다. 이제 너희들은 지난날의 권세를 그냥 누릴 수 없게 되었다. 백성들도 너희들로 인해 생업에 전념하지 못하고 있다. 그런데도 너희들은 아직 마음을 죽이지 않고 있다. 그래서 나는 또 한번 하늘의 뜻을 받들어, 너희들을 고향에서 멀리 이주시키는 징벌을 내리는 바이다."

주공의 이 명령은 후에 정리되어 〈다방多方〉이라는 제목으로 《상서》에 수록되었다. 주공은 이 명령을 공표함과 동시에 반란을 일으킨 자들을 낙읍으로 강제

거백이 遽伯彛
1972년 감숙성 영대현에서 출토된 서주 초기의 청동 술병. 뚜껑 안에는 거백이 이 보배를 만들었다는 명문이 새겨져 있고 '거백작遽伯作'이라는 글자가 새겨져 있다. 거백은 어명을 받고 이족彛族을 통치하는 수장이다.

124 역사 시험장 〉 서주 시대 사람들은 유리琉璃를 어떻게 만들었는가?

| 세계사 연표 |

기원전 915년 유대 국왕 르하브암이 사망하고 아비야가 즉위하여 북부 이스라엘과 내전을 진행했다.

출전 《상서尙書·다사多士》
《상서尙書·다방多方》

이주시켰다.

주공은 다시 낙읍으로 이주해 온 상나라 귀족들을 다음과 같이 훈계했다.

"너희들의 이번 반란은 하늘과 법을 무시한 무모한 짓이었다. 우리들은 너희들을 공격하지 않았건만 너희들이 상나라 도성 터에서 반란을 일으켰다. 결국 너희들은 하늘의 징벌을 받게 되었다. 하늘이 이미 너희들을 벌하였기에 나는 더 이상 법으로 죄를 물을 생각은 없다. 다만 너희들의 거주지를 낙읍으로 이동시켰을 뿐이다. 우리는 낙읍에 거대한 성을 세워 각 제후들이 조공을 바치는 곳으로 만들려고 한다. 앞으로 이 낙읍은 너희들이 주나라 조정을 위해 몸 바쳐 일하는 곳이 될 것이다. 우리에게 순종하면 너희들은 지금 소유한 땅을 그대로 소유할 수 있고 마음 놓고 일하고 쉴 수도 있다. 주나라 조정의 명을 공손히 받들기만

한다면 하늘도 너희들을 동정해 복을 내리리라. 그러나 조정의 명에 불복하고 대항한다면 너희들이 지금 소유하고 있는 것을 거두고, 너희들은 지금보다 더 엄한 하늘의 벌을 받게 될 것이다."

이 훈계는 후에 〈다사多士〉라는 제목으로 《상서》에 수록되었다.

상나라 귀족들 중에서 성실한 사람들을 관리로 임명

마지막으로 상나라 귀족을 낙읍으로 이주시킨 때는 주공 섭정 7년째 되던 해다. 이때는 성주 각 구역이 초보적인 규모를 갖추게 되었다.

낙읍으로 이주한 상나라 귀족들에게 주공은 집과 땅을 나누어 주고 일정한 노역도 시켰다. 또 그들에게 부세를 받아들이는 정책을 실시했다. 주공은 〈다방〉이라는 훈시에서, 낙읍으로 이주한 상나라 귀족들에게 이렇게 말했다.

"너희들은 지금 살 집이 있고 농사지을 땅이 있다. 부역이 필요할 때면 너희들을 쓰게 될 것이고 너희들에게 부세도 받을 것이다. 너희 모두가 법을 지키고 맡겨진 일들을 기한 내에 잘 완수하기 바란다."

주공은 상나라 귀족들 중에서 열심히 농사를 짓고 부역 의무를 잘 이해하는 현명한 자들을 선발해 주나라 조정의 관리로 임명하기도 했다.

함께 창조한 동도 문명

주공이 세운 동도 성주의 전수瀍水 이서 지역은 주로 주나라 귀족과 백성들이 살던 곳이고, 전수 이동은 주로 원래의 상나라 귀족들과 그 유민들이 살던 곳이었다. 그들의 상호 교류는 동도의 건설을 가속화했으며 동도의 문명을 함께 창조하게 했다.

서주의 청동기 칼
청동기 중에 가장 많은 것이 칼이다. 사진은 장가파 서주 초기 유적지에서 발견된 청동 칼들이다.

●●● 역사문화백과 ●●●

[서주 시대의 공전公田과 사전私田은 어떤 구별이 있는가?]
공전은 귀족들의 밭으로서 농민들은 반드시 귀족들을 위해 이 공전을 경작해 주어야 한다. 사전은 농민들의 밭으로 농민 스스로 경작하는 땅이다.
다른 의견으로는 공전은 주나라 왕실 혹은 제후들이 경영하는 토지이고 사전은 공경公卿 백관의 땅으로서, 공전과 사전 모두 귀족 지배자들의 땅이라고 한다.

청동을 제련하는 용광로는 온도가 아주 높아 비금속인 유리질의 재가 생기는데, 이것이 유리임

| 중국사 연표 |

기원전 1040년 전후 — 강숙이 지금의 하남성 기현 일대를 분봉받아 제후국 위衛나라를 세웠다.

048

백금의 노나라

주공의 장자 백금은 지금의 산동성 곡부曲阜 일대를 분봉받아 노나라를 세웠는데 주변의 이인夷人과 융인戎人이 반란을 일으켰다. 백금은 이를 용감히 물리쳤다.

아버지의 기대를 잊지 않고 나라를 잘 다스리다

주공의 장자 백금이 노나라를 책봉받고 떠나갈 때 주공은 이렇게 당부했다.

"이 애비는 문왕의 아들이고 무왕의 아우이며 지금 대왕의 숙부이니라. 천하에서 결코 가볍다고 할 수 없는 사람인데도 머리를 감다가 세 번이나 감던 머리를 움켜쥐고 현인을 맞으러 나간 적이 있고, 밥을 먹다 세 번이나 입에 머금었던 밥을 뱉어 버리고 현인을 맞이하러 나간 적이 있다. 그렇게 노력했지만 나는 지금도 천하의 현명한 사람들을 잃을까 봐 항상 조심하고 있다. 이제 네가 노나라에 가면 군주가 되었다고 남을 오만하게 대해서는 절대 안 되느니라."

백금이 아버지 주공에게 물었다.

"노나라를 어떻게 다스리는 것이 좋겠습니까?"

그러자 주공은 이렇게 가르쳤다.

"백성을 전념해 돌보도록 하라. 그러나 절대 자기를 백성에게 득을 주는 자로 자처해서는 안 되느니라."

노나라로 온 백금은 아버지의 말을 명심하고 노나라를 질서 정연하게 잘 다스렸다.

회이와 서융의 반란

백금이 노나라를 세운 초기, 동이의 가장 큰 두 나라 상엄과 포고를 정벌했지만 많은 소수민족들이 주 나라 정권을 적대시하고 있었다. 그러던 어느 날 노나라 남부에 있는 회이淮夷와 서융徐戎, 이 두 민족이 동시에 노나라를 공격하기 시작했다. 백금은 직접 군을 이끌고 전투에 참가해 이들을 격퇴시켰다.

비읍費邑에서 연설하다

회이, 서융이 공격해 오자 백금은 선서 대회를 열고 국민들에게 말했다.

"모두들 내 영을 들으라. 지금 회이와 서융이 반란을 일으켜 우리에게 진격해 오고 있다. 모두들 서둘러 투구를 쓰고 갑옷을 입어라. 방패를 단단히 쥐고 활과 화살을 충분히 준비하라. 결전의 준비를 단단히 하라."

그리고 백금은 전시 규율을 선포했다.

"방목하던 마소나 노예가 도망쳐도 그것을 쫓기 위해 대열을 떠나서는 안 된다. 잃었던 마소나 도망친 노예를 잡은 사람은 원 주인에게 돌려주라. 대열을 떠난 자나, 도망친 마소나 노예를 주인에게 돌려주지 않는 자도 엄하게 벌하리라. 그리고 남의 마소를 훔치거

| 세계사 연표 |

기원전 913년
유대 국왕 아사는 이스라엘과의 전쟁을 계속했다.

《사기史記·노주공세가魯周公世家》
《상서尙書·비서費誓》

출전

-1046~-771 서주

실용적인 청동기
상나라 때의 청동 제기들은 조형이 모두 장중하고 신비롭지만 실용적인 용기는 극히 드물다. 서주 초기의 청동기도 여전히 장중하고 신비로움을 숭상했다. 그러나 이 오리 모양의 화盉(양념 그릇)는 실용적인 형태를 가지고 있는 아주 드문 것이다.

나 노예를 유괴하는 자도 엄하게 벌할 것이다. 우리는 서융을 칠 것이다. 양식을 든든히 준비하라. 그리고 마소 먹일 마초들을 넉넉히 준비하라. 게으름을 피우거나 공급에 차질을 빚으면 엄벌에 처하리라."

후에 사람들은 그 연설을 〈비서費誓〉라는 제목으로 《상서》에 수록했다.

제후의 직책을 충실히 완수

노나라 군대는 백금의 인솔하에 회이와 서융의 침공을 물리쳤다. 백금은 주공의 가르침과 당부를 명심해 주나라 제후의 직책을 충실히 완수했다.

중국 최초의 가훈은 주공이 그의 아들 백금에게 한 훈계로, 《사기史記·노주공세가》에 실려 있음

| 중국사 연표 |

기원전 1040년 전후 — 성왕의 아우 숙우가 당唐을 분봉받았는데 후에 당숙의 아들이 도성을 옮기고 제후국 이름을 진晉이라고 했다.

049

주공과 소공의 마찰

소공은 주나라 왕실의 친척이며 주공과 같이 조정의 '삼공'이다. 그런데 소공은 주공의 섭정을 질투하고 의심했다.

소공의 의심과 질투

소공의 이름은 석이다. 그가 처음 책봉받은 곳이 주나라 소召라는 곳이어서 소공이라고 부른다. 태보의 직책을 맡고 있던 소공은 태공, 주공과 더불어 '삼공'으로 불린다. '삼공'은 주나라의 최고 관직이다. 무왕이 상나라를 멸망시킨 후 소공은 북연을 분봉받고 제후국 연나라를 세웠다. 그런데 소공은 그의 맏아들을 연나라 군주로 보내고 그는 왕실에 남아 무왕을 보필했다.

성왕이 나이가 어려 주공이 섭정을 하면서 '왕'의 이름으로 명령과 공문을 내렸는데 이것이 소공의 투기와 의심을 자아냈다. 주공과 소공이 불목하자 성왕은 나랏일을 동부와 서부로 나누고 주공과 소공이 절반씩 맡게 했다.

허심탄회한 편지

소공과 주공의 갈등은 표면상으로는 해소되었지만 내면에는 아직도 갈등의 불씨가 남아 있었다. 주공은 소공과의 화합을 위해 허심탄회한 글을 써서 소공에게 보냈다.

"상나라는 악행이 너무 많아 하늘이 벌을 내렸습니다. 하늘은 상나라에게 주었던 대명을 우리 주나라에게 하사했습니다. 그렇다고 우리 앞길이 눈부실 것이라고 단언하기 어렵습니다. 태보는 내가 나라를 잘 다스려 나갈 것이라고 말한 적이 있지만 저는 하늘의 처벌을 늘 두려워합니다. 지금 저는 단지 선인들의 전통을 이어받아 나이 어린 국왕을 인도하고 있을 뿐 모든 백성의 모범은 되지 못하고 있습니다. 하늘이 내려 준 대

소공의 업적을 찬미한 극화克盉
1986년 북경시 방산현 유리하에서 출토된 서주 초기 유명한 청동기. 이 청동기에는 주왕이 연燕을 책봉한 사실과, 소공을 태보로 임용한 사실, 그리고 그를 '연나라 제후로 봉했다'는 내용이 새겨져 있다.

●●● 역사문화백과 ●●●

[구제강과 《고사변古史辨》]

구제강顧頡剛(1893~1980)은 고대사를 연구하는 유명한 학자였다. 그는 저서 《고사변》에서 "중국 고대사는 계속 누적되어 이루어진 것"이라는 관점을 제기하면서 공자에 이르러서야 요, 순이 논의되었고, 전국 시대에는 황제黃帝가 논의되었으며, 반고盤古는 한나라 이후에 비로소 논의되었다고 주장했다.

| 세계사 연표 |

기원전 911년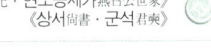
아다드니라리 2세가 아시리아 국왕이 되어 수차례의 전쟁에서 승리했다. 아시리아는 이렇게 다시 일어서게 되었다.

《사기史記·연소공세가燕召公世家》
《상서尙書·군석君奭》 출전

명을 계속 이어 간다는 것은 실로 어렵습니다. 오로지 우리가 문왕의 도덕을 계속 실천해야만 하늘은 문왕께 하사한 대명을 다시 거두지 않을 겁니다."

잊지 말아야 할 역사의 경험

주공의 글은 계속해서 이어졌다.

"지난날 상나라 임금 탕은 하늘의 대명을 받았기에, 이윤伊尹 같은 명신의 보필이 있었다고 합니다. 그리고 태갑太甲 때에는 보형保衡, 태무太戊 때에는 이섭伊陟과 신호臣扈와 무함巫咸이 임금을 보필해 상나라를 다스렸다고 합니다. 그리고 조을祖乙 때에는 무현巫賢이, 무정武丁 때에는 감반甘盤의 보필이 있었다고 합니다. 이런 현명한 사람들이 상나라 왕실을 보필했기에 상나라가 그토록 오랫동안 지속될 수가 있었던 것입니다. 그런데 주 같은 자는 하늘의 위엄을 무시하다가 결국은 멸망을 자초했습니다. 이 사실을 영원히 잊지 말아야 천명을 받들어 이 새 나라를 잘 다스릴 수 있습니다. 천하를 다스리는 대명을 어째서 하늘이 문왕께 내려 주셨습니까? 첫째는 문왕같이 덕성 높은 분만이 천하를 잘

불화에서 합작으로

주공과 소공, 태공은 주나라 왕실의 최고 관직인 '삼공'으로 주왕을 보필했다. 주공이 성왕을 대행해 섭정을 하자 그것을 못마땅하게 생각하는 소공과 갈등이 생겼다. 그러나 주공은 소공에게 많은 역사의 예를 들어 대신들의 막중한 역할을 이야기하면서 성왕을 있는 힘을 다해 보필하자고 소공을 설득했다. 사관은 이 내용을 기록해 〈군석〉이라는 제목을 달았다. 그림은 《흠정서경도설》 중 〈군석〉의 삽화 네 폭이다.

소사少師, 소부少傅, 소보少保, 가재家宰, 사도司徒, 종백宗伯, 사구司寇, 사공司空, 사마司馬

| 세계사 연표 |
기원전 1000년 ~ 기원전 900년
인도 경제가 발전하여 인도 반도 북부 일대에 20여 개 나라들이 출현했다.

평정산平頂山 응국應國 2호 무덤의 출토
응국은 지금의 하남성 평정산 일대에 있는 분봉지이다. 평정산 응국 무덤의 발견은 응국의 역사를 밝히는 데 중요한 자료를 제공했다.

다스릴 수 있기 때문이며, 다음은 문왕께 괵숙, 굉요, 산의생, 태전泰顚, 남궁괄 같은 현신들이 있기 때문이 아닙니까. 만약 이런 현신들이 동분서주하며 애쓰지 않았더라면 문왕의 덕이 국민들에게 펼쳐지지 못했을 것입니다. 지금 나 단과 태보는 마치 눈앞에 있는 강을 서로 먼저 건너려고 하는 것 같습니다. 지금 국왕의 나이가 아직 어리니 우리가 나서서 나라 다스리

태보방정太保方鼎 (왼쪽 사진)
서주 초기의 문물인 태보방정에는 '태보주太保鑄(태보 주조)'라는 글자가 새겨져 있다. 이 정은 지금 천진시 예술박물관에 소장되어 있다.

는 중임을 감당하지 않으면 누가 하겠습니까? 덕성 있는 사람들이 단합하지 못한다면 우리는 더 이상 봉황새의 노랫소리를 들을 수 없게 될 것입니다. 하물며 천명을 아는 일이야 더욱 불가능할 게 아닙니까!"

간곡한 소망

주공은 또 이렇게 말했다.
"우리가 비록 하늘의 대명을 받았다고는 하지만 행운만이 있는 것은 아닙니다. 태보는 마음을 넓게 가지십시오. 난 이 자리를 연연하는 것이 아닙니다. 나는 태보를 믿습니다. 우리 둘이 서로 존경하며 화목하게 지낼 수 있기를 소망합니다. 상나라 멸망의 재앙이 어떻게 왔는가를 돌이켜 보면서 하늘의 위엄을 늘 생각하기를 바랍니다. 만약 우리 둘을 내놓고 또 누가 태보의 마음에 맞는가 하고 묻는다면, 태보는 틀림없이 우리 둘이 있기에 하늘이 그 많은 좋은 일들을 내려 주었다고 대답할 것입니다. 우리 둘이 힘을 합쳐 국왕을 보필했기에 나라는 지금처럼 눈부시게 발전했고 햇빛이 비치는 곳이라면 모두 순종하게 되었습니다. 이 현명치 못한 사람의 말이 너무 길어진 듯합니다. 태보는 널리 양해하십시오. 난 늘 어떻게 해야 지금의 천명과 민심을 지속해 나갈까를 우려하고 있기에 앞으로도 공손한 자세로 나라를 다스려 나갈 것입니다."

재상과 장수의 화해

이 글을 본 소공은 주공의 정신에 감동하여 주공을 존경하게 되었다. 주공의 이 글은 후세에 〈군석君奭〉이란 제목으로 《상서》에 수록되었다.

| 중국사 연표 |

기원전 1040년 전후 — 문왕을 도와주었던 현인 죽웅의 증손인 웅역熊繹이 지금의 호북성 서남부를 분봉받아 제후국 초나라를 세웠다.

050

강숙에 대한 가르침

주공의 아홉째 형제인 강숙은 어려서 위나라를 책봉받았다. 주공은 막중한 책임을 진 동생에게 세 번이나 글을 보내 간곡히 타이름으로써 형님의 지극한 관심을 표했다.

아우에 대한 형님의 관심

주공의 열 형제 중의 아홉째인 강숙의 이름은 봉인데 위나라를 책봉받을 때 나이가 이십 대였다. 주공은 어린 동생 강숙이 통치하는 위나라에 큰 일이 생길까 봐 늘 걱정했다. 그래서 글을 세 번이나 보내 정치를 잘하도록 당부했다. 이 글에는 아우를 사랑하는 형님의 정이 넘쳐흘렀다.

나라를 잘 다스리는 기본 원칙

"나의 어린 아우 봉아, 우리의 영명한 아버지 문왕께서는 덕으로 백성을 교화하는 것을 선호하고 형벌을 쓰는 데는 무척 조심하셨다. 현명한 사람을 임용하고 덕 있는 사람을 존경했으며, 반란자들은 진압하고 백성들을 깨쳐 우리 주나라의 기반을 튼튼하게 닦았느니라. 아버지의 덕행은 드디어 하늘의 칭찬을 받게 되고, 상나라를 멸망시키고 천하를 통치하라는 하늘의 명을 받았다. 우리의 친형님 무왕은 정사에 더욱 힘쓰셨다. 네가 다스리는 고장은 상나라 본토다. 그러기에 너는 상나라 유민 중의 현인이나 군자, 노인들을 방문해 상나라 흥망성쇠의 원인부터 잘 알아야 한다. 그리고 가장 중요한 것은 백성을 사랑하는 것이다. 이 두 가지를 잊지 않는다면 상나라 유민들을 잘 다스리게 될 것이다. 나의 아우 봉아, 나라를 다스리는 것은 마치 자기 몸의 병을 고치는 것과 같이 조심해야 한다. 온 힘을 다해 나라를 다스리기 바란다. 그래야 민심을 안정시킬 수 있다. 형벌은 엄해야 하지만 함부로 행해서는 안 된다. 판결에서는 반드시 정확한 원칙을 지켜 억울하게 벌을 받는 일이 없도록 해야 한다. 봉아, 이제 어서 떠나 너의 직분을 다하거라. 백성을 사랑하는 군주가 되어야 세세 대대 통치를 이어 갈 수 있다."

이 글은 후에 〈강고康誥〉라고 제목을 달았다.

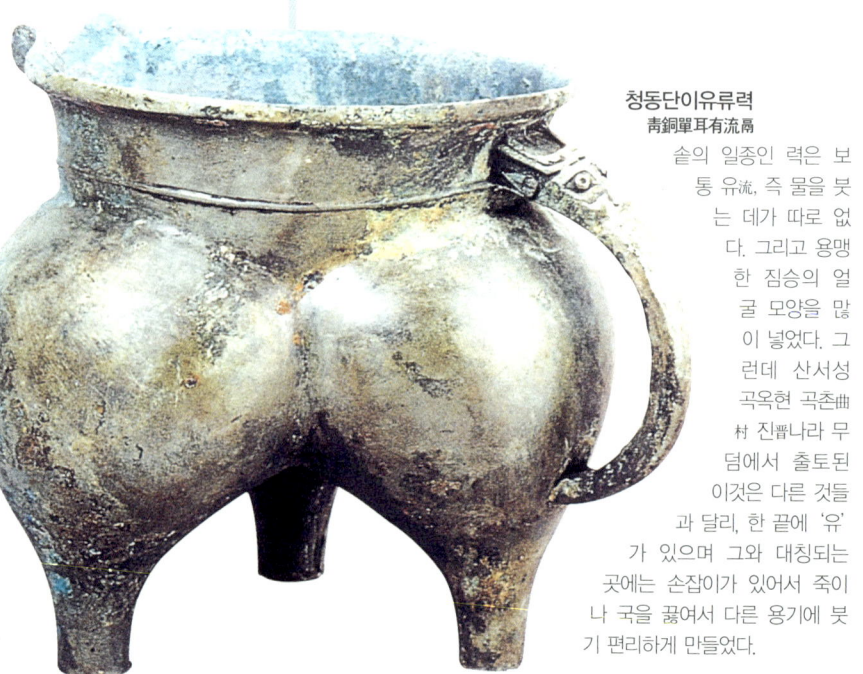

청동단이유류력
青銅單耳有流鬲

솥의 일종인 력은 보통 유流, 즉 물을 붓는 데가 따로 없다. 그리고 용맹한 짐승의 얼굴 모양을 많이 넣었다. 그런데 산서성 곡옥현 곡촌曲村 진晋나라 무덤에서 출토된 이것은 다른 것들과 달리, 한 끝에 '유'가 있으며 그와 대칭되는 곳에는 손잡이가 있어서 죽이나 국을 끓여서 다른 용기에 붓기 편리하게 만들었다.

기원전 1000년 ~ 기원전 900년

| 세계사 연표 |
철기 시대에 진입한 이탈리아는 목축업, 농업이 급속히 발전해 비교적 부유해졌다.

《상서尙書·주고酒誥》
《상서尙書·재재梓材》 《상서尙書·강고康誥》

출전

술을 거르는 복공관腹孔罐
섬서성 부풍현 유가촌劉家村에서 출토된 복공관은 서주 시대의 유물이다. 배 가운데에 술을 거르는 데 쓰이는 둥근 구멍이 나 있다.

과한 음주는 화를 자초한다

"봉아, 우리의 존경하는 아버지 문왕께서는 술은 제사 때만 쓰고 끼니마다 먹지는 말아야 한다고 가르치셨다. 지난날 우리 제후들과 관리들은 모두 문왕의 이 가르침을 받들어 술을 자제하였느니라. 그래서 우리는 상나라를 대신해 하늘의 대명을 받을 수 있었다. 상나라 초기 군왕들은 하늘을 우러러 받들고 관리들은 모두 술을 자제했다고 한다. 그러나 후기에 이르러 군왕들 모두가 주색에 빠져 방탕한 생활을 하고, 백성들도 그 영향으로 날마다 술에 취해 있어서 그 냄새가 하늘까지 풍겼다고 한다. 그래서 하늘이 상나라에 망국의 재앙을 내리게 된 것이다. 봉아, 너는 너를 비롯한 각 관리들이 술을 못 먹게 해야 한다. 만약 한데 모여 술을 마시고 취해 비틀거리는 사람들이 있으면 그들을 당장 잡아 이곳으로 보내거라. 내가 그자들을 참하리라. 봉아, 부디 내 말을 명심하고 신하와 백성들의 술 마시는 풍속을 바로잡아야 한다."

이 두 번째 글을 후에 〈주고酒誥〉라고 제목을 달았다. 술과 관련된 호소이기 때문이다.

강숙에게 덕정을 베풀도록 하다

주공은 두 번째 글을 보내고도 마음이 놓이지 않아 또 글을 써 보냈다.

"봉아, 나의 이 훈령을 조정의 대신들로부터 백성에 이르기까지 모두 전달하라. 우리는 무고한 사람들을 절대 죽이지 않는다는 것을 그들이 알게 하라. 군왕은 자기 백성들이 평화롭게 사는 것을 으뜸으로 여겨야 한다. 그런 생각으로 백성을 통치하면 난리가 일어나지 않는 법이다. 이것은 힘들게 논을 갈고 씨를 뿌렸다면 그 후에는 물을 대고 잘 가꾸어 이삭을 영글게 하는 것과 같은 도리이며, 또 집을 지을 때 벽을 세웠다면 짚으로 이엉을 엮어 덮고 비 샐 틈을 막는 것과 같은 도리이며, 가구 짜는 목수가 가구를 만들었다면 그곳에 색을 잘 칠해 아름답게 만드는 것과 같은 도리이다. 우리 선대 국왕들은 덕정을 행했기 때문에 현신들이 찾아와 보필을 했고, 제후들이 신하가 되어 조공을 바쳤으며, 이웃 나라들도 복종했다. 이 나라가 천년만년 이어지려면 백성들을 보호하고 백성들에게 이익을 주어야 하느니라."

강숙에게 보낸 이 세 번째 글을 후에 〈재재梓材〉라고 제목을 달았다. 주공의 거듭되는 가르침을 받은 젊은 강숙은 열심히 위나라를 다스려 주나라 동쪽 지방의 형세를 안정시켰다.

●●● 역사문화백과 ●●●

[서주 초기의 도성-풍호豊鎬 유적지]
풍豊과 호鎬는 서주 초기의 도성이다. 풍경豊京은 문왕이, 호경은 무왕이 세웠다.
이곳에서 주거 유적, 무덤, 요혈窯穴, 청동기, 도자기, 골기骨器 및 풍부한 기타 유물들이 발견되었다.

-1046~771

서주

주사朱砂, 석황石黃, 갈색褐色, 종색棕色 등의 염료를 썼음

| 중국사 연표 |

기원전 1040년 ~ 기원전 1038년

채숙의 아들 채중은 덕이 있고 온후한 성격 덕에 채蔡나라의 제후로 복귀했다.

051

채중의 각성

반란에 가담했던 채숙은 유배지에서 병으로 죽었다. 그러나 그의 아들 채중蔡仲은 착하고 덕 있는 사람이 되기 위해 노력했다. 그런 채중을 주공은 경사卿士로 임명하고 채나라 제후로 책봉했다.

반란을 일으킨 세 형제의 처벌

주공은 후대들을 교육하려는 목적으로 반란을 일으킨 세 형제를 각자 다르게 처벌했다. 반란의 주동자인 관숙은 자신의 권세욕을 채우기 위해 반란을 일으켰기 때문에 사형에 처했다. 그리고 군대를 출동시킨 채숙은 곽릉郭陵이라는 고장으로 유배를 보냈다. 그러나 주공은 그에게 수레 일곱 대와 종 70명까지 딸려 보냈다.

곽숙은 반란을 지지했으나 군대는 출동시키지 않아 서민으로 만들고 3년 동안 국록을 주지 않았다. 그러다가 3년이 지나 곽숙이 잘못을 뉘우치자 다시 곽후霍侯로 책봉했다.

채숙의 아들 채중의 각성

유배지 곽릉으로 간 채숙은 얼마 지나지 않아 병이 들어 죽었다.

채숙의 아들 호胡는 아버지의 영향을 받았으나 아버지가 죽자 아버지의 그릇됨을 점차 깨닫게 되어 각성하기 시작했다. 채호가 착하고 현명한 사람이 되었다는 말을 들은 주공은 채호를 조정에 불러 경사로 임명하고 그의 곁에서 일을 돕게 했다. 그러면서 채호가 정사 능력과, 덕성과 의지력을 연마하도록 했다.

채호를 채나라 제후로 봉하고 가르치다

채호가 덕이 있고 현명해지자 주공은 성왕의 윤허를 얻어 채호를 채나라의 제후로 책봉했다.

채호가 아버지의 뒤를 이어 채나라 제후가 되었기에, 채호를 채중이라고 했다. 주공은 성왕을 대표해 〈채중지명蔡仲之命〉이라는 글을 써서 채중을 위엄 있게 교육했다.

"호야, 너는 조상의 덕을 좇아 아버지의 잘못을 버리고 새로운 길을 걷기

중의부령仲義父罋
1890년 섬서성 부풍현 법문사임촌法門寺任村에서 출토된 서주 말기의 청동기. "중의부가 이 병을 만들었으니 자자손손 이 병을 간직하라"는 명문이 새겨져 있다.

| 세계사 연표 |

기원전 910년

최초의 히브리어 자모가 있는 최초의 문헌 《기색역법基色曆法》이 이 때 출현했다.

《상서尙書·채중지명蔡仲之命》
《좌전左傳·정공定公 4년》 출전

에 나는 너를 동토東土의 제후로 봉하느니라. 너는 부지런히 일하며 선행과 덕정을 행해 자손들에게 모범을 보이기 바란다."

주공의 글은 계속되었다.

"아버지처럼 왕명을 거역하지 말고 조부님 문왕의 교시를 언제나 명심하거라. 업적을 쌓고 이웃 나라들과 화목을 도모하면서 주나라 왕실을 지키는 경호병이 되어야 한다. 백성들이 안정된 생활을 하게 하고 밝은 이목으로 사리 분별을 잘해야 한다. 교활한 자들에게 넘어가 법을 함부로 바꾸어서도 안 된다. 호야, 이 명령이 헛되게 하지 마라."

형제들을 위해 열성을 다한 주공

채중을 채국 제후로 책봉한 주공은 그 후에도 거듭 글을 보내 교육했다. 그리고 곽숙, 강숙, 염계재 등 형제들에게도 관직을 주고 제후로 책봉했다. 강숙은 사구司寇로, 염계는 사공司空으로 임명했다. 그리고 그들을 덕 있는 사람으로 만들기 위해 열성을 다했다.

중용받은 채중
채숙의 아들 채중의 이름은 호이다. 성왕이 나이 어려 주공이 섭정을 하자 주공의 아우 관숙과 채숙이 반란을 일으켰다. 주공은 관숙을 죽이고 채숙을 죽을 때까지 감금했다. 채숙이 죽은 다음, 성왕은 채숙의 아들 채중을 채나라의 제후로 봉했다. 이 그림은 청나라 《흠정서경도설》에 실려 있다.

-1046~-771 서주

의친議親, 의고議故, 의능議能, 의공議功, 의귀議貴, 의근議勤, 의빈議賓 등 여덟 가지

| 중국사 연표 |

기원전 1039년 전후

주공은 국민들을 교육하기 위해 예의 규범을 제정하고 가무의 창작을 주관했다.

052

예의 규범과 음악 창작

사회의 안정을 위해 주공은 많은 책을 읽고 또 면밀한 답사와 사고를 거쳐 예의 규범의 제정과 음악과 가무의 창작을 주도했다.

주공은 사회가 모두 지켜야 할 예의 규범을 제정하고, 주나라 역사를 가송해 백성을 격려하는 음악과 무용의 창작을 주도했다. 이것이 바로 중국 역사상 유명한 '제례작악制禮作樂'이다.

주공은 이것뿐만 아니라 사고와 탐구도 게을리 하지 않았다.

사회생활에 필요한 예의 규범

예의 규범을 만들기 위해 노력한 주공

사회가 준수하는 예의 규범을 제정한다는 것은 쉬운 일이 아니다. 고대 중국에서 말하는 '예禮'는 제사에 쓰는 제물, 제기, 그리고 그 의식儀式을 말한다. 상나라의 '은례殷禮'는 대부분이 천신天神을 모시고 천신에게 복을 비는 제사에 관한 규정들이었고 그 외의 일에 대해서는 규정이 별로 없었다.

주공은 이 예의 범위를 제사에만 국한시킬 것이 아니라 사회생활 각 방면에까지 확대시켜 정치, 경제, 생산 등 여러 방면에서 모두 일정한 예의를 갖추려고 생각했다. 그래서 주공은 많은 책들을 읽고, 많은 현사들과 백성들을 만나 그들의 생각을 들었다. 주공은 예의범절을 규정하기 위해 아침에는 책 백 권을 읽고 저녁에는 현사 일흔을 만나 보았다고 한다. 과장된 것이겠지만 주공이 예의범절을 제정하기 위해 얼마나 많은 심혈을 기울였는가를 보여 준다.

이러한 노력 끝에 주공은 많은 예의 규범을 제정했는데 그것을 〈주례周禮〉라고 했다.

예를 들면, 군왕과 귀족들은 어떻게 백성을 대해야 하는가에 대해 〈주례〉는 도덕을 장려하고 형벌을 삼가고 교화를 위주로 해야 하는 동시에 백성에게 은혜를 베풀고 세금은 될수록 적게 거둬 들여야 한다고 규정했다. 그리고 〈주례〉에는 천자가 제후를 봉하는 등급과 그 등급에 따르는 토지 면적, 제후들이 천자께 바치는 조공 의무와 진상품에 대한 요구들이 규정되어 있었다. 또 〈주례〉에는 매년 밭갈이철이 되면 국왕과 백관, 백성들이 모두 참가하는 '적전례籍田禮'를 지내야 한다고 규정되어 있고, 천지신명과 선조들에 대한 제사의 예의범절을 아래와 같이 규정했다.

예를 들면 제후국 군왕은 소를 잡아 제물로 올리는데 이를 '태뢰太牢'라고 하고, 대부는 양을 잡아 올리는데 이를 '소뢰小牢'라고 하며, 사士는 돼지나 개를 제물로 올리는데 이를 '희생犧牲'이라고 한다. 일

청동 무희
섬서성에서 출토된 청동 무희. 무희의 눈길과 생생한 표정이 살아 있다.

| 세계사 연표 |

기원전 901년 — 그리스의 도리아 인이 이때쯤 스파르타 도시 국가를 세웠다.

《예기禮記·악기樂記》
《좌전左傳·문공文公 18년》

출전

의후열궤宜侯夨簋
1954년 강소성 단도 연돈산에서 출토된 서주 초기의 청동기. 주나라 강왕이 열을 의후로 책봉하고 기물, 토지, 집, 무기와 노예를 하사한 일을 기록한 명문이 새겨져 있다.

반 백성들은 오직 물고기만 제단에 올릴 수 있었다.
《주례》는 공공 예절에 대해서도 사람들에게는 그 신분에 맞는 선물이 있어야 한다고 규정했다. 이것을 '상면례相面禮'라고 하는데, 제후국의 제후는 호랑이나 표범의 가죽이나 비단을, 경卿은 새끼 양을, 대부大夫는 기러기를, 사士는 꿩을, 평민은 오리를, 상인과 장인들은 닭을 들고 있어야 한다. 이 선물들은 각각 상징적 의미가 있었다. 《주례》에서는 특히 사람을 제물로 바치는 것과 죽은 사람을 위해 산 사람을 순장하는 것을 반대하면서 이런 것은 예의에 어긋난다고 강조했다.

음악과 가무

주공은 예의범절을 제정함과 동시에 음악과 가무 창작도 주도했다. 당시 창작된 음악과 가무가 두 개 있었는데 하나는 무왕이 상나라를 정복하고 주나라를 세운 것을 노래한 〈대무大武〉이고, 다른 하나는 주

●●● 역사문화백과 ●●●

[서주의 토지 사유제의 시초]
《시경》에 있는 "천하의 땅은 모두 왕의 땅이네"라는 말 때문에 학계에서는 서주는 왕이 나라의 모든 땅을 소유하면서 그것을 제후들에게 분봉하는 토지의 국왕 소유제를 실시했다고 인정해 왔다.
그러나 최근에 발견된 청동기들에서 나온 명문들을 분석한 결과, 서주 중기에 귀족들은 분봉받은 땅으로 어떤 배상을 하거나 물건을 교환할 수 있었다는 것을 확인했다. 말하자면 토지에 대한 일정한 지배권을 가지고 있었는데 이것이 토지 사유제의 시초라는 견해를 주장했다.

| 중국사 연표 |
기원전 1038년
주공은 섭정 7년에 정권을 성왕에게 돌려주었다.

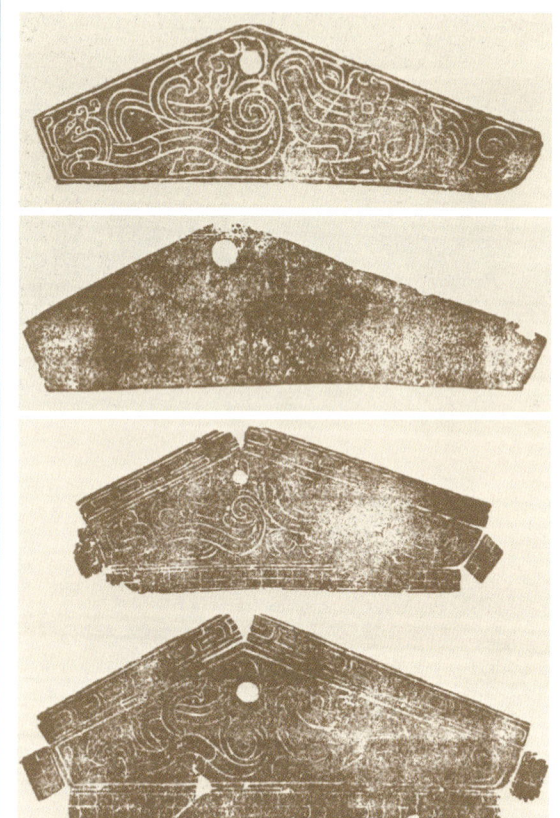

서주 석경石磬 탁본
섬서성 부풍현 소진召陳 서주 주거 유적지에서 출토된 기문 편경編磬 3점. 음색이 맑으며 음고가 55에 도달한다.

너 남으로 전진하는 것을 표현하면서 〈뇌賚〉를 부르고, 제4장은 남방을 정복한 업적을 칭송하며 〈작酌〉을 부르고, 제5장은 주공과 소공이 동서를 맡아 나라를 다스린 업적을 기리며 〈반般〉을 부르고, 제6장은 이 극의 절정인 〈환桓〉을 불렀다. 대무의 주제는 안정과 풍작의 기쁨이었다.

사회에 변화를 가져온 예의 규범과 가무

주공의 노력으로 사회가 준수해야 할 예의 규범이 제정되었으며 가무가 창작되었다. 그래서 주나라 초기의 사회 모습과 백성의 정서에 커다란 변화가 일어났다. 백성들은 단합하고 새 기상이 넘쳐 났다.

몇백 년이 지난 춘추 시대에 공자도 주공이 제정한 예악을 칭송했다. 주공이 정한 예의 규범은 중국 봉건 사회의 전통적인 예법이 되었고, 그의 주도하에 창작된 가무도 대대로 내려오면서 중국 사람들을 감동시키는 역할을 했다.

풀어야 할 수수께끼 – 남궁호종南宮乎鐘 (오른쪽 사진)
장식이 화려한 용종甬鍾은 서주 후기의 청동기 시대의 것으로 물결무늬, 용 무늬, 꽃 무늬 그리고 명문銘文 등이 아주 잘 배합되어 새겨져있어, 아름다운 조화를 이루고 있다. 이 용종에 새겨져 있는 68개 글자는 서로 연관은 없지만 절묘하게 교차되어 있으면서 선조의 제를 지내며 무병장수를 기원하는 당시 사람들의 염원을 표현하고 있다. 용종에 새겨진 글을 보면 이것은 여러 개의 종들로 이루어진 편종編鍾 중의 하나임을 알 수 있다. 그 편종의 나머지 종들이 언제 다 모일 수 있을지는 앞으로 남은 수수께끼이다.

공이 동이에서 기승을 부리던 상나라 코끼리 부대를 쫓아낸 일을 노래한 〈삼상三象〉이다. 이 가무에 출연하는 배우들은 보통 64명인데 그들은 머리에 관을 쓰고 손에 주간朱干이나 옥척玉戚 같은 도구들을 들고 춤을 추며 노래를 불렀다.

〈대무〉는 모두 6장으로 되어 있는데 매장마다 《시경·주송周頌》 중의 시 한 수씩을 부른다. 제1장은 무왕의 출정 장면을 표현하면서 〈무武〉를 부르고, 제2장은 상나라를 멸망시킨 목야의 대승을 칭송하면서 〈시매時邁〉를 부르고, 제3장은 주나라 군대가 황하를 건

●●● 역사문화백과 ●●●

[토지 교환을 기록한 구위의 청동기 4점]
1975년 섬서성 기산 동가촌에서 명문이 새겨져 있는 청동기가 발견되었다. 그중에서도 구위裘衛라는 사람이 만든 4점의 청동기에는 구위가 물품으로 토지를 교환한 일과 소송을 통해 땅을 얻은 일들이 기록되어 있다. 구위의 이 4점의 청동기는 서주 중기 목왕과 공왕 시기의 기물인데 당시 토지 교환이 빈번해짐에 따라 토지가 점차 사유화되기 시작했음을 말해 준다.

| 중국사 연표 |

기원전 1040년 ~ 기원전 1030년

청렴한 소공이 정사를 잘 돌보자 사람들은 〈감당(甘棠)〉이란 시를 지어 소공에 대한 존경과 그리움의 정을 표시했다.

053

소공을 노래한 시 〈감당〉

태보 소공은 평생 부지런히 나라 정사를 돌보며 늘 민정을 살폈다. 시 〈감당(甘棠)〉은 소공에 대한 백성들의 존경과 그리움을 읊은 시다.

충성을 다해 성왕을 보필

태보 소공 석은 주공과 더불어 나이 어린 성왕을 보필했다. 동도 성주를 건설할 때 소공도 장편의 글을 발표했는데 후에 그것을 〈소고(召誥)〉라고 칭했다. 주공은 이 글로 하나라와 상나라가 멸망한 역사적 교훈과 어린 성왕이 국정에 힘써 백성의 모범이 될 것을 충고했다.

"지금 우리는 왕께서 덕행을 신속히 행할 것을 바랍니다. 오직 덕을 앞세워야 천명을 기대할 수 있습니다. 왕께서는 법도를 엄하게 지키시며 소인배들의 방종을 과감하게 형법으로 다스려야 합니다."

주공과 같이 성왕을 모신 소공의 공적 역시 크다.

검소한 생활을 하며 백성을 위하다

주공과 소공 사이에 갈등이 생기자 성왕은 소공에게는 서부 지역을, 주공에게는 동부 지역을 각각 다스리게 했다. 서부 지역을 맡은 소공은 언제나 민정을 살피면서 부지런히 일했다. 또 소공은 민정을 살필 때 백성들에게 불편을 주지 않으려고 노숙을 하기도 했다. 소송을 맡았을 때는 마을의 아가위나무 밑에 당을 처 놓고 원고와 피고, 증인을 불러 귀족, 관리, 백성 등 신분의 차별을 두지 않고 타당하게 판결했다. 소공과 그의 수행원들이 백성들에게 불편을 주지 않기 위해 이렇게 산사나무 밑에서 안건을 심리하는 것을 본 모든 백성들은 소공을 우러러 받들었다.

소공은 격무 끝에 일찍 세상을 떴다. 산사나무는 백성들을 돌보고 정의를 실천한, 그리고 언제나 소박하게 산 소공의 상징이 되었다.

●●● 역사문화백과 ●●●

[서주에서 명문이 가장 긴 청동기 – 모공정毛公鼎]

청나라 도광 말기 섬서성 기산현에서 출토된 청동기 모공정에는 499개의 글자가 새겨져 있다. 지금까지 발견된 청동기 중에서 명문이 제일 긴 청동기이다.

그 명문에는, 주나라 왕이 대신 모공음에게 훌륭한 정책으로 왕실을 보필하고 경사료와 태사료의 관리들을 독촉하며, 백성들을 아끼며 주변 각국과의 관계를 좋게 하라는 내용의 훈계와 책명(冊命)을 내리고, 또 많은 제기와 수레, 의복 등을 하사했다는 일이 기록되어 있다.

소공의 탁월한 업적을 기록한 소유召卣
태보 소공은 주공과 함께 성왕을 보좌하면서 탁월한 업적을 이루었다. 그는 문왕에서 강왕에 이르는 4대에 걸친 원로이다. 이 정교한 주기 소유는 소공의 업적을 기록하고 그의 미덕을 칭송한 실물이다.

| 세계사 연표 |

기원전 900년 전후 — 아프리카에 가장 오래된 노크(Nok) 문화가 출현하였다. 노크는 지금의 나이지리아 중부의 한 마을 이름이다.

출전: 《사기史記·연소공세가燕召公世家》
《시경詩經·소남召南·감당甘棠》

-1046~-771

서주

청렴한 관리 소공에 대한 백성들의 추모의 정

후에 마을들이 발전해 길을 닦고 수리 시설도 만들고 집들도 짓게 되었는데, 어떤 사람이 공사를 하면서 마을에 있는 산사나무를 베어 버리려고 했다. 그런데 그곳 모든 백성들의 반대에 부딪혔다. 산사나무는 소공에 대한 깊은 추모의 정과 존경이 담긴 나무이기 때문이었다. 사람들은 〈감당〉이라는 시를 엮어 소공을 노래했다.

"가지 무성한 산사나무여! 그 나무를 자르지 마라, 꺾지 마라. 소공께서 그 아래서 막을 치고 사무를 보았단다. 가지 무성한 산사나무여! 그 나무를 자르지

주나라의 현신 소공

무왕의 사촌 동생 희석姬奭은 소 땅을 분봉받아 소공이라고 칭한다. 《시경》에서는 소공이 무왕을 보좌하여 국토를 하루에 백 리씩 개척했으며, 후에는 주공과 함께 삼공과 태보의 요직에서 성왕과 강왕을 보좌했다고 기록되어 있다. 그리고 《상서·군석서君奭序》에는 "태보인 소공과 태사인 주공이 좌우에서 성왕을 보필했다"고 기록되었으며, 《사기》에는 "성왕 때 소공과 주공은 각각 국토의 절반씩을 맡아 다스린 인물들이었다"고 기록되어 있다. 위의 그림은 청나라 《흠정서경도설》에 실려 있다.

마라, 꺾지 마라. 소공께서 그 아래서 휴식을 하셨느니라. 가지 무성한 산사나무여! 그 나무를 자르지 마라, 베지 마라. 소공께서 그 아래에 수레를 멈추셨느니라."

이 시에 백성들은 소공에 대한 깊은 추모의 정을 애절하게 표현하고 있다. 소공은 중국 고대 사회 최초의 '청렴한 관리'의 전형이다.

사관史官 141

| 중국사 연표 |

기원전 1038년 ~ 기원전 1030년 　성왕에게 정권을 되돌려 준 주공은 〈입정立政〉이라는 고사誥詞를 성왕께 써 올려 행정에 대한 조언을 했다.

출전 《한시외전韓詩外傳》 10권
《사기史記·노주공세가魯周公世家》

054

제나라의 패도와 노나라의 왕도

제나라는 현능한 현사들을 임용해 개혁을 실시하고 투명한 정치를 해 빠른 시일에 강대국이 되었다. 그런데 노나라는 친척을 중용하고 예의를 중시하였기에 성장 속도가 빠르지 않았다.

능력이냐, 친분이냐

　제나라를 분봉받은 지 다섯 달이 못 되어 도성으로 올라간 강태공은 이렇게 고했다.

　"모든 것이 제대로 되어 가고 있습니다. 지금 제나라는 정치가 안정되고 경제 상황이 좋아져 백성들은 안정되게 생업에 힘쓰고 있습니다."

　"어떻게 그리 빨리 이룩했습니까?"

　주공의 물음에 강태공은 이렇게 대답했다.

　"군신 사이의 예절을 간소화해 그곳의 관습에 따르도록 하였습지요. 그리고 인재 임용에서는 현인 중시의 정책을 시행했습니다. 그래서 이렇게 빠른 진척을 보게 되었습니다."

　주공은 강태공의 말을 듣고, "번거로운 예절을 간소화하고 현인들을 중용했으니 이는 패자霸者의 도道를 시행한 것입니다." 하고 평가했다.

　그런데 노나라를 받은 백금은 3년이 지나서야 도성에 올라와 주공에게 그간의 상황을 보고했다.

　"왜 이렇게 늦었느냐?"

　주공이 물으니 백금은 이렇게 대답했다.

　"저는 그곳의 풍속을 고치고 예의 제도를 개혁해, 부모가 세상을 뜨면 삼년상을 치르도록 했습니다. 그리고 관리 임용에서는 친척 관계를 중시하여 고위직은 꼭 일가친척이 담당하게 했습니다. 이런 예의 제도의 건립과 친척들에 대한 임용 등으로 일이 이렇게 늦어졌습니다."

　백금의 말을 들은 주공은, "예의를 중시하고 친척을 중용했으니 이것은 왕자王者의 도를 시행한 것이니라." 하고 평가하고는, "그러나 후세에 노나라는 약해질 것이고 제나라는 강성해지리라. 나라 정사가 복잡하면 백성들이 불편해 싫증을 느끼지만 나라 정사가 간편하면 민심을 얻게 되는 법이다." 하며 개탄했다.

　제나라와 노나라의 다른 정치 방법에 대해 또 이런 이야기도 있다.

　어느 날 태공이 주공에게 물었다.

　"장차 노나라를 어떻게 다스리려 하십니까?"

　그러자 주공은,

　"존존친친尊尊親親으로 다스리려고 합니다."

하고 대답했다. '존존친친'이란 귀족들을 존경하고 친척들을 중용한다는 의미이다.

　그 말을 들은 강태공은 이렇게 개탄했다.

　"그러면 장차 노나라는 약소弱少해질 것입니다."

　그러자 주공이 태공에게 물었다.

　"태공께서는 제나라를 어떻게 다스리려 합니까?"

　"거현이상공舉賢而上功으로 다스리려 합니다."

　'거현이상공'이란 오직 현명하고 실력 있는 사람을 중용하고 공로에 따라 상을 준다는 정책이다.

　그 말을 들은 주공은 이렇게 개탄했다.

　"제나라는 장차 임금을 시해하는 난이 일 것이오."

패자의 도와 왕자의 도의 다른 결과

　제나라는 현명하고 실력 있는 인재들을 중용해 개혁을 추진했기에 한때는 천하를 뒤흔드는 강국이 되었다. 그런데 전항田恒이 제간공齊簡公을 죽이고 전씨가 강씨를 대신해 제나라 군왕이 되는 변이 생겼다.

　노나라는 예의범절을 중시했기에 국력이 약했다. 그러나 문화가 비교적 발달하고 도덕을 지켜 주변 제후국들의 존경을 받았다.

역사 시험장 〉 여자의 성년 의식은 '계례筓禮'라고 하는데 남성의 성년 의식은 무엇이라고 하는가?

| 세계사 연표 |

기원전 950년 ~ 기원전 850년   그리스 각지에서 철기를 보편적으로 사용했고, 아테네는 야철의 중심이 되었다.

055

《상서尙書·낙고洛誥》
《상서尙書·무일無逸》   출전

숙질 간의 깊은 정

7년 동안 섭정을 한 주공은 성왕이 열아홉이 되자 왕권을 성왕께 돌려주었다. 둘은 서로 사랑하고 존중하였는데 그들의 깊은 정은 미담으로 칭송되었다.

나라를 창립한 사실과 그 노력으로 지금의 성공이 있을 수 있었다는 것을 강조하며 이렇게 충고했다.

"대왕께서는 백성들이 바치는 세금을 사냥이나 오락에 낭비하지 말아 주십시오. 이것은 백성이 바라는 바가 아니옵고 하늘의 뜻을 따르는 것도 아니옵니다. 상나라 주왕 같이 주색에 빠져서도 절대 안 됩니다."

백성들의 원망을 어떻게 대할 것인가

주공은 또 백성의 원망을 어떻게 대할 것인가 하는 것도 말했다.

"상나라 중종, 고종, 조갑 그리고 주나라의 문왕, 이 네 분은 영명한 군주이십니다. 그분들은 백성이나 신하들이 임금에 대한 불평을 말하면 노하는 것이 아니라, 오히려 자기 잘못부터 찾아보고 더욱 조심히 덕행을 지켜 나갔습니다. 그분들은 모두 백성들의 목소리에 귀를 기울였습니다. 그러나 백성들을 꾸짖으며

향락에 탐닉하지 않도록 권고

영준한 젊은이로 장성한 성왕이 군왕의 길이 험난함을 모르고 향락에 탐닉할까 봐 주공은 〈무일無逸〉이라는 제목의 글을 써서 성왕에게 충고했다.

"군왕은 향락을 탐해서는 아니 됩니다. 먼저 농사 짓는 사람들의 어려움부터 헤아려야 합니다. 농군들을 보십시오, 얼마나 고생하는가. 그러나 부모들은 온갖 고생을 하며 농사를 짓는데도 자식들은 부모들의 고생을 모르고 편안히 지내거나 심지어는 고생하는 부모들을 경멸하는 일도 있습니다."

주공은 상나라의 중종中宗, 고종高宗, 조갑祖甲 등은 백성들을 사랑하고 열심히 정사를 돌보았기 때문에 나라가 안정되고 발전했지만, 그 후의 임금들은 백성들의 질고를 모르고 향락만을 탐하였기 때문에 결국은 나라를 잃어버리게 된 역사를 이야기했다. 이어 주공은 주족의 선조들인 태왕, 왕계, 문왕이 고생하여

서주의 옥기와 옥패물
서주 시대의 봉추鳳雛와 소진召陳의 부근에는 제철 공장, 도기 공장, 골기骨器 공장, 옥기 공장 등의 유적들이 있다. 옥기 공장에서는 의식에 쓰는 병기, 제기, 장신구 등을 만들었다. 이런 수공업 공장들은 종묘나 궁실에 예속되어 있었다.

'관례冠禮' 라고 하는데 스무 살이 되면 관례식을 올림 143

| 기원전 1030년 전후 | 중국사 연표 |

임종을 맞은 주공은 자기를 동도 성주成周에 묻어 주기를 원했지만 성왕은 그를 아버지 문왕의 능묘가 있는 서토西土에 묻었다.

가두거나 함부로 죽인다면 백성들의 분노만 야기시켜 민심만 흉흉해질 것입니다. 대왕께서는 이것을 명심해야 합니다."

서로 신임하다

열아홉이 되자 성왕은 규정에 따라 성인이 되는 관례冠禮를 올리게 되었다.

주공은 성왕에게 이렇게 말했다.

"그동안 신이 왕권을 돌려드리려고 했지만 겸손하신 대왕께서는 거절하셨습니다. 그러나 이제 더는 미룰 수가 없습니다. 지금 신은 태보 소공을 따라서 동토東土 시찰을 나갈 것입니다. 대왕께서는 하루 속히 만백성의 영명한 군주에 오르셔야 합니다."

성왕은 그 말을 듣고 3년 전 동도를 건설하기 위해 낙읍에 있던 주공에게 글을 보냈던 일을 회상했다.

'동도를 세우는 것은 아주 좋은 일입니다. 우리 둘이 이 나라를 함께 짊어지고 나갑시다. 하늘이 하사한 이 복을 함께 억년 만년 받들고 살아갑시다.'

그해, 주공은 성왕을 새로운 도성으로 옮겨 모시도

성왕을 보필한 주공
무왕이 사망한 후 주공이 7년 동안 섭정을 했다. 성왕이 성년이 되자 주공은 정권을 성왕에게 넘겨주고 성왕을 도와 덕정을 베풀며 문왕이 개척한 위업을 더욱 발전시켰다. 이 그림은 청나라 《흠정서경도설》에 실려 있다.

기원전 900년 ~ 기원전 800년

| 세계사 연표 |
아프리카는 노크 문화 시대에 석기 도구, 질항아리가 생겼고 사람의 머리 모양을 한 예술 조각품이 생겼다.

록 했다. 그리고 주공은 성왕에게 올리는 서한에서 이렇게 썼다.

"대왕께서 호경에 있는 백관들을 데리고 새로운 도성으로 오시기를 바랍니다. 그래서 이곳에 있는 백관들과 단합해 백성들을 잘 다스려 그들의 살림을 풍요하게 만들면 그 업적이 길이 후세에 칭송될 것입니다. 어서 오셔서 나라를 친히 다스리십시오. 신은 이제 사직하고 향리로 내려가 농사를 짓겠습니다. 백성들을 다스리는 방법을 이미 말씀드렸으니 항상 노력하시어 국운을 길이 빛내길 바라옵니다."

새로운 도성에 도착한 성왕은 주공에게 다음과 같은 간곡한 말을 했다.

"저같이 나이 어리고 철없는 사람을 주공께서는 정성을 다해 보필하셨습니다. 그리고 선인들의 덕행을 항상 이야기해 주면서 선조들의 위업을 더욱 빛나게 이어 가라고 늘 타일렀습니다. 주공께서 가르쳐 주신 백성들을 다스리는 도리는 하나같이 소중한 말들이었습니다. 이제 나는 호경으로 돌아가 즉위식을 하겠으니 공은 그냥 이곳 새 도읍에 남아 계십시오. 주변 정세는 아직 안정되지 않았고 공의 대업도 아직 다 못 이루지 않았습니까. 공은 계속 나라의 정사를 주관해 문왕과 무왕께서 하늘로부터 받은 백성들을 다스려야 합니다. 저는 계속해 게으름 없이 주공의 치국 능력을 배우려고 할 뿐입니다. 그러므로 주공께서는 나라의 정무를 주관하시어 모든 백성들이 복을 누리게 해 주십시오."

성왕의 부탁을 들은 주공은 감사를 표하고는 이렇게 말했다.

"신을 그렇듯 믿어 주시니 그 감격을 어떻게 말씀드려야 할지 모르겠습니다. 신은 실로 그런 큰 복을 받을 수가 없습니다. 신은 오로지 임금님의 은덕으로 장수하기를 소망할 뿐입니다."

서주 시대의 가장 대표적인 질그릇 – 원시적 자준盜尊
서주 시대는 청동기로 유명하다. 그래서인지 전해지는 자기 그릇은 상당히 적다. 사진은 안휘성安徽省에서 출토된 서주 시대 가장 대표적인 질그릇이다.

세인을 감동시키는 미담

주공이 섭정한 지 7년이 되는 해 12월 성왕은 새로운 도읍 성주에서 선왕들께 제사를 지냈다. 문왕과 무왕께 붉은색이 나는 소를 제물로 바쳤다. 성왕은 사관에게 명해 이 일과 축사를 기록했다.

축사에는 성왕의 공식 즉위와 주공이 낙읍에 남아 계속 정무를 본다는 내용을 담았다. 주공이 성왕을 대행해 나라를 관할한 7년 동안 맺어진 숙질 간의 두터운 정과 믿음은 주나라 초기 역사의 미담으로 남아 있다.

●●● 역사문화백과 ●●●

[서주의 정교한 도자기]
1993년 섬서성 부풍현 황퇴향扶風縣黃堆鄕 고총들에서 발굴된 25호 무덤은 서주 시대 무덤 중에 가장 크다.
그곳에서 발견된 질그릇들은 1200℃ 이상의 온도에서 구워진 것으로 흡수성吸水性이 1% 이하였다.

| 중국사 연표 |

기원전 1040년 ~ 기원전 1020년

초나라 제후로 책봉된 웅역이 성왕을 배알했다.

056

주공의 장례

주공은 죽어도 성왕 곁을 떠나지 않겠다는 의미로, 자기가 죽으면 동도에 묻어 달라고 했다. 그러나 성왕은 주공을 주공의 아버지 문왕의 묘소가 있는 곳에 안장했다.

인재의 선발과 임용에 대해

성왕이 즉위한 후 주공은 성왕께 〈입정立政〉이라는 제목의 글을 한 편 써 올렸다. 이 글에서 주공은 주로 인재 선발과 관직 설치, 그리고 정확한 정치 규범의 제정 등에 대해 이야기했다.

"성왕께서는 지금 정식으로 제왕이 되었습니다. 이제부터 우리는 선인들의 전통에 따라 관직들을 세워야 할 줄로 압니다. 정무를 관리하는 '입사立事', 사법을 관리하는 '준인準人', 백성들을 관리하는 '목부牧夫' 등을 세우고 그 부서들을 잘 관리해야 합니다. 이 많은 사무를 우리가 맡을 수는 없는 법입니다. 즉 그들이 할 일을 임금이 해서는 안 됩니다."

주공의 충언은 계속되었다.

"우리는 오직 현사들이 역량을 충분히 발휘하는 데만 관심을 모아야 합니다. 그들 각자가 맡은 소임을 다하도록 장려하면 우리는 나라를 잘 다스릴 수 있습니다. 그리고 관리들을 선발할 때는 충분한 조사를 거쳐 현명한 인재를 등용해 정사를 관리하게 해야 합니다. 오직 현명하고 덕 있는 인재들을 임용해야 나라를 잘 이끌어 나갈 수 있사옵니다."

주공은 섭정을 끝냈으나 성왕에 대한 보필의 의무를 잊지 않고 성왕에게 나라를 다스리는 원칙과 경험을 이렇게 일깨워 주었다.

주공의 유언

주공은 만년을 문왕이 도읍을 세운 풍읍에서 보냈는데, 풍읍은 문왕이 승하한 후 그 유체가 안장된 곳이다.

주공은 자신의 병이 중해지자 마지막 유언을 성왕에게 올렸다.

"신은 죽어서도 임금의 곁에 있고 싶으니 제가 죽으면 동도 성주에 묻어 주십시오."

주공을 풍읍에 안장한 성왕

주공이 죽자 성왕은 주공을 동도 성주에 안장하는 것은 타당치 못하다고 생각했다. 그래서 주공의 아버지의 묘가 있는 곳에 주공을 안장하기로 결정했다. 그리고 천하에 이렇게 선포했다.

"주공의 유언대로 주공을 동도 성주에 안장하지 않은 것은 주공이 주나라의 대업을 개척하신 문왕 곁에 있어야 하기 때문이다. 과인이 비록 성주에 있지만 어찌 감히 주공을 신하로 대접할 수 있겠는가."

하준(何尊)(오른쪽 사진)과 그 명문(위 사진)
1965년 섬서성 보계寶鷄현 가촌賈村에서 출토된 이 술 항아리에는 무왕이 상나라를 정복한 일과 무왕, 성왕이 동도 성주를 세운 일, 그리고 무왕이 하늘에 제사를 지낸 일들이 기록되어 있다. 이 명문은 《상서·소고》의 기록을 증명하는 중요한 역사 문헌이다.

기원전 900년 ~ 기원전 876년 | **세계사 연표** |
이스라엘 바아사 왕조가 유대 인들과의 전쟁을 시작했다.

《사기史記・노주공세가魯周公世家》
《상서尚書・입정立政》

출전

-1046~-771

서주

태사太師, 태부太傅, 태보太保를 가리키는 말 147

기원전 1038년 ~ 기원전 996년

| 중국사 연표 |

성왕과 강왕은 덕정을 실시해 태평성대를 이루었다.

057

초나라를 분봉받은 웅역

주공은 죽웅의 증손자인 웅역熊繹에게 형산荊山 남단을 주어 초나라를 세우게 했다. 초족楚族으로 남방의 만이蠻夷를 견제하고 주나라 남방을 지키는 제후국으로 삼기 위해서였다.

초족의 복잡한 내력

초족은 원래 전욱 임금의 고양씨高陽氏 후대인데 '화정火正'이라는 벼슬을 해서 곡임금이 그에게 '축융祝融'이라는 호를 내렸다. 전욱과 축융은 모두 중원 지대에서 생활한 적이 있다. 초족의 또 다른 선조인 '곤오昆吾'는 원래 허국許國 땅에서 살았다.

상나라 탕왕은 강력한 무력으로 곤오를 내쫓은 다음 하나라 걸왕을 멸했다. 이때 많은 부락들이 상나라 탕왕의 공격을 받았다. 초나라도 그 기세에 밀려 지금의 하남성 서남부의 단강丹江과 절수淅水가 합치는 합수목으로 이주했다. 그곳을 단양이라고 한다. 그런데 당시 초족의 내부 의견이 통일된 것은 아니었다. 주나라를 가까이 해야 한다는 쪽과, 상나라와 친하게 지내야 한다는 쪽, 자립적으로 일어서야 한다는 쪽이 팽팽히 맞섰다. 상나라 주왕의 아들 무경이 관숙과 채숙, 동이와 연합해 반란을 일으키자 초족들도 단양 지역에서 반란을 일으켰다. 그러나 초족의 반란도 주공에 의해 평정되었다. 강한 주나라 군대를 막을 수 없었던 초나라는 단강과 한수를 따라 내려와 형산 지대로 피했다. 초족의 수장 죽웅의 아들 웅려熊麗는 초족 백성들을 이끌고 형산 지역을 개발했다.

서남 만이 지역을 책봉받은 죽웅의 증손자

주공은 걸핏하면 반란을 일으키는 남방 초족이 늘 골칫거리였다. 생각 끝에 그는 죽웅의 증손자이며 웅

초인楚人들의 조상인 화신火神 축융 (왼쪽 사진과 오른쪽 그림)
중국 최초의 화신은 축융이다. 《산해경山海鏡》에 의하면 축융은 염제의 후예라고 한다. 축융의 형상은 쌍룡을 타고 다니는 인면수신人面獸身으로 신력을 가지고 있다. 주공은 성왕을 대표해 축융의 후예인 웅역을 초나라 제후로 책봉했다.

●●● 역사문화백과 ●●●

[초나라의 특이한 내력]

초나라의 선조들은 지금의 하남성 중부에 있었다. 후에 중원에 전란이 심해지자 초나라 사람들은 지금의 하남성 서남부의 단양丹陽 지역으로 이주했다. 문왕 시기 초나라 죽웅이 주나라를 도와주었으나 후에 무경의 반란에 참여해 주공의 징벌을 받게 되었다. 그래서 그들은 지금의 호북성 서부의 형산荊山 일대로 도망쳤다. 후에 죽웅의 증손자 웅역이 초나라 제후로 책봉되어 지금의 호북성 서남부 자귀秭歸에서 국력을 키워 남방의 대국이 되었다.

| 세계사 연표 |

기원전 891년

아시리아 국왕 아다드나라리 2세가 사망한 후, 그 아들 투쿨티닌우르타 2세가 계승하여 영토를 확장했다.

《좌전左傳·소공昭公 12년》
《사기史記·초세가楚世家》 출전

려의 손자인 웅역에게 형산 서남쪽에 있는 장강 기슭을 분봉해 주기로 결정했다. 주공이 웅역을 제후로 책봉한 것은 웅역의 증조부인 죽웅이 주나라에 귀순해 문왕을 도운 적이 있기 때문이다.

주공이 웅역에게 봉한 제후국의 작위는 '자子'이다. 그래서 이 제후국의 군주를 '초자楚子'라고 한다. 그런데 웅역은 이 제후국의 이름을 여전히 단양이라고 부르기로 했다.

제후국인 초나라를 세운 웅역은 늘 주나라 도성으로 찾아와 성왕을 알현하고 그 고장의 토산품을 진상했다. 사서에는 이런 기록이 있다.

"초자 웅역은 노나라 군주 백금, 위나라 군주 손모孫牟, 진나라 군주 섭부燮父, 제나라 군주 여급呂伋 등과 더불어 성왕을 모셨는데 천자와의 관계가 화목하

화신 축융

고 친밀했다. 성왕이 기산지양에서 제후 연맹 대회를 열자 웅역도 초나라 군주의 신분으로 이 대회에 참석했다. 초나라 군주의 선조 축융이 '화정'이라는 벼슬을 한 적이 있고, 초나라의 형만荊蠻 지역은 늘 신령에게 제사를 지내는 풍속이 있기 때문에 성왕은 웅역에게 제단 양옆의 모닥불을 지키게 했다. 웅역은 공손히 그 명을 받들었다."

초나라의 강성과 반역

그러나 주나라 왕실에 대한 웅역의 순종은 계략에 불과했다. 웅역은 후에 도성을 지금의 지강시枝江市 일대로 옮기고 그곳을 계속 단양이라고 불렀다. 이 고장은 토지가 비옥해 산물이 풍부한 데다가 오래 전부터 삼묘만족三苗蠻族이 활동하던 곳이다. 이곳으로 이주해 온 초나라 사람들은 토착민을 이끄는 수장들이 되었고, 주위의 만족들 모두가 초나라에 귀순해 초나라는 급속히 강성해졌다.

우월한 자연 조건과 지리 환경을 이용해 초나라는 주위의 만이 부락들을 정복하고 성왕과 강왕을 거치는 동안 역량을 비축했다. 그리고 소왕昭王에 이르러서는 주나라 조정에 반기를 들고 춘추 시대에는 남방의 가장 큰 제후국이 되어 주나라 왕실과 천하를 다투는 상황에까지 이르렀다. 이는 주공이 전혀 예상하지 못했던 일이다.

-1046~-771 서주

산과 강, 호수의 수익을 독점하는 것을 말함 149

| 중국사 연표 |

기원전 1020년 ~ 기원전 996년   강왕이 정식으로 의후宜侯, 즉 오후吳侯를 책봉하고 제기, 토지, 백성들을 하사했다.

058

성왕의 정치

주나라의 성왕은 언제나 국사를 신중하게 처리했다. 그와 아들 강왕의 재위 기간은 주나라의 정치와 경제가 번영해 서주 역사상 황금시대로 불렸다.

심연을 임한 듯이 박빙을 건너듯이

성왕은 주나라 정권이 여러 전쟁을 통해 어렵게 세워졌음을 잘 알고 있었다. 그래서 성왕은 언제나 조심하면서 신중하게 나라를 다스렸다.

하루는 성왕이 사관 윤일에게 치국의 도를 물었다.

"백성과의 관계를 친밀하게 하려면 어떻게 해야 하겠소?"

"백성들을 존중하고 그들의 의사를 신중히 들어야 합니다."

"대체 어느 정도로 신중해야 한단 말이오?"

"심연을 임한 듯 박빙을 건너듯 해야 합니다."

윤일의 말은 마치 깊은 심연을 발 앞에 둔 듯, 살얼음 위를 건너듯 백성을 조심스레 대해야 한다는 의미였다.

"백성의 임금이 그런 두려움을 안고 살아야 한단 말이오?"

성왕이 개탄하자 윤일은 이렇게 진언했다.

"백성들을 잘 대해 주면 그들도 우리를 위해 충심을 다할 것이지만, 그들을 잘못 대하면 우리를 원수로 대할 것입니다. 이전에 하나라 백성들은 걸을 미워하면서 오히려 상나라 탕왕의 신하가 되기를 원했고, 후에 상나라 백성들은 주를 미워하면서 오히려 무왕의 백성이 되기를 원했지 않습니까? 그리고 숙사국宿沙國의 백성은 스스로 그들의 군왕을 내치고 신농씨에게 귀순하지 않았습니까. 군왕이라고 해서 두려움이 없어야 될 일입니까?"

성왕은 그 말을 귀담아 듣고 매사에 신중을 기하며 나라를 더욱 조심스럽게 다스렸다.

제후국들을 우려한 성왕

성왕은 주나라 초기에 분봉한 많은 제후국들이 장차 주나라 왕실을 보위할 수 있겠는가 하는 문제를 늘 우려했다. 그래서 기산지양에서 제후 대회를 열고 제

부신작父辛爵
서주 중기의 작爵은 청동기 술 그릇이다. 상나라와 서주 때 성행했다.

●●● 역사문화백과 ●●●

[서주 시대의 태평성대]
서주 초기 주공은 동부 지역 각 이민족들의 반란을 평정하고, 동도 낙읍을 천하를 다스리는 중심으로 만들었으며, 동시에 예와 악을 제정해 그것으로 백성들을 교화했다. 그리고 조카 성왕을 형벌해 신중하고 덕정을 베풀어 나라를 잘 다스리도록 교육했다. 그래서 성왕과 강왕 때 서주는 태평성대가 되었다.

| 세계사 연표 |

기원전 884년

아시리아 왕 투굴티닌우르타 2세가 사망하자 그 아들 아슈르나시르팔 2세가 즉위했다. 아시리아는 대외적으로 계속 영토를 확장했는데 그 위력이 아주 강했다.

출전 《상서尙書·고명顧命》
《회남자淮南子·도응훈道應訓》

후들 간의 이해와 상호 협력을 강화하려고 했다. 성왕은 특별히 관심을 가졌던 제나라와 노나라가 맹약을 맺게 하고 이렇게 말했다.

"나는 그대들이 주나라 왕실의 선왕께서 개척한 위업을 보좌하기 바라오. 그대들에게 땅을 더 하사하겠으니, 앞으로 대대손손 서로 침략하지 않겠다고 짐승의 피를 입에 바르고 맹세해 주시오."

그리고 맹약서 세 부를 작성해 제나라와 노나라, 주 왕실에서 보관하도록 했다.

성왕의 유언

20세에 정식 등극한 성왕은 병이 들어 50세에 사망할 때까지 30년 동안 왕위에 있었다. 임종 시 그의 제일 큰 걱정은 장자 희검姬剣이 치국의 중임을 맡을 수 있겠는가 하는 것이었다.

성왕은 자기의 병이 날로 더 위중해지자 태보 소공석, 예백芮伯, 동백彤伯, 필공畢公, 위후衛侯, 모공毛公 등을 비롯한 문무 대신들을 불러 놓고 이렇게 말했다.

"임종을 앞두고 과인이 명을 내리는 바이오. 그대들은 과인의 맏아들 희검을 마음으로 받들고 보필해 주시오. 특히 소공과 필공은 각 제후들을 영솔해 태자를 보좌해 주기를 바라오. 또 앞으로 왕위를 이어받은 희검이 무례한 일을 하지 않도록 잘 이끌어 주기를 바라오. 그리고 각 제후들은 자기의 직분을 충실히 지키도록 하시오."

성왕의 병이 위중해 조회에 나갈 수 없게 되자 대신들은 성왕의 용포를 용상에 올려놓고 참배를 했다.

성왕이 숨을 거두자 대신들은 그가 문왕과 무왕의 위업을 계승하여 '백성들을 안정시키고 정치를 잘하였다'는 의미로 시호를 이룰 '성成'으로 했다. 그래서 역사에서는 그를 성왕이라고 한다.

-1046~-771 서주

성강지치成康之治 (아래 및 오른쪽 그림)
성왕의 뒤를 이어받은 사람은 강왕이다. 강왕은 선왕들의 업적을 이어받아 현명하게 나라를 이끌어 나갔다. 아래 그림은 명나라 《삼재도회三才圖繪》에 수록되어 있고, 오른쪽 그림은 청나라 《흠정서경도설》에 실려 있다.

태사료太師寮의 장관으로서, 상나라와 서주 때는 왕의 책명冊命과 제전祭典 등을 관할

| 중국사 연표 |

기원전 1020년 ~ 기원전 996년

강왕이 우盂에게 명해 귀방鬼方을 정벌했다.

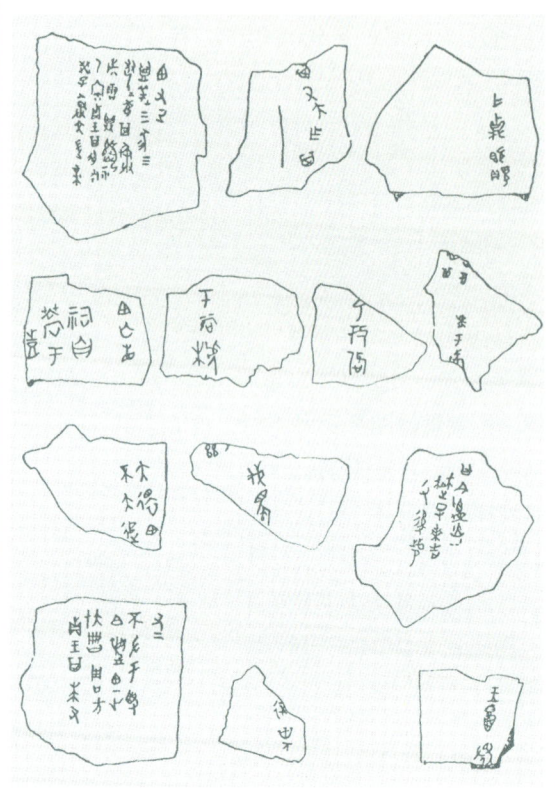

주원周原 복골에 새겨진 글
봉추촌에서 출토된 1만 7000여 조각의 복술용卜術用 갑골. 여기에는 제사의 길흉, 일년의 풍흉, 전쟁의 길흉 등을 점치는 내용과 인명, 지명, 관직명 등의 내용이 새겨져 있다.

태자 쇠의 등극

성왕의 칠일장이 지나자 태자가 등극했다.

태사가 책서를 들고 성왕의 유서를 드리며 말했다.

"계위하시는 임금님이시여, 선왕의 임종 유명遺命을 전해 드립니다. 임금님께서는 선왕의 유훈을 받들고 나라의 법을 따라 부디 천하에 평화가 깃들게 하고 문왕과 무왕의 영광스런 전통이 천하에 눈부시게 빛나도록 하시옵소서."

이에 새 임금이 일어나 재배하며 답했다.

"모든 힘을 기울여 나라를 잘 다스리는 것으로써 천명과 부왕의 유명을 받들겠나이다."

그러자 태보 소공과 필공이 새 임금께 큰 절을 올리며 또 이렇게 품했다.

"하늘이 상나라에게 주었던 대명을 거두어 우리 주나라에게 내려 준 것은 문왕과 무왕이 신하들과 백성들을 지극히 사랑했기 때문입니다. 승하하신 성왕께서도 선왕께서 제정한 법도대로 상벌을 가하며 위업을 완성해 우리 후세들에게 이렇듯 아름다운 강산을 남겨 주었사옵니다. 충심으로 바라오니 부디 욕심을 버리고 성심과 신의로 천하를 잘 다스리어 선조들의 대명을 잊지 않기 바라나이다."

그러자 새로운 천자는 이렇게 답했다.

"각 제후국의 군주들이여, 우리들의 선왕 문왕과 무왕께서는 완벽한 예법을 제정하고 실시하였기 때문에 형벌이 없이도 백성들이 나랏일에 협력했다. 그래서 하늘은 선왕들의 덕행을 기쁘게 여겨 천하를 우리들에게 맡기었고 우리들은 제후들을 봉해 주나라 왕실을 보위하게 했다. 그러기에 각 제후들은 주나라 왕실을 보좌해 젊은 과인이 과오를 범하지 않도록 도와주기를 바라노라."

서주의 황금시대

새 천자의 어명을 듣고 난 신하들은 큰 절을 올린 뒤 물러나오고, 새 천자도 용포를 벗고 다시 상복으로 갈아입었다. 주나라의 새로운 천자 희검이 바로 강왕康王이다. 강왕도 성왕처럼 근면하고 부지런하게 나라를 다스렸다.

사서에는 "성왕과 강왕 시절에는 천하가 안정되어 40여 년이나 형벌을 쓰지 않았다"고 기록되어 있다. 그래서 서주 초기 이 황금시대를 역사에서는 '성강지치成康之治'라고 한다.

| 세계사 연표 |

기원전 877년 이스라엘 국왕 바아사의 아들 엘라가 지므리에게 살해되고, 지므리는 또 오므리에게 불에 타 죽었다.

059

출전 《제왕세기帝王世紀》 《죽서기년竹書紀年》

소왕의 남정

소왕昭王 때 이르러서는 탐욕으로 인해 천자와 제후들 간의 갈등이 커졌다. 재물을 약탈하기 위해 소왕은 제후들에게 많은 조공을 강요했고 결국은 군대를 출동해 초나라를 쳤다. 그러다가 결국은 패하고 소왕 자신도 물에 빠져 죽었다.

어지러워진 사생활

강왕은 26년 간 왕위에 있었다. 뒤를 이어 그의 아들 하瑕가 즉위했는데 그가 바로 소왕이다. 덕이 선왕들처럼 후하지 못한 소왕은 제후들의 재물을 수탈하는 일을 꺼리지 않았다. 이로 인해 천자와 제후 간의 갈등이 심해지기 시작했고 결국에는 제후들의 반란을 야기시켰다. 소왕은 사생활도 자제하지 못해 많은 후궁들을 두고 왕후에 대해서는 오히려 냉담했다. 남편에게 소외되자 왕후도 방탕한 생활을 하면서 본분을 어기는 일들을 했다. 소왕은 방국房國의 여자를 왕후로 삼았기에 소왕의 왕후를 '방후房后'라고 했다. 방후는 아들을 낳기 전에 소왕과 동침한 적이 없었는데, 요임금의 아들이 변한 단주신丹朱神이 그녀의 몸에 밀착하는 감이 나더니 아들 만滿을 잉태했다고 한다. 이 만이 바로 후에 즉위한 목왕穆王이다.

무기가 만든 궤

무기無犮가 만든 이 청동기는 주나라와 남방 소수민족과의 전쟁에서 무기가 이룩한 공을 선조들에게 말하며 제사를 지내는 데 이용했다.

-1046~-771

서주

소昭와 목穆은 서주 때 항렬을 구분하는 방식이다. 아버지는 소昭, 아들은 목穆, 손자는 또 소, 증손은 목, 이렇게 내려가는 제도를 말함

| 중국사 연표 |

기원전 980년 　소왕 16년 주나라는 초나라를 공격해 승리를 거두고 많은 재물들을 약탈했다.

첫 번째 초나라 징벌에 성공

강성해진 남방의 초나라는 주나라의 명을 잘 듣지 않았다. 그러자 소왕은 무력으로 초나라를 굴복시키기 위해 준비를 했다. 소왕 16년, 주나라는 대군을 출동해 초나라로 진격했다. 한수를 건너던 소왕은 엄청나게 큰 물짐승 하나를 만났는데 군사들이 용감하게 싸워 그 짐승을 쫓아 버렸다. 그리고 싸움에서 승리해 많은 재물을 노획했다.

두 번째 출정에서는 물에 빠져 죽다

처음 초나라 징벌에서 승리한 소왕은 3년 후 또 대군을 거느리고 초나라를 공격했다. 한수 가에 이르자 마음이 다급해진 소왕은 초나라 사공들을 잡아 주의 대군을 건너게 했다. 소공의 억압과 폭력에 증오심이 북받친 사공들은 뱃바닥 널빤지를 아교로 붙인 배에 소공을 태웠다. 강 한복판 물살이 센 곳에 이르자 아교로 붙인 배의 바닥이 떨어져 나갔다. 그 바람에 소공과 많은 주나라 군대들이 한수에 빠져 일대 혼란이 일었다. 소왕의 부하들이 전력을 다해 소왕을 구하려고 했으나 물을 너무 많이 먹은 소왕은 살아나지 못했다. 이때 초나라 군대들이 밀물처럼 반격해 와 소왕의 군대는 싸움 한번 못 해 보고 전멸되었다. 이때 하늘에는 이상한 빛이 하나 나타났다. 전설에 의하면 맑은 밤하늘에 마치 소왕의 조난을 알리는 듯한 오색 빛이 나타났다고 한다.

주나라 왕실에 생긴 위기

소왕이 초나라 사공들의 꾀에 걸려 한수에서 익사한 일은 주 왕실의 큰 치욕이었다. 그래서 주 왕실은 이 일의 진상을 감추기 위해 노력했다. 그 결과 많은

야합도野合圖
주나라 때는 남녀가 자유롭게 관계를 갖는 원시적인 유풍이 있었다. 이것은 옛사람들의 야합을 그린 한나라 때의 석화상石畵像이다.

사서들은 "소왕은 남으로 사냥을 떠났다가 돌아오지 못했다" 혹은 "대군을 거느리고 간 소왕은 돌아오지 못했다"는 식으로 소왕의 죽음을 기록하고 있다.

이때부터 주나라 왕실이 주위의 각 제후국들을 다스릴 힘은 더욱 약해졌다.

●●● 역사문화백과 ●●●

[우禹에게 상을 내린 기록과 우가 귀방을 친 기록이 있는 대소 우정盂鼎]

서주 초기의 청동기 우정은 두 개가 있는데 하나는 대우정이라고 하고, 다른 하나는 소우정이라고 부른다. 강왕 25년 우가 귀방을 징벌하고 포로를 많이 잡아 돌아온 일과 이에 조정에서 상을 내린 일들이 명문으로 새겨져 있다.
이 두 개의 우정은 서주 초기의 사회 및 주변 나라들과의 관계를 연구하는 중요한 사료가 될 뿐만 아니라 당시 청동기 기술을 보여 주는 예술의 진품이기도 하다.

| 세계사 연표 |

기원전 876년 이스라엘 국왕이 된 오므리는 타이르와 다시 맹약을 맺고 강성한 나라를 만들었다.

060

《국어國語·주어周語 上》
《사기史記·주본기周本紀》

출전

흰 늑대 몇 마리를 얻은 목왕

어진 신하 제공祭公의 만류를 듣지 않고 목왕은 대군을 출동해 서북 지역의 견융을 공격했다. 그러나 흰 늑대 몇 마리를 사냥했을 뿐 아무것도 얻지 못하고 위상만 추락시켰다.

기강을 세우고 현신을 임용

소왕이 한수에 빠져 죽자 태자 만이 왕위에 올랐는데 그가 바로 목왕이다.

목왕은 즉위하자마자 어수선한 조정을 정돈하기 시작했다. 우선 그는 소왕을 구하기 위해 애쓴 신여미辛余靡에게 분봉하고 '신백辛伯'이라는 칭호를 제수해 소왕에 대한 그의 충성을 장려했다. 그리고 현신의 후대인 군아君牙를 대사도大司徒로 임명해 백성을 교육하고 왕의 과실을 지적하는 소임을 맡게 했으며, 현신 백경伯冏을 태복정太僕正으로 임명해 왕실 내시들의 행실을 관리하게 했다. 목왕은 특별히 〈군아君牙〉, 〈경명冏命〉이라는 글 두 편을 써서 그들을 권면했다. 이런 노력 끝에 주나라 조정은 기강이 바로 서게 되었다.

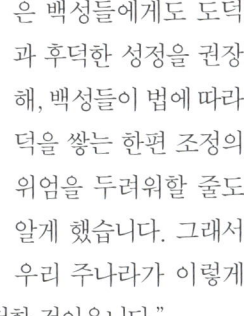

오만과 탐욕

그러나 얼마 지나지 않아 목왕은 점점 탐욕스러워지고 오만해지기 시작했다. 그는 견융이 조공을 제때에 바치지 않는다고 군대를 출동해 징벌하려고 했다. 그러자 현신 제공 모부謀父가 이렇게 간했다.

"그건 천만불가한 일이옵니다. 선왕께서는 무력을 사용하기에 앞서 언제나 도의로 타이르기를 잊지 않았습니다. 군대는 극히 필요할 때만 움직여야 하며 일단 움직이면 위력을 보여야 합니다. 군대를 출동하는 것을 가볍게 여긴다면 그 위력이 없어집니다. 선왕들은 백성들에게도 도덕과 후덕한 성정을 권장해, 백성들이 법에 따라 덕을 쌓는 한편 조정의 위엄을 두려워할 줄도 알게 했습니다. 그래서 우리 주나라가 이렇게 발전한 것이옵니다."

역사의 교훈으로 설교

제공은 또 이렇게 간했다.

"이전 하우 시대, 우리 선왕님은 후직이라는 벼슬을 세습하면서 농사를 관리했지만 하나라 말기 정세가 혼란해지자 선왕 불줄께서는 관직을 잃고 융적들이 있는 곳으로 피난을 갔습니다. 그곳에서도 선왕 불줄께서는 부지런히 일을 하고 덕을 쌓고 성실하게 신용을 지키셨습니다. 이같이 천지신명을 떠받들고 백성을 보호하는 영광스런 전통은 그때부터 계속 무왕으로 이어져 내려왔습니다. 그래서 당시 상나라 주왕의 폭정을 증오하던 백성들 모두가 무왕을 옹호했습니다. 선왕들은 이렇듯 무력보다도 어떻게 하면 백성들에게 해가 되는 것을 제거하고 백성들을 이롭게 할까 하고 생각했습니다. 선왕께서는 또한 제후들과 변방 소수 민족들을 어떻게 대할 것인지에 대해 경기 지역은 전복甸服, 기외畿外는 후복侯服, 후의 밖은 빈복賓服이라고 했고, 만이는 요복要服, 융적은 황복荒服라고 일컬었는데, 전복은 제祭를 해야 하고, 후복은

백동호伯敦壺 (위 사진)
1975년 섬서성 부풍현 장백촌에서 출토된 서주 목왕 시기의 청동기. 동은 회이의 침입을 물리쳐 주나라 왕의 상을 받았는데 그것을 기념해 이 청동기를 만들었다.

-1046~-771 서주

동부의 소수민족은 이夷, 남방의 소수민족은 만蛮, 서부의 소수민족은 융, 북방의 소수민족은 적狄

| 중국사 연표 |

기원전 977년

소왕 19년, 소왕은 또 육사六師를 거느리고 초나라를 쳤으나 초나라 사공에게 속아서 바닥을 아교로 붙인 배를 탔다가 그만 물에 빠져 죽고 말았다.

사祀를 해야 하며, 빈복은 헌獻을 해야 하고, 요복은 공貢을 해야 하며, 황복은 왕王을 찾아와 배알해야 한다고 했습니다. 제를 하지 않으면 그 잘못을 밝혀 주고, 사를 하지 않으면 말로 타이르고, 헌을 하지 않으면 법을 알려 주고, 공을 하지 않으면 그 직분을 알려 주고, 왕을 찾아와 배견하지 않으면 도덕을 가르쳐야 한다고 했습니다. 이 다섯 가지 방법을 취해도 말을 듣지 않을 때 비로소 형벌을 가하든지 군대를 출동시켰는데 그에 앞서 꾸짖는 글이나 명령을 보냅니다. 그런데 지금 견융씨는 대필大畢, 백사伯士, 이 두 임금으로부터 시작해 계속 도성으로 찾아와 주나라 천자를

제사용 서주 옥종玉琮
서주의 옥종은 대부분 밖은 네모꼴, 안은 원통형으로, 양저良渚 문화 옥종의 특징을 그대로 가지고 있다. 당시 서주의 옥종은 제기로 많이 쓰였다.

배알했습니다. 그런데 천자께서 지금 그들이 신하의 예의를 지키지 않기에 반드시 무력으로 징벌해야 한다고 말씀하시는 것은 선왕들의 교훈을 어기고 번거로움을 자초하는 것입니다. 견융은 성품이 순후하고 선왕의 법을 좇아 이미 수비를 굳건히 하고 있다고 합니다. 그러니 그들은 벌써 우리의 공격을 막을 준비가 되어 있을 겁니다."

위신이 추락한 목왕

주공의 후대인 제공은 제나라의 군왕이며 또 왕실의 경사이다. 그러나 목왕은 제공의 그 말이 귀에 들어오지 않았다. 결국 목왕은 견융과의 전쟁을 오랫동안 감행했으나 끝내 견융을 굴복시키지 못했다. 장기간에 걸친 전쟁에서 목왕은 아무것도 얻은 것이 없었다. 다만 돌아오는 길에 흰 늑대 네 마리와 흰 사슴 네 마리를 잡아 가지고 왔을 뿐이다. 이 일로 목왕의 위신이 추락하여 견융은 다시는 주나라 천자를 배견하러 찾아오지 않았다.

현명한 신하 태복정太僕正 백경
백경은 목왕의 대신이다. 목왕은 백경을 태복정으로 임명해 여러 신하들을 영솔하게 했다. 이 그림은 청나라 《흠정서경도설》에 실려 있다.

●●● 역사문화백과 ●●●

[삼사대부三事大夫란 어떤 관직인가?]
서주의 관직에 '삼사대부'가 있는데, '삼사'는 백성을 다스리는 치민治民, 정치를 보는 이정理政 그리고 법을 집행하는 집법執法을 말한다. 삼사대부에는 치민관治民官, 이정관理政官, 사법관司法官이 있는데, 그들은 모두 왕의 측근인 공경公卿의 아래에서 구체적인 사무를 보는 대부급의 관리들이다.

| 세계사 연표 |

기원전 873년 여호사팟이 유대 왕위를 계승했는데(~기원전 849년), 그는 재위 기간에 이스라엘과 연맹을 맺었다.

061

《상서尙書·여형呂刑》 출전

형법을 수정한 여후

목왕은 형벌의 종류와 판결의 방법 등에 대해 연설을 했는데 그것을 여후呂侯가 글로 정리했다. 이것이 바로 중국 고대 형법사에서 중요한 자리를 차지하는 《여형呂刑》이다.

목왕 말년에 형법이 혼란해 제후들과 백성들의 원성이 컸다. 당시 현신인 재상 여후가 형법을 수정할 것을 목왕에게 건의했다. 그 건의를 받아들인 목왕은 제후들을 소집해 회의를 열고 형법 수정의 견해를 피력한 다음 여후가 그것을 정리해 발표하게 했다. 이것이 바로 서주 역사상 유명한 《여형》이다.

조심히 써야 할 다섯 가지 형벌

여후는 먼저 왕의 이름으로, 형법이 생긴 역사를 말했다.

"옛날엔 원래 도덕 풍습이 좋았으나 후에 치우의 폭정 영향으로 평민들이 모두 도적이 되어 강탈을 일삼았다. 치우는 명을 거역하는 묘민苗民들을 벌하기 위해 다섯 가지 형벌을 제정했다. 후에 법을 다스리는 자들이 코나 귀를 베고 생식기를 잘라 버리는 등 혹형을 가했다. 무고한 사람들이 죽어 나가도 하소연할 데도 없었다. 형벌을 남용하는 잔혹한 자들을 굽어본 하늘은 백성들을 불쌍히 여겨 그자들을 엄히 징벌했다. 그리고 하늘은 백이伯夷에게 법전法典을 세우게 하고, 대우大禹에게는 홍수를 다스리게 했으며, 후직에게는 백성들에게 농사짓는 농법을 가르치게 했다. 그리고 이와 더불어 사사士師가 백성들이 법과 제도를 지킬 수 있도록 교육하게 했다. 그러니 형벌로 백성을 다스리는 데 목적을 두지 말고 덕으로 백성을 다스리는 것을 목적으로 해야 한다. 모두들 덕을 지키면서 일해 주기를 바란다. 그래야 하늘의 도움을 받아 천복을 누릴 수도 있다."

여후는 또 왕의 명의로 다음과 같이 경고했다.

"이 교훈을 언제나 명심해야 한다. 남녀노소를 막론하고 모두 내이 말대로 해야 하늘은 우리들에게 천명을 하사한다. 우연히 범한 죄인가 아니면 상습인가를 잘 조사해서 알맞은 처분을 내려야 한다. 반드시 다섯 가지 형벌을 정직, 강함, 부드러움을 잘 이용해 사용해야 한다. 한 사람이 일을 잘 처리하면 모든 백성이 덕을 본다. 그러면 우리 나라는 영원히 태평하게 된다."

안건 조사와 판결에 대해

여후는 다시 형벌의 종류와 판결의 방법에 대해 이야기했다.

"각 제후들과 여러 관원들에게 이제부터 선형善刑에 대해 이야기하려고 한다. 소송에서 원고와 피고가

동보銅簠
이 서주 말기의 청동기 보는, 제사나 연회 때 기장, 좁쌀, 쌀, 수수 등으로 지은 밥을 담는 식기이다. 정현鄭玄이 주석한 《주례》에서는 "네모난 것은 보, 둥근 것은 궤"라고 설명한다. 서주의 보에는 늘 "쌀이나 수수를 담다"라는 내용의 글이 새겨져 있다. 이 보는 서주 초기에 나타나 서주 말기, 춘추 초기에 성행했다.

-1046~-771 서주

얼굴에 먹물을 들이는 묵형墨刑, 코를 베는 의형劓刑, 발을 끊는 월형刖刑, 생식기를 거세하는 궁형宮刑, 사람을 뜯어 죽이는 대벽大辟

| 중국사 연표 |
기원전 976년 ~ 기원전 922년

회이가 침범하자 목왕은 성주의 군대를 이끌고 회이를 토벌했다.

모두 오면 먼저 언사, 안색, 기氣, 이耳, 목目, 이 다섯 가지부터 살펴보아야 한다. 조사 결과가 나오면 오형의 규정에 의해 형벌의 종류를 따져 봐야 한다. 만약 오형의 규정에 맞지 않는다면 다섯 가지 과오에 대한 처벌 규정에 따라 처리해야 한다. 오과의 규정대로 안건을 처리할 때는 다음과 같은 폐단이 생기는 것을 방지해야 한다. 즉 권세가 두려워 봐주는 것, 그 기회에 보복하려는 것, 재물을 협잡하려는 것, 뇌물을 받으려는 것 등이 생기는 것을 미연에 방지해야 한다. 또 사건을 처리하는 사람이 죄를 범했을 때도 징벌을 받아야 한다."

"묵형墨刑을 잘못 가했을 땐 동 600냥을, 의형劓刑을 잘못 가했으면 그 배의 동을, 단족형斷足刑을 잘못 가했으면 동 1800냥을, 궁형宮刑을 잘못 가했으면 동 3600냥을 벌금으로 내고, 사형死刑을 잘못 가했으면 동 6000냥을 벌금으로 내도록 한다. 그리고 죄인의 죄는 모두 면죄한다. 묵형에는 모두 천 항이 있으며 의형에 처할 죄도 천 항이다. 단족형은 500항이 있고, 궁형에 처할 죄는 300항이 있으며, 사형에 처할 죄는 200항이 있다. 이렇게 오형에 처할 죄는 모두 3000항이다."

묵형은 얼굴에 먹물을 들이는 형벌을 말하고, 의형

법으로 나라를 다스리다
목왕 재위 후반기에 여후를 재상으로 삼아 형법을 제정했다. 목왕은 형률에 의해 죄를 판결해 천하를 안정시켰다. 그림은 《흠정서경도설》과 《여형》에 나오는 두 폭의 그림이다.

| 세계사 연표 |

기원전 869년 이스라엘 국왕 아합은 다마스쿠스의 벤 하닷과 연합하여 아시리아의 침략에 공동으로 저항했다.

서주 중기의 영계유嬴季卣
술을 담는 청동기인 유는 대부분 장식이 화려하고 복잡하나 사진의 유는 간결하고 소박하다.

은 코를 베는 것이며, 단족형은 발을 자르고, 궁형은 생식기를 잘라 버리는 형벌을 말한다.

여후는 판결의 원칙을 명확하게 하기 위해 또 다음과 같이 보충 설명을 했다.

"죄가 비교적 중하지만 우연히 범한 죄라면 그 형벌을 한 급 낮추어 처벌해야 하고, 죄가 비교적 가볍더라도 상습적이거나 고의적인 범죄라면 한 급 높여 중하게 처벌해야 한다. 그리고 그때의 사정에 따라서도 그 경중이 다를 수 있다. 전쟁 시에는 중하게 처벌해 반란자들을 엄하게 진압해야 하지만, 평상 시에는 경한 형벌을 위주로 해 죄인들을 교육하는 데 힘써야 한다."

탐관오리들의 횡포를 방지

끝으로 여후는 목왕의 명의로, 탐관오리들의 횡포를 막고 판결을 신중하게 할 것을 다시 당부했다.

"여러 제후들과 각급 관리들은 증인이 없는 원고 편의 말만 들어서는 안 된다. 안건을 옳게 처리하려면 공정한 마음으로 쌍방의 말을 모두 잘 들어 보아야 한다. 더욱이 재물이 탐나 법을 어기는 일을 해서는 안 된다. 그렇게 된다면 백성들의 원한을 자아내게 된다. 이런 관리들은 반드시 엄하게 징벌할 것이다. 백성들을 위해 안건을 심리하고 판결을 할 때 그 처리가 타당하면 백성들은 기뻐할 것이다. 천자를 위해 백성을 다스리는 사람들은 이 말을 명심하고 선행을 하기 바란다."

중국 고대 형법사상의 중요한 문헌

《여형》은 중국 고대 형법사상의 중요한 문헌이다. 그런데 여나라를 보甫나라라고도 하기 때문에 여후를 보후甫侯라고도 한다. 따라서 어떤 책에서는 《여형》을 《보형甫刑》이라고도 한다.

서주 이래의 형법의 한 가지로서 유약幼弱한 자, 노인들, 바보들은 죄를 지어도 형벌을 가하지 않는다는 것

백동호

이는 1957년 섬서성 부풍현 장백촌에서 발굴한 서주 시대의 청동기이다. 동은 주목왕의 어명을 받잡고 군대를 거느리고 회이의 침입을 물리쳤다. 그리고 개선하여 돌아오자 목왕의 상을 받았는데 그 일을 기념하기 위해 이 청동기를 만들었다. 백동호는 모두 두 개인데 이 것은 여이 旅彝라고 부르는 백동호이다. 입구가 크고 배가 불룩하게 나왔으며 코끼리 코 모양의 귀가 양측에 각각 하나씩 달려있다. 목에는 장조문과 짐승 머리 무늬가 있으며 안쪽의 바닥에는 '백동작여이(伯㦵作旅彝, 백동이 만든 여이)'라는 글자가 새겨져 있다.

| 세계사 연표 |

기원전 859년 아시리아 국왕 아슈르나시르팔 2세가 사망하고 살만에세르 3세가 즉위하여 계속 영토를 확장했다.

062

《열자列子·탕문편湯問篇》
《좌전左傳·소공昭公 12년》 출전

유람을 일삼은 목왕

목왕은 중국 역사상 유람하기를 가장 즐긴 군왕 중의 하나이다. 전설에 의하면 그는 천하에 안 가 본 데가 없다고 한다.

천하의 산천 풍경을 모두 돌아보다

목왕은 중국 역사상 유람을 가장 즐긴 군왕 중의 하나이다.

제공 모부는 목왕의 그런 행동이 힘과 재물을 허비할 뿐만 아니라 조정을 황폐하게 만들어 재앙을 초래할 것이라고 여겼다. 그래서 그는 〈기초祈招〉라는 시 한 수를 써서 목왕에게 충고했다.

"태평스러운 세월이 와 목왕의 덕성이 천하에 널리 퍼지기를 기원하노라. 우리 임금님께서 나라 대사를 황금처럼 벽옥처럼 소중히 여기기를 바라노라. 향락에 탐닉하지 말고 게으름에 빠지지 말고 백성의 힘을 아끼고 백성의 일을 더 잘 보기를 갈망하노라."

이 시를 본 목왕은 달갑게 생각하지 않았다.

준마를 타고 천하를 돌아다니다

목왕은 즉위 초년에 도성 부근에 지궁祇宮을 짓고 그곳에 많은 누각과 정자를 세운 다음 짐승들을 길렀다. 그리고 또 정궁鄭宮과 춘궁春宮을 더 지었다. 일부 인근 나라에서는 목왕이 유람을 즐긴다는 말을 듣고 많은 준마들을 가져다 바쳤다.

한번은 북당국北唐國의 군주가 '녹이'라고 부르는 준마 한 마리를 가지고 와 목왕을 배알하자 목왕이 무척 기뻐했다. 목왕은 이런 준마들이 끄는 수레를 타고 멀리 천하를 돌아니기 시작했다. 기록에 의하면 목왕은 동으로 2억 2500리를, 서쪽으로는 9만 리를, 남으로는 703리를, 북으로는 2억 7리까지 유람을 나갔다고 한다. 여기서의 '억'은 지금의 10만에 해당한다.

종북국에서 돌아올 생각을 하지 않다

목왕은 여행 중에 종북국終北國이라는 나라에 도착했는데 그 나라에 호령壺嶺이라는 산이 있었다. 그 산 정상에 자혈滋穴이라고 하는 연못이 있는데 그 샘물을 '신분神瀵'이라고 했다.

신분의 물은 네 갈래로 갈라져 산 밑으로 흘러내렸다. 그 덕인지 그곳은 질병이 없고 사람들이 선했다. 또 왕도 없고 신하도 없었으며 남녀가 자유롭게 혼인을 했다. 땅이 비옥해 사람들은 풍족한 생활을 했다.

사람들은 목이 마르면 신분의 물을 마셨는데 그 물을 마시면 모든 시름이 사라지고 마음이 즐거워졌다. 또 신분의 물로 목욕을 하면 살결이 부드러워지고 향기가 오래도록 남았다.

목왕은 그만 종북국의 아름다움에 빠져 주나라로 돌아올 생각을 하지 않았다. 결국 돌아오긴 했지만 종북국 생각에 넋을 잃고 있다가 몇 달이 지나서야 겨우 정상적인 상태로 돌아왔다고 한다.

중국 최초의 여행가
사서에는 목왕이 유람을 즐겨 중국 서북 지역을 모두 다녔다고 한다. 목왕의 서부 유람은 신화적인 색채가 아주 짙다. 이 그림은 한나라 때의 화상석 〈서왕모를 만난 목왕〉이다.

| 중국사 연표 |

기원전 976년 ~ 기원전 922년

동부의 서언왕徐偃王이 반란을 일으키자 목왕은 군대를 출동시켜 반란을 평정했다.

063

팔두마차를 모는 조부

목왕에게는 조부造父라는 마부가 있었는데 그는 각 제후국에서 진상한 준마들 중에서 여덟 필을 골라 마차를 끌게 했다. 목왕은 이 마차를 타고 멀리 서역까지 유람을 했다.

목왕에게는 조부라고 하는 아주 능숙한 마부가 있었다. 조부는 상나라 주왕의 간신인 비렴飛廉의 후대이며 후에 세워지는 진秦나라와 조나라 군주의 선조이다. 조부는 마차 모는 능력이 뛰어났다. 이런 조부가 모는 마차 덕에 목왕은 멀리 서역까지 순조롭게 유람을 다닐 수 있었다.

마부의 고수가 된 조부

조부는 마차 모는 기술을 그의 스승 태두泰豆에게서 배웠다. 처음 그는 태두를 찾아가 3년 동안 시중을 들었건만 스승의 태도는 언제나 냉담했다. 그러나 조부는 꼭 배우겠다는 일념으로 정성을 다해 스승을 모셨다. 드디어 조부의 정성에 감동한 스승은 이렇게 말했다.

"고시古詩에는, 활 잘 만드는 조궁능수造弓能手의 아들은 반드시 먼저 키 만드는 법부터 익히고, 철물을 잘 만드는 야금능수冶金能手의 아들은 반드시 먼저 갑옷 만드는 법부터 익혀야 한다는 말이 있느니라. 그것은 키를 엮으려면 참대를 굽히는 재주부터 익혀야 하는데 이건 활을 만드는 기본 기술이고, 갑옷을 만드는 재주 역시 철물 제조의 기본 기술이기 때문이다. 그러면 너는 먼저 내 걸음걸이부터 보아라. 걸음이 나 같아야 말고삐 여섯을 단단히 손에 쥘 수 있고 그래야 말 여섯 필이 끄는 마차를 자유롭게 몰 수 있느니라."

태두는 발바닥만큼 좁은 나무 몇 개를 땅 위에 놓고 나무 위를 이 끝에서 저 끝으로 걸어 다녔다. 조부는 스승을 따라 계속 연습해 마침내 나무 위를 나는 듯이 달릴 수 있게 되었다.

"대단히 짧은 시간 동안 다 익혔구나. 네 총명함이 보통이 아니다."

태두는 이렇게 경탄했다.

"마차를 모는 것도 이 나무 위를 걷는 것과 마찬가지이다. 나무 위를 걸어갈 때 닿는 것은 발이지만 쓰

●●● 역사문화백과 ●●●

[서주의 세경제世卿制]

경은 서주의 고위직 장관이다. 세경제란 경에 해당하는 고위직들을 세습하는 제도이다. 그러나 근래에는 이에 대해 이의를 제기하는 사람들도 적지 않다.

상촌령上村嶺 괵국 무덤의 차마갱

주나라 시기 수레 제조업은 그 규모가 확대되었고 종류도 많았다. 당시 많은 귀족들은 죽은 후 말과 수레를 순장품으로 파묻었기 때문에 이렇게 많은 차마갱이 생겼다. 사진은 하남성 삼문협시 상촌령에서 발굴된 괵국의 차마갱이다.

| 세계사 연표 |

기원전 854년 — 이집트의 제22 왕조 파라오 오소르콘 2세는 시리아·팔레스타인 동맹자들과 단합하여 아시리아에 저항했다.

《열자列子·탕문편湯問篇》
《사기史記·진본기秦本紀》

동보銅䥈의 일부분

는 것은 마음이다. 마찬가지로 말고삐를 낚아 쥐고 말을 모는 마부도 말 모는 소리는 입으로 내지만 완급과 서고 달리는 판단은 마음으로 하는 법. 마음속 판단과 행동이 같아야 굽은 길도 원만히 가게 되고, 멀리 달려도 기력이 남아 있게 되는 법이다."

조부는 태두의 가르침대로 부단히 마차를 모는 법을 익히고 연구해 드디어 마부의 고수가 되었다.

여덟 필 준마가 끄는 마차를 몰고 질주하다

조부는 목왕의 눈에 들어 목왕의 어가를 몰게 되었다. 그는 각 제후국에서 진상한 말들 중에서 준마 여덟 마리를 골랐다.

그 여덟 필의 말을 적기赤驥, 도려盜驪, 백의白義, 거황渠黃, 화류驊騮, 유륜逾輪, 녹이騄耳, 산자山子라고 이름 지었는데 이를 '팔준八駿'이라고 한다. 조부가 모는 이 팔두마차는 산간 지대를 평지처럼 달려, 머나먼 서역까지 유람하는 목왕의 마음을 항상 즐겁게 해주었다.

마차를 잘 몬 공로로 조성을 분봉받다

조부의 이런 공로에 대한 포상으로 목왕은 조성趙城 땅을 조부에게 주었다. 조부 일가는 이로 인해 조씨趙氏 성을 갖게 되었다. 조부의 후대는 후에 또 진나라에서도 발전해 춘추 시대 말년에 이르러서는 이 진나라가 한韓, 위魏, 조趙의 세 나라로 나뉘었다. 이 세 나라는 전국 시대에 '칠웅七雄'에 속하는 나라가 되었다.

팔준도八駿圖
목왕에게는 여덟 마리 준마가 있었다. 조부는 이 여덟 마리 준마가 끄는 수레에 목왕을 태우고 천하를 유람했다. 후세 사람들은 이 여덟 마리 준마에 재능이 출중한 미모의 자제들을 비유했다.

모형을 만든 다음 거푸집을 만들고 동을 녹여 붓는 것 163

기원전 976년 ~ 기원전 922년 | 중국사 연표 |
견융犬戎이 제때에 조공을 하지 않자 목왕은 군사를 일으켜 정벌에 나섰으나 대패하고 위신만 추락했다.

064

서역의 풍경

목왕은 마차를 타고 서북 지역을 멀리 유람했다. 장엄한 대자연의 풍경과 앞 다투어 진상품을 올리는 소수민족들의 모습이 한데 어울려 장관을 이루었다.

대자연 속에서 세월을 잊은 목왕

어느 날 목왕의 일행은 드넓은 들판에 이르렀다. 목왕은 악대에 명해 웅장한 '광악廣樂'을 연주하게 하고 자신은 수레 위에 서서 형산을 멀리 바라보았다. 목왕은 기분이 좋아져 형산 서쪽으로 가서 사냥을 하다가 칠택漆澤이라는 호수에 이르렀다.

그곳에서 털이 흰 여우 한 마리와 털이 까만 담비 한 마리를 잡았다. 목왕은 그것이 길한 짐승이라고 여겨 제단에 올리고 제사를 지냈다.

며칠 후 목왕은 큰 강 하나를 건너 '온곡낙도溫谷樂都'라는 곳에 이르렀다. 이곳은 곡식들이 아주 잘 되어 백성들이 풍족한 살림을 하고 있었다. 목왕은 또 적석산積石山의 남하南河라는 곳에 도착했는데 그곳은 드넓은 벌판에 물이 맑고 풀이 무성했다. 그 광경을 바라보던 목왕이 갑자기 이런 소리를 했다.

"천자인 내가 덕을 쌓는 대신 이렇게 여행을 즐긴다고 후세 사람들이 탓하지 않을까?"

그러자 한 경호병이 대답하기를,

"백성은 오직 세월이 태평하길 바랄 뿐입니다. 관리들이 정사를 잘 돌봐 백성들이 의식주가 넉넉해 근심 걱정이 없다면 무엇을 탓하겠습니까."

목왕은 이 경호병의 말이 맘에 들어 패옥 하나를 상으로 하사했다.

며칠 후 그들은 또 곤륜산昆侖山에 있는 황제黃帝의 행궁과 뇌사雷師 풍륭豐隆의 능묘를 구경한 다음 주택珠澤이라는 큰 호수에 이르러 야영을 했다. 주택은 풍경이 아름다워 목왕은 그곳에서 낚시와 사냥을 마음껏 즐겼다.

그런 다음 북으로 향해 용산舂山의 상상봉에 올라 사방을 바라보았다. 푸르른 초목 사이로 맑은 시냇물이 흐르고 새들이 날고 산짐승들이 뛰어다녔다. 목왕은 탄성을 올렸다.

"용산은 말 그대로 백수百獸가 모여들고 새들이 깃을 펴는 낙원이로구나."

그곳에서 목왕은 붉은 표범, 백호, 곰, 이리, 늑대 등 많은 맹수들을 보았고 야생마, 들소, 산양, 멧돼지도 보았으며, 또 머리가 작고 코가 큰 기이하게 생긴 노루도 한마리 보았다. 구경에 신이 난 그는 신하들에게 명해 돌에 글을 새겨 자기의 유람 행적을 후세에 남기도록 했다.

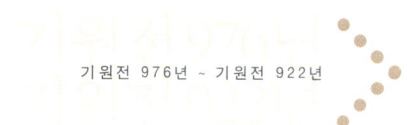

서주의 관직 제도를 기록한 이방준盠方尊
섬서성 미현眉縣 이가촌李家村에서 출토된 서주 중기의 청동기. 주왕이 여에게 육사六師와 왕실의 삼유사三有司를 겸해 관리하는 대권을 준 사실이 기록되어 있다.

역사 시험장 > 서주는 삼림 자원을 보호하는 관리를 두었는데 그 관직의 이름은 무엇인가?

| 세계사 연표 |

기원전 842년

이스라엘의 예후 왕조가 건립되었다.

《목천자전穆天子傳》 1권~4권

출전

진기한 토산품을 진상한 소수민족들

목왕은 서역으로 이동해 적오赤烏라는 나라에 이르렀는데 그곳에서 말과 소, 양, 기장을 선사받았다. 선물을 받은 목왕은 이렇게 말했다.

"적오의 선조와 주나라 왕실의 선조들은 본래 한 종족이었소. 주나라 단부 태왕부터 서토西土를 다스렸는데, 태왕께서는 총신 장계작長季緽에게 용산舂山을 분봉해 주고 또 따님도 그에게 시집보냈소."

그러고는 목왕은 적오에게 황금과 패물, 주사朱沙 등을 하사하면서 또 이렇게 말했다.

"적오산은 보옥이 나고 곡식이 잘 되고 초목이 푸르르니 천하 명산이오."

그는 특히 이곳의 곡식이 마음에 들어 그 종자들을 가져왔다. 적오가 또 미녀 둘을 천자에게 선사하자 목왕은 희색이 만면하여,

"오호! 적오는 보옥의 땅이요, 미인의 땅이로구나." 하며 감탄했다.

장기간의 여행을 마친 목왕은 도성으로 돌아오다가 중읍씨重邑氏들이 사는 흑수 강기슭에 도착해 귀리와 답근䅀䕆이라고 하는 곡식을 보았다. 그들은 그것을 '목화木禾'라고 했다. 그리고 그 부근의 채석장에서 옥돌을 캐내는 것도 보고 중읍씨 사람들에게 물건을 만들어 달라고도 했다. 사흘이 지나 목왕이 문산文山에 이르자 그곳 사람들은 그에게 준마와 방우牥牛라는 소를 진상했다.

목왕의 팔두마차가 나는 듯이 달려 거수巨蒐라는 곳에 이르니 그곳 사람들은 천자에게 몸에 좋은 백학의 피를 마시게 했다. 그들은 또 소젖과 양젖으로 천자의 발을 씻겨 드렸다. 목왕도 그들에게 답례를 하고 계속 마차를 달려 뇌수산雷首山 산자락에 이르니 그 고장 사람들도 진귀한 물건들을 많이 진상했다.

경성에 돌아와 호위군을 위로하다

도성에 도착한 목왕은 먼저 종묘에 가서 선조 대왕들께 참배를 하고 서역에서 가지고 온 진기한 물품들을 제단에 올려놓았다. 그리고 사관에게 이번 여행의 노선, 거리 등을 밝혀 적어 놓게 하고 함께 따라갔던 호위 부대를 위로했다.

삼족조준三足鳥尊
서주 중기의 청동기로서 큰 새처럼 생겼다.

산우山虞 165

기원전 976년 ~ 기원전 922년

| 중국사 연표 |
목왕은 여후에게 명해 형법을 수정하게 해 《여형》이라는 형법을 제정했다.

065

하백이 바친 지도

사서史書의 기록에 의하면, 목왕이 서역을 유람하는 도중 양우陽紆에 있는 산에 이르렀다. 이곳은 하백河伯이 도성을 세우고 있던 고장이다. 그 고장 사람들은 자기들을 '하종씨河宗氏'라고 자칭했다. 그들의 수장 하종백요河宗柏夭는 천자를 마중하고 비단과 벽옥을 선사했다. 선물을 받은 목왕은 그 고장 관리들과 백성들을 접견하고 하백께 예를 올리겠다고 발표했다.

하백을 참배하는 날 오전, 천자는 예복을 입고 면류관을 쓰고 손에는 벽옥을 들었다. 그곳 관리들이 소와 양을 비롯한 다섯 가지 짐승을 잡아 하백의 제단에 올려놓고 천자가 손에 쥐고 있던 벽옥을 넘겨주었다. 하종백요와 제관들이 벽옥과 제물을 강물에 던지며 제사를 지냈다. 이 의식이 끝나자 하종백요가 천자에게, 하백이 부른다고 알렸다. 하백은 천제의 명의로 이렇게 목왕에게 말했다.

"목왕 만滿은 영원히 세상을 다스리리라."

만은 목왕의 이름이다. 하백의 말을 들은 목왕이 다시 절을 올리자 하백이 또 하늘의 뜻을 전달했다.

"만에게 용산에 있는 보물 하나를 주겠노라. 곤륜산 둔덕에 가면 그 보물이 있을 것이니, 그것을 가지면 평생토록 복을 누릴 것이니라."

그 이튿날, 목왕이 하백이 준 '하도보전河圖寶典'을 펼쳐 보니 다음과 같은 글이 씌어 있었다.

"천자의 보물은 옥과玉果, 선주璇珠, 촉은燭銀, 황금

서왕모를 만남

서역을 여행하는 와중에 하백이 목왕에게 지도를 바치고 목왕이 그 덕으로 서왕모西王母를 만났다는 전설이 있다.

지고黃金之膏 등이다. 천자의 보물은 만금이고, 제후의 보물은 천금이며, 대부의 보물은 백금이고, 사士의 보물은 금 오십 냥어치고, 서민의 보물은 금 열 냥어치다. 천자의 말은 천리를 달리는 천리마로서 맹수보다도 빠르고, 천자의 개는 백 리를 달리며 호랑이도 잡을 수 있다. 나래를 편 정조征鳥를 조연鳥鳶이라 한다. 관계鶴雞라는 새는 800리를 날고 장족張足이라는 짐승은 천 리를 간다. 그리고 산예와 말은 500리를 달린다."

하종백요는 이 하도에 적혀 있는 것은 목왕에게 주는 선물이라고 했다. 그래서 그들은 준마 거황이 끄는 마차를 타고 서둘러 서쪽으로 달려갔다.

목왕에게 노래를 들려준 서왕모

그들은 서왕모가 있는 곳에 이르렀다. 목왕이 백규白圭와 현벽玄璧을 손에 들고 서왕모를 배견한 다음 비단 등을 선물로 드리자 서왕모는 흔쾌히 받아들였다.

이튿날, 천자와 서왕모는 요지瑤池에서 만나 서로 술을 권하였다. 서왕모는 천자를 위해 다음과 같은 노래를 지어 불렀다.

"높은 산 하늘 아래 흰 구름 뜨네. 산 첩첩 강 첩첩

두 가지 술을 동시에 담을 수 있는 사거방이師遽方彝 (위 사진)
이 용기 안에는 칸이 나뉘어 있어서 두 가지 술을 동시에 담아 놓을 수 있다. 그리고 공왕이 사거에게 규圭와 장璋 등 옥기들을 하사한 일들이 기록되어 있다.

| 세계사 연표 |

기원전 842년 — 정권을 탈취한 유대 왕국 모후 아달랴는 다윗 가족을 없애고 자기의 지위를 공고히 하려고 했다.

《목천자전穆天子傳》1권~3권

길은 멀지만, 그대께서 살아생전 다시 또 오길 바라노라."

그러자 목왕도 노래로 화답했다.

"동토에 돌아가 만민이 잘사는 태평성대 이루고 다시 만나리니, 3년 후에 이 벌에서 다시 봅시다."

서왕모는 다시 노래를 불렀다.

"나는 이 황야에서 호랑이와 벗을 하고 새들과 이웃하오. 나는 하늘의 딸이기에 천명을 받잡고 이곳에서 피리를 불며 마음을 달래지만, 그대는 하늘이 인간 세상에 낳은 아들이기에 하늘의 소망을 이루어 주기 바라오."

목왕은 서왕모와 작별한 후 엄산 위로 올라갔다. 그러고는 엄산의 바위 위에 이번 서왕모와 만난 일을 새겨 놓았다. 그리고 그 산 벼랑에 '서왕모지산西王母之山'이라는 다섯 글자를 크게 새겨 놓은 후 서역을 향해 길을 떠났다.

고대 소설의 전기적 색채

하백이 목왕에게 보도寶圖를 하사하고 목왕이 서왕모를 만난 이야기는 후세 사람들이 상상으로 엮은 전기적 색채가 짙은 전설이다. 그러나 이 전설은 중국 고대 소설의 효시가 되었다.

사람 반 짐승 반의 형상으로부터 여신의 머리로
상고 시대의 신화에서 서왕모는 반은 사람, 반은 짐승으로 재해와 형벌을 주관했다. 그림은 한나라 석화상에 그려진 서왕모의 형상과 명, 청 시대의 서왕모의 형상이다. (왼쪽은 《수신기搜神記》의 삽화이며, 오른쪽은 《열선전전列仙全傳》에 나오는 그림이다.)

주나라 목왕이 여덟 마리 준마가 끄는 수레를 타고 서부를 유람한 일을 소재로 한 《열자·탕문湯問》

| 중국사 연표 |

기원전 976년 ~ 기원전 822년

유람을 즐겼던 목왕은 조부가 모는 팔두마차를 타고 멀리 서역까지 갔는데, 이 과정에서 수많은 신비로운 이야기가 생겨났다.

066

딸을 바친 성백

목왕이 유람 중에 성나라에 이르렀는데 성나라 군주 성백盛伯이 그의 딸 성희盛姬를 목왕에게 바쳤다.

유람 중에 사망한 묘령의 성희

목왕이 유람 중 성나라에 이르자 성나라 군주 성백은 그의 딸을 바쳤다. 성나라는 희씨 성을 가진 나라여서, 목왕은 성백의 딸에게 모든 여성의 위라는 뜻인 '상희지장上姬之長'이라는 명분을 하사했다.

그리고 성희를 위해 화려한 누각을 짓고 '중벽지대重璧之臺'라 이름을 붙인 다음 아름다운 보옥들을 많이 진열했다.

그런데 며칠 후, 천자와 성희가 호수에서 노니는데 갑자기 강풍이 불며 날씨가 추워지는 바람에 성희가 병에 걸렸다. 천자는 호수에 남아 성희를 간호하며 그 호수의 이름을 '한씨寒氏'로 명명했다. 그러나 목왕의 지극한 정성에도 불구하고 성희는 그만 숨을 거두었다.

코끼리 준尊
서주 중기의 청동기. 코끼리의 코가 위로 치커 들려 있고, 등에는 뚜껑이 있으며 그 위에는 고리 모양의 꼭지 두 개가 있다.

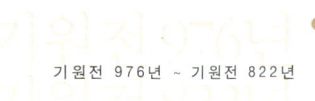

역사 시험장 〉 서주 시대 여성들은 어느 연령에 계례를 올리는가?

| 세계사 연표 |

기원전 841년   아시리아 왕 샬만에세르 3세가 다마스쿠스의 국왕 하자엘을 격파하고 티루스, 시돈 그리고 이스라엘을 강박해 신하가 되게 했다.

《목천자전穆天子傳》6권 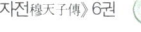 출 전

성대한 장례

목왕은 성희의 장례를 성대하게 치렀다. 장례 의식은 제공 모부가 책임지게 하고, 아들 윤호尹扈와 딸 숙좌叔㛗를 상주喪主로 하여 조문객들을 영접하게 했으며, 목왕이 친히 장례에 나가서 신하들의 애도를 지휘했다. 뿐만 아니라 요절한 성희의 영위 앞에서 흐느끼며 눈물을 흘리기도 했다.

이틀 후, 악지樂池의 남안에서 또 성희를 위한 장례식을 거행했다. 목왕은 성희의 장례를 왕후의 장례에 비견되게 하도록 명했고, 인근 위韋, 곡谷, 황성黃城 등 세 지역의 백성들이 모두 와 영구차를 호송하도록 명했다. 영구가 중벽의 누각에 도착하자 천자는 고유姑㕁의 물을 대어 영구차 주변을 돌게 했는데 그 차를 '명차明車'라고 했다. 그리고 또 며칠이 지나 갖가지 의식을 치른 후 성희의 관을 광(시체를 묻기 위해 판 구덩이)에 묻었다. 추모시를 읽자 목왕은 성희에게 '애숙인哀淑人'이란 시호를 내리고 성희의 무덤을 '숙인지구淑人之丘'라 명명한다고 선포했다.

애연한 연정

그 후 목왕은 늘 숙인 성희를 그리워하며 회한의 눈물을 흘렸다. 어느 날 목왕이 또 눈물을 흘리는 걸 본 경호병이 이렇게 간했다.

"자고로 사람은 죽는 법입니다. 숙인이라고 예외일 수 없지요. 천자의 마음이 괴로운 것은 그리움 때문이지만, 그 그리움이 도움이 되게 하려면 새 사람으로 바꾸어야 한다는 것을 잊지 마소서."

그 간언을 들은 목왕은 더욱 슬프게 흐느껴 울었다고 한다.

-1046~-771 서주

●●● 역사문화백과 ●●●

[상복 제도]

상복喪服은 죽은 사람에게 애도를 표하기 위해 쓰는 모자와 의복이다. 상복은 일반적으로 참쇠斬衰, 제쇠齊衰, 대공大功, 소공小功, 시마緦麻 등 다섯 등급으로 나누는데 이를 '오복五服'이라고 한다. 그중에 참쇠는 죽은 사람과 가장 가까운 사람이 입는 상복으로서 굵은 삼실로 짠 베옷이다. 상복을 입는 기한은 3년이다. 나머지는 죽은 사람과의 친소 여하에 따라 그 기한이 단축된다. 상복 제도는 상나라 때 이미 출현해 서주 시대에 점차 완성되었다.

서주 책명 의식을 상세히 기록한 송호頌壺
송호란 송頌이라는 사람이 만든 주전자라는 뜻이다. 주전자 안에는 송이 왕의 책명을 받은 일과 낙양의 국고를 관할하게 된 경과가 기록되어 있다.

15세 169

| 중국사 연표 |

기원전 922년 ~ 기원전 900년

밀강공이 공왕과 함께 서부 경수涇水를 유람하던 중 미녀 셋을 얻었다. 그러나 그는 그 미녀들을 공왕에게 바치지 않았다.

067

추위에 백성을 애도

목왕은 유람 중에 추위에 얼어 죽은 사람이 있다는 말을 듣고 즉시 시 한 수를 지었다. 그리고 자신이 유람에 빠져 있는 것을 미안하게 생각했다.

유람 길에서의 길한 점괘

목왕은 유람 중 황죽黃竹의 어느 큰 호숫가에 이르러 옛날 현인이 살았다고 하는 집 안으로 들어갔다. 그리고 목왕은 거북 껍데기를 꺼내 점을 치게 했다. 그 결과 '송訟' 괘가 나왔다. 복술에 정통한 봉공이 점괘를 말했다.

"창망한 호수에 물결이 출렁이니 공정한 마음을 가지면 군사가 뜻대로 풀리고 제사를 잘 지내면 사냥이 잘 되리라."

길한 점괘를 듣고 심기가 좋아진 목왕은 봉공에게 상을 하사했다.

추운 날씨에 백성을 우려

그런데 날씨가 갑자기 추워졌다. 매서운 북풍이 휘몰아치며 눈이 내리기 시작하자 길에 이미 얼어 죽은 사람이 보인다는 말도 들렸다. 근심에 쌓인 천자는 추위에 시달리는 백성들을 위해 시 한 수를 지었다.

"황죽에 이르니 날씨가 갑자기 추워지고 쏟아지는 함박눈에 눈앞의 길조차 보이지 않네. 아, 나의 공후들이여, 나의 백관들이여! 불쌍한 백성들의 처지를 잊지 말라. 아침부터 저녁까지 온종일 잊지 말라.

황죽에 이르니 날씨가 갑자기 추워지고 쏟아지는 함박눈에 눈앞의 길조차 보이질 않네. 아, 나의 공후들이여, 나의 백관들이여! 불쌍한 백성들의 처지를 늘 헤아려라. 절대 기아와 추위에 시달리게 하지 말라. 흰 부엉이가 즐겁게 나래 친다. 아, 나의 공후들이여, 나의 백관들이여! 백성들의 고난을 잊지 마라. 살길 없어 정든 고향 떠나게 하지 마라. 예로 백성들을 교화해 원한이 쌓이지 않도록 하라."

이 시를 쓰고 난 천자는 이렇게 개탄했다.

"백성들의 고난을 생각지 않고 이렇게 밤낮 유람에 빠져 있어서야 어떻게 나라를 잘 다스릴 수 있으리오?"

착잡한 마음에 잠 못 든 밤

그날 밤, 목왕은 착잡한 마음에 오래도록 잠을 못 이루었다. 그러다가 겨우 잠이 들었는데, 유궁씨有窮氏 예 임금이 도산塗山에서 국사를 돌보지 않고 사냥만 하다가 조수인 한착의 활에 맞아 죽는 꿈을 꾸었다.

유람을 즐겼던 목왕은 백성들의 고난과 나라 정세를 생각하니 걱정에 마음이 착잡하기 그지없었다.

증중유부호曾中斿父壺
이것은 1966년 호북성 경산京山에서 출토된 서주 후기의 청동기. 증후曾侯의 작은 아들 유부가 이 호를 만들었다는 내용의 명문이 새겨져 있다.

| 세계사 연표 |

기원전 840년 전후

소아시아 반호(lake van) 주위에서 우라르트 왕국이 흥기했다.

《목천자전穆天子傳》5권 | 출전

소박한 남궁류정南宮柳鼎

남궁류정은 섬서성 보계시에서 출토된 서주 시대 술 그릇이다. 이 정에는, 남궁류가 주왕의 명을 받고 '육자목양六字牧陽'과 '희이양羲夷陽'의 토지와 부세를 관할하고 많은 물건들을 하사받았다는 내용의 명문이 새겨져 있다.

죽간竹簡이나 목각木刻을 소가죽 끈으로 꿰어

기원전 922년 ~ 기원전 900년

| 중국사 연표 |

공왕은 경수를 유람한 그 이듬해 밀국을 멸망시키고 밀강공 궁실의 미녀들을 전부 차지했다.

068

호랑이를 잡은 고분융

목왕의 경호병 고분융高奔戎은 몸이 우람하고 용맹스러웠다. 어느 날 목왕이 사냥을 하다가 호랑이를 만났는데 고분융이 호랑이를 때려잡았다.

용맹한 측근 경호병 고분융

목왕을 언제나 보호하는 경호병이 있었으니 그는 고분융이었다. 고분융은 큰 키에 몸이 우람하고 용맹스러웠다. 목왕은 여러 위험에서 그를 지켜 준 고분융을 신임했다.

사막에서 말의 피로 마른 목을 축이다

목왕이 유람을 하다가 우연히 사막에 들어서게 되었는데 아무리 걸어도 사막이 끝이 없었다. 그런데 설상가상으로 가지고 있던 물마저도 바닥이 나서 목이 타는 갈증을 참을 수 없었다.

옆에서 이를 지켜본 고분융은 한동안 생각에 잠기더니 수레를 끄는 말 중에서 한 마리를 골라 말의 목을 찔러 나온 피를 천자께 드렸다.

그것을 마신 목왕은 갈증이 멎고 정신이 맑아졌다. 목왕은 자신을 구해 준 고분융에게 패옥 한 쌍을 하사했다.

숲 속에서의 호랑이와의 결투

어느 해 가을, 목왕이 사냥을 했다. 그날따라 운이 좋아 멧돼지, 노루, 토끼 등 많은 짐승들을 잡았다. 목왕은 요리사에게 사냥한 짐승을 삶아 선조들의 제단에 올리도록 명했다. 목왕이 제를 올리려는데 가까이 있는 수풀 속에 큰 호랑이 한 마리가 있는 것을 발견했다. 그때 고분융이 나서며 자기가 호랑이를 산 채로 잡겠다고 주청했다. 그리고는 살금살금 호랑이에게 다가갔다. 그러자 고분융을 향해 번개같이 덮치는 호랑이를 재빨리 옆으로 피하면서 발로 힘껏 걷어찼다. 그리고 넘어진 호랑이 머리를 눌러 산 채로 잡았다. 고분융이 그

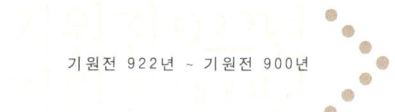

맥준貊尊
서주 중기의 청동기. 맥貊은 곰과 비슷한 맹수인데 털빛이 누런 검은빛이다.

| 세계사 연표 |
기원전 836년 유대 국왕 요아스가 즉위하고 정권을 탈취했던 모후 아달랴는 피살된다.

《목천자전穆天子傳》 3권, 5권 출전

호랑이를 목왕께 바치니 목왕은 호랑이를 궁전 동쪽에 있는 원유苑囿에서 기르게 했다. 그리고 그곳을 호랑이를 가둔 곳이라는 의미로, 호뇌虎牢라고 고쳐 부르게 했다. 목왕은 고분융에게 아주 빠른 말 한 필과 소, 양, 돼지 등 가축들을 하사했다.

충직하고 용맹한 경호병을 곁에 둔 목왕은 든든했다.

우준牛尊
서주 중기의 청동기.

고대의 호랑이 사냥 (아래 그림)
호랑이는 사람들에게 큰 피해를 가져다 주었다. 그래서 호환이 심각한 지역에서는 호랑이 잡는 일이 관가의 중요한 책임 중에 하나였다.

보통 석기로 만들지만 청동으로 만들어진 것도 있음 173

기원전 891년 ~ 기원전 886년

| 중국사 연표 |

효왕은 비자非子에게 서부 지역의 진읍秦邑을 분봉해 주고 영씨의 제사를 이어 가게 했는데, 그들을 진영秦嬴이라고 칭한다.

069

미녀 셋을 얻은 밀강공

목왕의 아들 공왕恭王도 유람을 좋아하고 향락을 탐하는 군왕이었다. 한번은 밀국密國의 군주 강공康公이 유람하는 도중에 미녀 셋을 얻었는데 그것을 공왕에게 진상하지 않은 탓으로 공왕에게 멸망당했다.

목왕은 55년이나 재위했고 여든 살까지 산 것으로 추정되나 어떤 책에서는 백 살까지 살았다고도 한다. 목왕이 죽자 그의 아들 예호繄扈가 즉위했는데 그가 주 공왕이다. 공왕도 유람을 즐기고 향락을 일삼는 군왕이었다.

공왕과 같이 유람한 밀강공

공왕이 호화로운 수레를 타고 문무백관과 수많은 궁녀 시종들을 데리고 도성 서북쪽에 있는 경치가 아름다운 경수 강변으로 유람을 떠났다. 그 소식을 듣고 달려온 인근의 제후국 밀나라의 군주 강공도 공왕을 호위하며 그 뒤를 따랐다. 제후국 밀나라는 희씨 성을 가진 나라로 주나라 왕실과는 성이 같은 친척이며, 그 땅은 지금의 감숙성 영대현靈臺縣 서쪽에 있었다. 이렇게 되어 이번 유람은 공왕과 밀나라 군주 강공이 함께 다니게 되었다.

감언이설에 꼬인 처녀 세 사람

경수를 유람하는 공왕은 예쁜 여자와 놀고 싶은 욕심이 솟구쳤다. 그런데 역시 호색한인 밀나라 강공도 같은 생각을 하고 있었다. 그래서 그곳의 지리 환경이나 풍토, 민심 등에 더 익숙했던 밀강공은 어느 틈에 처녀 셋을 꼬드겨 자기 수레 위에 태우고 밀나라 도성으로 돌아갔다.

멸망을 자초한 밀강공

그 소식을 들은 밀강공의 어머니는 밀강공을 이렇게 꾸짖었다.

"너와 공왕이 함께 유람을 하다가 여인을 얻었다면 마땅히 대왕께 바쳐야지 왜 이리로 데리고 온단 말이냐. 속담에 '야수 세 마리면 무리가 되고 사람 셋이면 패를 이루고 계집 셋이면 반찬이 된다'고 했다. 그런데 왕은 혼자 떨어져 사냥을 하고 너는 미녀를 보고 수레에서 내렸으니 그 여자 셋이 너한테 더 소중하였단 말이 아니냐. 이번 유람에 동행한 사람들이 어디 너뿐이더냐? 주나라 왕실의 대왕과 대신들이 동행을 했는데 유독 너만 여자 셋을 갖는다면 욕심이 너무한

21세기 가장 큰 고고학적 발견
2003년 1월 19일, 섬서성 보계시 미현 양가촌楊家村에서 청동기 27점이 발굴되었다. 이 유물에는 단씨單氏 가족 8대가 서주 12대에 걸쳐 왕들을 보필한 사실들이 기록되어 있는데 그중 서주의 정치, 전쟁, 서주 왕실의 연대와 족보 등이 모두 명확하게 기록되어 있다.

| 세계사 연표 |

기원전 835년   아시리아의 국왕 샬만에세르 3세가 미디를 공격하고 기념비를 세웠다.

《국어國語·주어周語 上》 출전

것 아니냐? 국왕도 감히 그런 일을 못 할 텐데 덕 없는 네가 그런 짓을 하다니, 그것은 나라에 재앙을 불러오는 짓이니라."

밀나라를 멸망시키다

강공은 어머니의 말이 옳다고 생각했지만 이미 집까지 데리고 온 미녀들을 공왕에게 넘겨준다는 것이 정말 내키지 않았다.

그때 밀강공이 여자 셋을 수레에 태우고 궁으로 돌아갔다는 보고가 공왕의 귀에 들어갔다. 그 말을 들은 공왕은 밀강공의 소행이 괘씸했으나 그가 잘못을 시인하고 여자 셋을 바치기를 속으로 바랐다. 그런데 일 년이 넘도록 소식이 없자 이에 분개한 공왕은 군대를 출동시켜 밀나라를 멸망시켜 버렸다. 이렇게 밀강공은 여자 셋 때문에 나라를 망치게 되었다.

서주 초기의 청동기 경부기언
경부기언庚父己甗은 서주 초기의 청동기다. 이 청동기 안에는 경庚이 자기 부친 기己를 위해 이 청동기를 주조했다는 내용의 명문이 있다.

'어魚'

기원전 891년 ~ 기원전 886년

| 중국사 연표 |
효왕은 비자와 친척이 되는 대락족大駱族도 서부로 이주시켰다. 그래서 주 왕실은 서부에 진영과 대락의 방위선이 생기게 되었다.

070

효왕과 서융

효왕孝王은 말을 잘 기르는 비자非子에게 서부에 있는 진읍秦邑을 분봉해 주고, 신후申侯의 외손자가 대락大駱의 수령을 승계하는 것을 허락했다. 이렇게 주 왕실이 서쪽에 두 개의 제후국을 세우니 서융은 더는 침범할 생각을 못 했다.

공왕이 12년 동안 재위하다가 사망하자, 그의 아들 간囏이 즉위했는데 그가 의왕懿王이다. 의왕 때 주나라 왕실은 점차 쇠락해져 서융이 늘 침범했다. 의왕은 할 수 없이 도성을 호경에서 견구犬丘로 옮겼다. 의왕이 25년 간 왕위에 있다가 사망하자, 그의 숙부이며 공왕의 아우인 벽방辟方이 왕위에 올랐는데 그가 바로 효왕이다. 효왕은 친서융親西戎 정책으로 국세를 안정시켰다.

말 사육에 공이 있는 비자를 수장으로

목왕의 마부 조부는 조성趙城을 분봉받았다. 그래서 조부와 친척 관계가 되는 일부 부락들이 모두 조성 주위로 이사를 왔다. 그중에 대락을 수장으로 둔 한 부락이 있었는데 그는 상나라 주紂의 신하 악래惡來의 후대였다. 대락의 아들 비자는 주나라 도읍인 견구 부근으로 이사를 와서 말을 방목하고 다른 가축들도 길러 큰 수익을 얻었다. 견구 사람들이 그 일을 효왕에게 고하자 효왕은 그에게 위수와 견수汧水 사이 산야에서 방목하는 일을 맡겼다. 비자의 관리로 말들이 번성해 주나라의 군사력 증강에 큰 도움을 주었을 뿐만 아니라 경제적으로 큰 수익을 얻게 되었다. 비자의 이런 공로를 장려해 효왕은 대락 부족의 직계 후손인 비자를 대락 부족의 수장으로 삼으려고 했다.

신후의 불만

그런데 당시 서북 서융이 거주하는 지역 부근에 신申이라고 하는 제후국이 있었다. 이 신나라 제후 신후의 딸이 대락 부락의 수장과 결혼해 성成이라는 아들을 낳아 이미 그 아들 성을 대락 부족의 후계자로 정해 놓고 있었다. 그런데 지금 효왕이 비자를 대락 부족의 후계자로 삼으려고 하자 신후는 효왕에게 이렇게 불평을 토로했다.

"예전 저희 선군先君께서 여산에서 딸을 낳아 후에 서융의 서헌胥軒에게 시집

화려하게 장식된 종주종宗周鍾
이 종주종은 보통 청동기 종과 달리 장식이 화려하고 무늬가 섬세하다. 이 종은 주나라 여왕이 전쟁의 승리를 경축하면서 하늘의 보우에 감사를 드리기 위해 만든 것이라고 한다.

| 세계사 연표 |
기원전 840년 ~ 기원전 830년   소아시아의 우라르투 국왕 사르두리 1세는 인근 지역들을 통일하고 부단히 대외로 확장하는 전쟁을 했다.

《사기史記·진본기秦本紀》 출전

서주의 청동기 - 언甗
언은 밑 없는 시루를 말한다. 용산문화龍山文化 시기에 이미 력과 언으로 조성된 질시루 도언이 출현했다.

을 보냈지요. 그래서 낳은 아들이 중휼中潏입니다. 이 중휼이 주나라 왕실과 가까이 지내면서 서부 변경을 보위했기에 서부 변경이 무사해진 것이 아닙니까. 그런데 지금 저희 딸이 대락으로 시집가 적자 성을 낳았습니다. 그래서 신나라와 대락은 다시 인연을 맺고 서부 변경을 지키고 있기에 서융이 모두 복종을 하는 것이고, 그래서 대왕께서도 지금의 이 자리에 오를 수 있었습니다. 그런데 대왕께서는 저희 외손자의 지위를 폐하고 비자를 계승자로 세우려고 한다 하니, 이것이 가당한 일인지 한 번 더 생각해 주시기 바랍니다."

효왕의 만전지책

신나라는 비교적 강대한 제후국에 속했다. 그런데다 많은 서융 부락들이 그의 말을 들었다. 그런데 이런 신후가 지금 비자를 대락의 후계자로 삼는 것을 반대하고 있으니 효왕은 비자에 대한 조치를 다시 생각해 보지 않을 수 없었다. 그래서 효왕은 이렇게 선포했다.

"예전에 백예柏翳가 순임금을 위해 가축들을 잘 길러 가축들이 대대적으로 번성했다. 그래서 백예의 공로를 장려하기 위해 순임금은 땅 한 곳을 상으로 주고 또 영씨嬴氏라는 성까지 하사했다. 지금 백예의 후대인 비자도 과인을 위해 말과 여러 가축들이 번성하게 만들었다. 그래서 과인은 비자에게 땅을 분봉하고 부

용국으로 삼으려고 한다."

비자에게 분봉하는 땅이 제후국 수준에 못 미치는 협소한 땅이기에 '부용국' 이라고 했다. 비자가 분봉받은 땅은 진읍秦邑, 지금의 감숙성 청수淸水현이다. 효왕이 그곳을 분봉해 준 목적 중의 하나는 비자에게 영씨의 제사를 이어나가도록 하는 것이었기에 비자의 호를 '진영秦嬴'이라고도 한다. 그 후부터 비자의 자손들은 이 '진秦'을 국호로 삼았다.

효왕은 비자를 진에 책봉하는 한편, 신후의 요구도 만족시켰다. 그리고 대락 부족들의 거주지를 서부 지역인 지금의 감숙성 천수天水시 서남으로 옮겼다. 그리고 그 고장 이름을 견구라고 했다. 이렇게 되어 주나라 서부에 진영과 대락이라는 보호벽이 서게 되었고 신후와도 좋은 관계가 유지되어, 서융이 마음대로 침범하지 못했다.

서주 시대에 성행했던 전차
전차는 고대 전쟁에서 쓰던 수레이다. 전차는 상나라 때부터 사용하기 시작해 서주, 춘추 시대 때 전성기를 이루었다. 사진은 서주 시대 전차의 모형이다.

●●● 역사문화백과 ●●●

[서주 시대 소송을 기록한 주전자]
1975년 섬서성 기산현 동가촌에서 출토되었다. 이 청동기에는, 방우라는 사람이 그의 상사를 관가에 고발했다가 도리어 죄를 덮어쓰고 채찍형 500대를 맞고 벌금 300율을 내라는 판결을 받았다는 내용이 기록되어 있다.

진秦은 원래 영씨 성을 가진 유목 민족인데, 진양공秦襄公이 견융을 대패시키고 주 평왕이 도읍을 동으로 이동하는 것을 도와준 후에야 비로소 제후국이 됨

| 중국사 연표 |

기원전 885년 ~ 기원전 878년

이왕 초기에는 멀리 있는 제후들도 조공하러 오고 융적 부락과의 전쟁에서도 승리를 거두었다.

071

노예 매매

서주 시대에는 노예가 아주 많았다. 귀족들의 사유재산인 노예들은 물건처럼 남에게 선물도 하고 팔기도 하며 또 배상물이 되기도 했다. 말 한 필과 비단 한 필이면 노예 다섯을 살 수 있었다.

주나라 시대에 늘어난 노예

주나라에는 전쟁을 통해 많은 포로들이 생겼는데 그들 대부분은 노예가 되었다. 상나라를 정복한 무왕은 99개의 상나라 속국들을 멸하고 30만 230명을 포로로 잡았다. 강왕이 귀방을 공격한 전쟁에서는 1만 3080여 명을 포로로 잡아, 주나라에는 노예들이 많이 늘어났다.

물건으로 취급되는 노예

전쟁에서 잡은 포로들은 거의 다 왕이나 귀족들의 노예가 되었는데 노예는 그들의 개인 재산이었다. 주나라 왕들은 신하들에게 노예를 상으로 주었다. 서주의 청동기 '영궤令簋'에는 주나라 왕이 신하들에게 노예를 하사한 어명이 새겨져 있는데 가정을 이룬 노예 10호와 독신 노예 백 명을 하사한다는 내용이다. 노예도 결혼을 해 가정을 이룰 수 있었지만 낳은 아이도 역시 노예였다.

그리고 청동기 '맥준麥尊'에는 강왕이 귀족 맥자의 적족麥橘衣赤足에게 노예 2백 호를 상으로 주었는데 계약의 방식으로 주었다는 글이 새겨져 있다. 노예는 사유재산이기에 사고팔 수도 있었다. 《주례》에는 그 당시 시장에서 거래되는 상품으로 "노예, 소와 말, 무기, 보물 등이 있었다"고 기록되어 있다.

노예 매매로 인한 귀족 간의 분쟁

귀족들 사이에서 노예 매매가 성행하자 그로 인한 분쟁도 많아졌다. 서주 시대 명문의 기록에 의하면,

효왕 때 물얼이라고 하는 귀족이 한限이라는 귀족에게 노예 다섯을 사고 그 값으로 말 한 마리와 비단 한 필을 주었다. 후에 이 한이란 귀족이 말과 비단을 돌려주고 노예의 값을 금속화폐 백 율로 올리는 것으로 다시 합의했다. 그런데 그는 후에 또 금속화폐를 돌려보내고 노예를 팔지 않겠다고 했다. 이런 한의 행동에 화가 난 물은 이 일을 민사 분쟁을 관장하는 병숙拌叔에게 고발했다. 병숙은 이렇게 판결했다.

"왕실의 사람으로서 한이 매매계약을 위반하고 물에게 노예를 팔지 않는 것은 못마땅한 짓이다."

서주의 역사를 보여 주는 미반迷盤
단씨 가족의 기물인 미반에 새겨진 연월일과 월상에 대한 기록들은 하, 상, 주의 연대를 나누는 데 큰 도움이 된다.

●●● 역사문화백과 ●●●

[노예 매매 상황을 기록한 물정]
서주 중기 청동기 물정의 물은 이 청동기 주인의 이름이다. 이 정의 실물은 유실되었고 지금은 그 명문의 탁본만이 남아 있다. 명문의 첫째 단락은 주나라 왕이 물에게 책명을 하사한 것을 적었고, 두 번째 단락에서는 물이 처음에 말 한 필과 견사 한 속束으로 노예 다섯을 사기로 했다가 다시 금(청동) 100율로 노예 다섯을 산 일을 적었으며, 세 번째 단락에서는 물의 곡식을 광계匡季가 빼앗아 갔는데 그 배상으로 밭 일곱 뙈기와 노예 다섯을 받은 일을 기록하고 있다.

| 세계사 연표 |

기원전 832년 아시리아 왕 샬만에세르 3세가 실리시아를 침입하여 타르수스를 점령하고 이 지역을 정복했다.

출전 서주 청동기 《물정(曶鼎)》의 명문

그래서 물이 소송에서 이겨 노예 다섯을 샀는데 그 노예의 이름은 각각 배陪, 항恒, 우㝢, 수數, 생告이었다. 물은 병숙에게 감사를 표했다. 그리고 노예를 사 오는 과정에서 물은 술, 양, 비단 등으로 상대방을 대접해 그 거래가 순조롭게 되었다.

손해배상에 사용된 노예

노예는 또 손해배상을 하는 물품으로도 사용되었다. 서주 시대 명문에는 이런 기록이 있다. 어느 해 기근이 들었는데 귀족 광匡이 노예 스물을 데리고 와 귀족 물의 곡식 열 제를 빼앗아 갔다. 당시 한 제는 200파把(지금의 묶음과 비슷한 수량)에 해당했으니 열 제면 2000파에 해당된다. 그래서 동궁에게 이 일을 고발하니 동궁은 광을 잡아들여 이렇게 꾸짖었다.

"남의 곡식을 빼앗은 네 수하 놈들을 모조리 잡아 오너라. 만약 잡아 오지 않으면 네놈을 단단히 징벌하리라."

일이 이 지경이 되자 광은 하는 수 없이 배상으로 밭 다섯 뙈기와 노예 넷을 물에게 주기로 했다. 그런

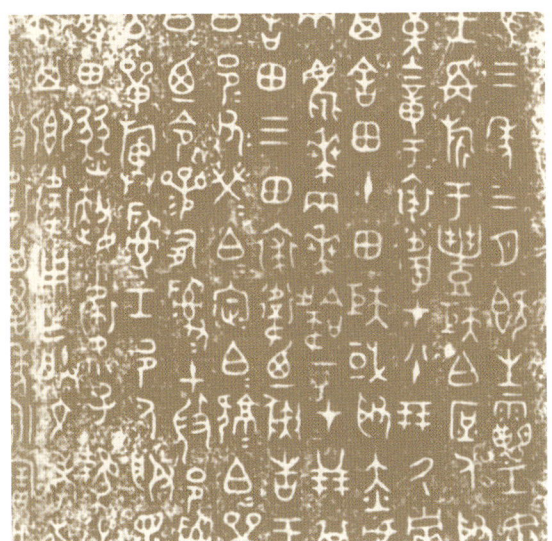

부자와 귀족 간의 토지 교역
1975년 섬서성 기산 동가촌에서 출토된 주나라 공왕, 의왕 시기의 청동 제기 중 오사위정五祀衛鼎과 위화에 새겨진 명문들에는 모두 당시 토지의 교역 내용이 적혀 있다.

데 물은 동의하지 않고 광이 빼앗아 간 곡식들을 모두 돌려달라고 했다. 동궁은 물의 요구를 듣고 이렇게 판결했다.

"광은 반드시 물의 곡식 열 제를 배상하는 외에 거기에 열 제를 더 추가해 모두 이십 제를 주라. 만약 명년까지 배상하지 않으면 그때는 20제의 배인 40제를 배상하게 할 것이다."

그제야 광은 원래 말했던 배상 조건에다 밭 두 뙈기와 노예 한 사람을 더 추가해 모두 땅 일곱 뙈기와 노예 다섯을 물에게 주고 또 빼앗아 온 곡식 열 제까지 돌려주고서야 그 일을 매듭지었다.

위의 사례들은 당시 노예 가격이 상당히 쌌다는 것을 말해 주고 있다.

| 중국사 연표 |

기원전 885년 ~ 기원전 878년

이왕夷王은 중기에 기후紀侯의 참언을 듣고 제 애공哀公을 죽이고 애공의 이복 동생인 정靜을 제나라 군주로 올려놓았다. 이로 인해 제나라는 혼란에 빠졌다.

072

웅거의 출병

초나라 군주 웅역의 제4대손 웅거熊渠는 주나라 이왕夷王이 병으로 늘 누워 있는 틈을 타 영토를 확장해 드디어 중국 남방을 제패하게 되었다.

이왕 초기의 주나라 왕실

효왕이 재위 9년 만에 사망하자 효왕의 조카인 섭燮이 그 뒤를 이었는데 그가 이왕이다. 이왕 초기에 주나라 정치는 활기를 띠었다. 먼 곳에 있는 촉나라와 여나라도 모두 주나라에 보옥들을 조공했다. 이왕은 주나라 변경을 늘 침범하는 태원太原의 융을 징벌하기도 했다.

이왕의 중병을 기회로

그런데 후에 지속되는 지병으로 쇠약해진 이왕은 더는 정사를 볼 수 없게 되었다. 성이 같은 제후국의 군주들은 모두 걱정하며 명산대천에서 이왕의 건강 회복을 천지신명께 기원했다. 하지만 이왕은 재위 16년에 세상을 하직하고 말았다.

이왕의 병이 중해지고 왕실의 권력이 약화되자 일부 제후국들은 조공을 보내지 않고 심지어는 군대를 동원해 땅과 백성들을 빼앗는 전쟁까지 감행했다. 그중에 가장 큰 세력이 초나라 군주 웅거였다.

자칭 왕이 된 웅거의 진공

웅거는 주나라 초기 제후로 책봉된 웅역의 4대손이다. 초족은 원래 중원 화하족의 한 갈래인데 계속되는 동란을 피해 남하해, 지금의 하남성 남부와 호북성 서부로 이동했다. 주나라 주공은 남방의 정세를 안정시키기 위해 주나라와 우호적이었던 죽웅의 증손인 웅역에게 지금의 호북성 서남부 제귀秭歸와 지강枝江 일대를 분봉해

타화它盉
1963년 섬서성 부풍현 제가촌齊家村에서 출토된 서주 말기의 청동기. 뚜껑 안에는 '타'라는 명문이 새겨져 있다. 이 타화는 서주 시대 청동기의 장중하고 신비로운 틀에서 벗어나 실생활로 접근하는 변화를 대표한다.

●●● 역사문화백과 ●●●

[정치나 군사 경력들을 기술한 극정克鼎]

1890년 섬서성 부풍현 임가촌任家村에서 서주 말기의 청동기 16개가 출토되었다. 제작자의 이름은 모두 극이었다. 그래서 이 청동기들을 각각 대극정大克鼎, 소극정小克鼎, 극수克盨, 극종克鐘이라고 부른다.

그중 대극정에는 극이 나라를 다스리는 데 공을 세웠기 때문에 주왕이 많은 토지와 노예를 하사했다는 것이 기록되어 있다. 그리고 소극정에는 종주에 있는 왕이 극에게 명해 성주의 팔사八師를 정리시킨 일이 기록되어 있다.

역사 시험장 〉 하, 상, 주의 부세 제도를 공조철貢助徹이라고 하는데 이 '철徹'은 무슨 의미인가?

| 세계사 연표 |

기원전 825년 ~ 기원전 800년

스파르타의 입법자인 리쿠르고스는 대개 이 시기에 성문화되지 못한 법률을 만들고 나라가 조직한 호적 원칙으로 씨족 조직의 혈연 원칙을 대체시켰다. 이는 스파르타 국가의 형성을 의미한다.

《사기史記·초세가楚世家》
《죽서기년竹書紀年》 출전

추자구준

추자구준駒子駒尊은 1955년 섬서성 미현 이촌李村에서 출토된 서주 효왕, 이왕 시기의 청동기다. 목과 뚜껑 안에 주왕이 집구執駒 전례를 하고 망아지 두 마리를 금위군 장령에게 하사한 일이 기록되어 있다. '집구'는 주나라의 한 전례이다. '구駒'는 2년 된 작은 말을 이르며, 집구는 망아지를 어미 말에서 떼어 내는 것이다.

주었다. 남방 만이들의 지역으로 이동한 초족들이 경제를 발전시키자 주변 토착민인 만이 부족들이 모두 찾아와 귀순했다. 그래서 초나라는 빠르게 강대해졌다.

그러다가 주나라 왕실이 쇠약해진 기회를 이용해 초나라 웅거는 북쪽과 동쪽으로 진격해 국토를 확장했다.

웅거는 "나는 원래 만이이다. 중국의 칭호나 시호 같은 것을 따르지 않아도 된다." 하면서 세 아들을 모두 중원의 천자와 같은 칭호인 왕으로 봉했다. 장자 강康은 구단왕句亶王, 둘째 아들 홍紅은 악왕鄂王, 막내 아들 집자執疵는 월장왕越章王으로 봉하고 그들에게 만이들이 거주하는 지역을 분봉해 주었다.

그 후 주나라 왕실에서는 여왕厲王이 즉위해 주변 제후국들을 강력하게 억눌렀다. 그러자 웅거는 여왕의 징벌이 무서워 자식들의 왕호를 슬그머니 없앴다. 이렇게 초나라는 주나라가 쇠약해지면 국토를 확장하고, 일단 주나라 왕실이 강성해지면 잠시 숨을 죽이곤 했다.

철은 경지 면적에 따라 그 수확의 10분의 1의 생산품을 징수하는 것

기원전 885년 ~ 기원전 878년

| 중국사 연표 |
이왕夷王이 중한 병에 걸리자 그 기회를 틈타 여러 제후국들이 반란을 일으켰다.

출전 《사기史記·제태공세가齊太公世家》

073

제 애공의 난

기후紀侯는 제나라 군주가 반란을 준비하고 있다고 참소했다. 그 말을 들은 이왕은 조사도 하지 않고 제나라 군주를 죽였다. 이때부터 제나라는 긴 혼란에 빠졌다.

제 애공을 죽인 이왕

이왕 초기에는 촉나라와 여나라에서도 사자를 보내 보옥들을 진상했고, 융적 부락들에 대한 정벌도 승리를 거두었다. 그러자 이왕은 오만해져 정사를 완벽하게 돌보지 않았다.

당시 제나라는 기나라와 사이가 좋지 않았다. 기나라 제후 기후는 이왕을 찾아와 제나라를 헐뜯으며 제나라 군주가 반란을 준비하고 있다고 허위 보고를 했다. 그러자 이왕은 사실 여부도 확인하지 않고 각 나라 제후들을 불러 대회를 열어 제나라 군주를 물이 끓는 가마에 던져 죽였다. 사람들은 후에 이 제나라 군주의 시호를 '애哀'라고 했다. 제齊나라 애공哀公을 죽인 이왕은 애공의 이복 동생 정靜을 제나라 군주로 봉했는데 후세 사람들은 그를 호공胡公이라 했다. 제나라 호공胡公은 다른 친척들과의 갈등을 피하기 위해 도읍을 박고薄姑로 옮겼다.

추자구준(반대 쪽)

헌공의 권력 탈취

제나라 애공의 이복 동생 호공 정이 제나라 군주가 되자 제나라에는 군주 친척들 간의 갈등이 심해졌다. 애공의 아우 산山은 호공의 새로운 도성을 습격했다. 아무런 방비도 없었던 호공은 불의의 기습을 당해 목숨을 잃고 산이 제나라 군주가 되었다. 후에 그를 헌공獻公이라 칭했다. 산은 호공의 가솔들을 전부 제나라에서 내쫓고 도읍을 다시 영구營丘로 옮겼다. 그리고 후에 이 도읍의 이름을 임치臨淄라고 바꾸었다.

복수자한테 죽은 포악한 여공

제나라 헌공이 재위 9년 만에 사망하자 아들 수壽가 그 자리를 이어받았다. 후세는 그를 무공武公이라고 칭했다. 무공의 뒤를 이어 그의 아들 무기無忌가 그 자리를 계승했는데 그의 성격이 포악해 제나라 백성들은 그를 반대했다.

그러자 헌공에게 쫓겨난 호공의 후손들이 반대 세력을 규합해 제나라로 잠입했다. 무기를 싫어했던 제나라 사람들은 호공의 아들을 도와 무기를 죽였다. 그리고 호공의 아들을 군주로 삼으려고 했지만, 호공의 아들은 무기를 없애는 과정에서 피살되고 말았다. 무기의 시호는 '여厲'다. 제나라 여공이 죽은 다음 제나라 사람들은 여공의 아들 적赤을 군주로 세웠다.

여공의 아들 적은 자세를 낮추고 국가 대사를 신중하게 처리했다. 그래서 제나라는 점차 안정을 되찾아 내란도 일단락을 짓게 되었다. 적은 '문文'이라는 시호를 얻었다.

| 세계사 연표 |

기원전 824년 아시리아 왕 샬만에세르 3세가 사망하고 삼시 아다드 5세가 즉위했는데 국내에는 반란이 일어났다.

074

서주 청동기 《짐이(朕匜)》의 명문 출전

목우의 소송

하급 관리 목우(牧牛)는 상사의 전횡과 행패를 참을 수 없어서 법에 하소연했지만 오히려 매를 맞고 노예 다섯을 벌금으로 내야 했다. 그리고 다시는 상소하지 않겠다는 서약까지 써야 했다.

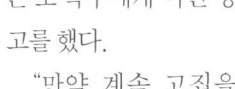

-1046~-771

서주

상사의 횡포를 고발한 목우

서주 후기에 목우라는 하급 관리가 있었다. 그런데 '사(師)'라는 관직을 담당하고 있는 그의 상관이 늘 부하 관리들의 재물을 수탈하며 학대했다. 그 횡포를 참을 수 없었던 목우는 그의 불법행위를 법에 고소했다.

그런데 그의 상관은 사법기관의 요인들과도 친분이 있고 주나라 천자와도 인연이 있었다.

사법기관에서 그의 소송을 심리하기 시작했다.

모함죄로 처벌받은 목우

왕정대신 백양부(伯揚父)는 당상에 올라 목우의 안건을 심리하고 이렇게 판결했다.

"목우의 고소는 상관에 대한 근거 없는 모함이다. 목우는 상관을 모함해 우선 상관에게 충성하겠다는 서약부터 어겼다. 그러니 즉시 상관을 찾아가서 노예 다섯을 바치고 잘못을 빌어야 한다. 형법대로 하면 목우는 채찍형 천 대와 자자형(刺字刑)을 받고 검은 천을 머리에 뒤집어써야 하겠지만 초범임을 감안해 가장 가볍게 처벌한다. 목우는 채찍 500대를 맞고 동 300환을 벌금으로 낸다. 그리고 목우를 파면한다."

죄를 시인한 목우

판결을 마친 백양부는 목우에게 다시는 이 일을 상소하지 않겠다는 서약서를 강요했다. 그리고 백양부는 또 목우에게 이런 경고를 했다.

"만약 계속 고집을 부리며 상관을 고발하면, 이번에는 채찍 천 대를 맞고 얼굴에 자자를 하고 검은 천을 머리에 뒤집어쓸 줄 알아라."

목우는 겁을 먹고 서약서를 쓰고 물러났다.

청동기로 자랑한 승리자

억울한 판결을 받은 목우의 서약은 관아의 서류에 보존되었다. 그 결과를 들은 상관은 동료들에게 그 일을 자랑했다. 그 상관은 이 승리를 기념하기 위해 특별히 화(盉)(청동기 양념 그릇)를 하나 크게 만들었다. 그리고 백양부의 판결문, 목우의 소송 과정 및 판결 집행 상황 등을 모두 청동기 화에 새겨 놓았다. 고고학자들은 이 청동기의 이름을 '짐이(朕匜)'라고 명명했다.

귀족들만의 이익을 위한 법률

청동기에 새겨진 목우의 고소와 그에 대한 판결은 그때의 법률적인 규정들이 귀족들만의 이익을 위한 것임을 대변하는 것이었다. 그러한 사회에서 하층 사람들은 권세가들의 압제를 받아들여야 했으며 억울한 판결에도 복종하지 않으면 안 되었다.

서주의 법률 판결서가 새겨진 청동기 (위 사진)
이 용기 내의 명문은 법률 판결서이다. 하층민인 목우는 상사를 고발했다가 도리어 벌을 받고 다시는 상소를 하지 않겠다는 다짐을 했다. 이는 서주 시대 법률의 심각한 불평등성을 표현한 것이다.

사망자와의 친소에 따라 참쇠, 제쇠, 대공, 소공, 시마의 다섯 가지 상복을 입는 것 183

기원전 885년 ~ 기원전 878년

| 중국사 연표 |
이왕 후기에 초나라 웅거熊渠가 무력으로 영토를 확장하기 시작했다.

075

국인들의 폭동

여왕은 나라의 산과 강 그리고 호수들을 독점하고, 산에 들어가 나무를 하거나 고기를 잡으면 높은 세금을 물게 하고 이에 불만을 표시하면 무참히 죽였다. 그러나 결국은 이에 분노한 국인國人들이 폭동을 일으키는 바람에 여왕은 겁이 나서 도망쳤다.

강산을 독점하고 백성을 수탈하다

이왕의 뒤를 이어 그의 아들 호胡가 즉위했는데 그가 바로 주나라 폭군으로 악명 높은 여왕이다. 여왕 즉위 초, 제후국 군주 영이공榮夷公이 백성들이 도성 부근의 산과 강, 호수에서 나무를 하거나 고기를 잡는 것을 금하고 이것을 위반하면 고액의 세금을 물게 하는 '전리專利'를 주장하자 여왕은 기뻐했다. 여왕은 이 전리로 백성들을 수탈해 백성들은 더욱 빈곤해졌다.

이때 예량부芮良夫라는 대신이 이렇게 말했다.

"산과 강, 호수의 생물들은 모두 하늘과 땅이 낳은 것이고, 이 천지 만물은 수많은 백성들을 위해 있는 것이온데 전리란 도대체 무슨 말입니까. 지금 전리에 분노하는 사람들이 갈수록 많아지는데 영이공은 오히려 그것을 부추기고 있습니다. 계속 이렇게 나간다면 왕위가 얼마나 오래 갈지 심히 우려됩니다. 측근들의 소임은 임금을 도와 신하나 백성들 모두가 잘살도록 하는 것이 아니겠습니까. 그렇게 되기 위해 노력하면서도 혹시나 어떤 원망이나 한을 남기지 않을까 항시 걱정하는 법입니다. 시 〈문왕〉에는 '덕을 베풀어 위업을 이룩하라'는 말이 있는데, 전리는 이 말과는 완전히 대치되는 것입니다. 임금께서 계속 영이공의 말만 들으면 주나라는 망하고 맙니다."

그러나 여왕은 백성들을 계속 수탈했다.

비방하는 자를 죽이다

전리로 살림이 어려워진 백성들의 원성이 날로 커졌다. 그러자 왕실의 대신인 소목공召穆公이 여왕에게 간했다.

"백성들이 전리 때문에 고생이 말이 아닙니다. 더는 참지 못하겠다고 말합니다."

그러나 계속 전리에 의한 착취를 계속했을 뿐만 아니라 위나라에서 무사巫師들까지 불러와 도성 안의 백성들을 감시하게 하고, 누가 왕을 비방하면 당장 죽여 버렸다. 그러자 어느 하나 불평을 감히 입 밖에 내지를 못했다. 백성들이 입을 다물자 여왕은 희색이 만면해 소목공에게 이렇게 말했다.

"보게나. 어디 원성이 있는가? 모두들 아무 말 없지 않나. 천하가 태평해졌단 말일세."

백성의 입을 막은 악과惡果

그 말에 소목공은 엄숙히 간했다.

"그건 백성들의 입을 막았기 때문입니다. 그러나 막혔던 강물이 터지면 큰물이 밀려오는 것처럼 백성들의 입을 막았다가 터지는 날에는 상상할 수 없는 일이 벌어질 수도 있습니다. 그러기에 강물을 다스릴 때는 잘 흐르도록 소통시키는 것이 상책이고 백성을 다

●●● 역사문화백과 ●●●

[국야國野 제도의 구체적인 내용과 성질]

주나라는 건국초기 '국國'과 '야野'를 엄격히 구분했다. 국은 도성과 그 주변 지역을 말하고, 그 외의 지역은 모두 야라고 했다. 국 안에 사는 사람들을 '국인國人'이라고 했는데 주로 국왕의 친척들, 귀족 관료 그리고 그들을 위해 일하는 수공업자들이 포함되었다. 그 밖의 지역에 사는 사람들은 '야인野人'이며 주로 농민들이다. 국인과 야인은 권리와 의무도 각각 달랐다. 국야 제도는 통치자들을 단합시켜 농민들을 지배하기 쉽게 만든 주나라 조정의 통치법이다.

| 세계사 연표 |

기원전 823년 아시리아 왕 샴시아다드 5세는 바빌로니아의 도움을 받아 국내의 반란을 평정했다.

《사기史記·주본기周本紀》
《국어國語·주어周語 上》 출전

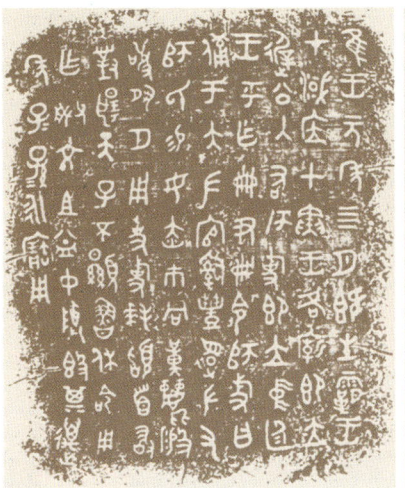

스릴 때는 하고 싶은 말을 다 하도록 해 주는 것이 상책입니다. 그래야 반란이 일어나지 않습니다. 백성에게 입이 있는 것은 땅 위에 산과 강이 있는 것과 마찬가지입니다. 재물도 그곳에서 나오고 의식주도 그곳에서 나오며 선악과 성패도 나옵니다. 백성들의 입에서 나오는 말을 듣고 거기에 맞는 대책들을 강구해야 일들이 성사되는 법인데, 백성들의 입을 막다니 이게 어디 말이 됩니까? 백성들의 입을 막으려 하다가는 큰 화를 당합니다."

사씨師氏는 관직명이다
학자 쉬쉬윈許倬雲은 청동기의 명문에 근거해, 사씨는 군대를 통솔하는 무관의 직명이라고 주장했다. 사씨는 서주 중기 이후 고위 무관의 직명으로 이 사師에서부터 좌우 및 각 층의 하속 기관들이 갈라져 나온다.

왕궁에 쳐들어온 백성들

그러나 여왕은 소목공의 말을 듣지 않고 계속 전리를 실시했다. 그리고 이에 불만을 가진 자는 모두 죽였다. 이렇게 3년이 지나자 백성들이 마침내 폭동을 일으켰다. 왕궁을 지키는 경호 부대도 밀물처럼 밀려드는 분노한 백성들을 막을 수 없었다. 여왕은 그제야 백성들의 힘을 알게 되었다. 분노한 백성들한테 잡히면 어떻게 되리라는 것을 잘 안 여왕은 황하를 건너 체읍彘邑이라는 곳까지 도망쳤다.

후에 발굴된 서주 시대 청동기에는 그 폭동에 '방인邦人, 정인正人, 사씨인師氏人' 등이 가담했다고 새겨져 있었는데, 방인은 도성과 인근에 사는 평민들을 말하며, 정인은 공정工正, 도정陶正, 차정車正 등 수공업자들을 관리하는 관리들과 그 하속들을 말하며, 사씨인은 도성에 주둔하고 있는 군대의 하층 군관들과 군사들을 말한다. 이를 통해 우리는 당시 얼마나 많은 사람들이 폭동에 가담했는가를 알 수 있다.

기원전 842년 국인들의 폭동이 일어나는 바람에 여왕이 도망쳤다. 기원전 841년에 공화집정이 시작되었는데 이때부터 중국에는 기년이 있게 되었음

기원전 877년 ~ 기원전 842년

| 중국사 연표 |

여왕은 남회이와 악후의 반란을 평정하는 등 여러 차례 전쟁에서 승리했다.

076

태자를 구한 소목공

여왕이 도주하자 태자는 소목공의 집에 숨었다. 백성들이 소목공의 집으로 몰려오자 소목공은 자기 아들을 태자로 위장시켜 내놓았다. 그래서 태자 대신 소목공의 아들이 백성들에게 맞아 죽었다.

소목공의 집을 포위한 국인들

왕궁으로 쳐들어간 백성들이 아무리 왕궁을 샅샅이 뒤져도 여왕이 보이지 않았다. 여왕이 도망친 것을 안 백성들은 여왕의 아들 태자를 찾았다. 그러다가 태자가 소목공의 집에 숨어 있는 것을 알게 되어 그들은 소목공의 집으로 몰려갔다. 수천수만의 분노한 백성들이 소목공의 집을 겹겹이 포위했다. 그러나 백성들은 소목공이 어진 신하임을 알고 있었기 때문에 쳐들어가지는 않고 태자를 내놓으라고 고함만 질렀다.

태자 정靜이 소목공의 집으로 왔을 때 소목공은 잠시 태자를 숨겼다가 때가 되면 다시 궁으로 돌려보내려고 했다. 그런데 분노한 백성들을 보니 태자를 내어줄 수도 없고 겹겹이 포위된 상황에서 태자를 빼돌릴 수도 없었다.

태자 대신 죽은 소목공의 아들

그래서 소목공은 가족들에게 이렇게 말했다.

"지난날 나는 줄곧 여왕에게 고했지만 왕은 내 말을 듣지 않아 오늘 이 재앙이 닥쳤다. 그런데 지금 태자를 내놓는다면 태자는 목숨이 위태로울 것이다. 제후들을 섬김에도 억울한 일들이 있어도 참으며 진력으로 도와야 하거늘 하물며 왕을 모심에야 더 말할 것이 있겠느냐."

대문 밖에서는 태자를 내놓으라는 백성들의 고함 소리가 갈수록 높아졌다. 당장이라도 대문을 밀고 들어올 태세였다. 소목공은 서둘러 자기 아들에게 태자의 옷을 입혀 문 밖으로 내보냈다. 분노로 이성을 잃은 민중들은 태자를 보자 우르르 몰려들어 사정없이 발길질과 주먹질을 해 대었다. 어리고 약한 소목공의 아들은 뭇매를 맞아 정신을 잃고 쓰러져 끝내는 숨을 거두었다. 태자가 죽자 백성들은 흩어져 돌아갔다.

그런데 나라는 하루라도 임금이 없어서는 안 되는 일이다. 백성들은 제후 중에 이름이 화和인 공백共伯을 청해 임시로 천자 권한을 대행하게 했다. 그해를 '공화共和' 원년이라고 하는데 기원전 841년에 해당한다. 이 공화 원년부터 중국 역사는 확실하게 기록이 되었다. 사마천의 《사기》에는 〈12제후 연대표〉가 있는데, 그

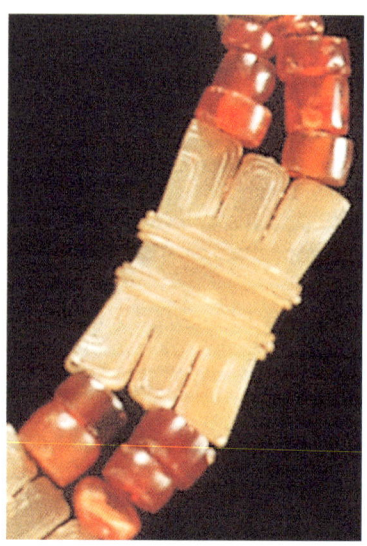

●●● 역사문화백과 ●●●

[공화행정共和行政이란 무엇인가?]

국인들이 폭동을 일으키자 겁이 난 여왕은 도망쳤다. 그래서 소공과 주공이 나라 행정을 맡아 했는데 이것을 '공화'라고 했다. 공화 14년에 여왕이 객지에서 죽자 소공과 주공은 여왕의 아들 선왕을 즉위시켰다. 이 내용은 사마천 《사기》의 견해이다. 그러나 진秦나라 이전의 많은 고서적들과 명문에서는, 공국共國의 백작인 화라는 사람이 국인들의 옹호를 받아 왕정을 대행했는데 그것을 공화라고 한다고 했다.

지금 많은 학자들은 '공화'는 국명과 인명을 합친 것이라며 후자의 내용을 주장한다.

| 세계사 연표 |

기원전 822년 — 이집트 제22 왕조의 파라오 셰송크 2세가 즉위했는데 그가 통치하는 기간 이집트는 두 개 왕조로 분열되었다.

《여씨춘추呂氏春秋 · 개춘론開春論》
《국어國語 · 주어周語 上》
출전

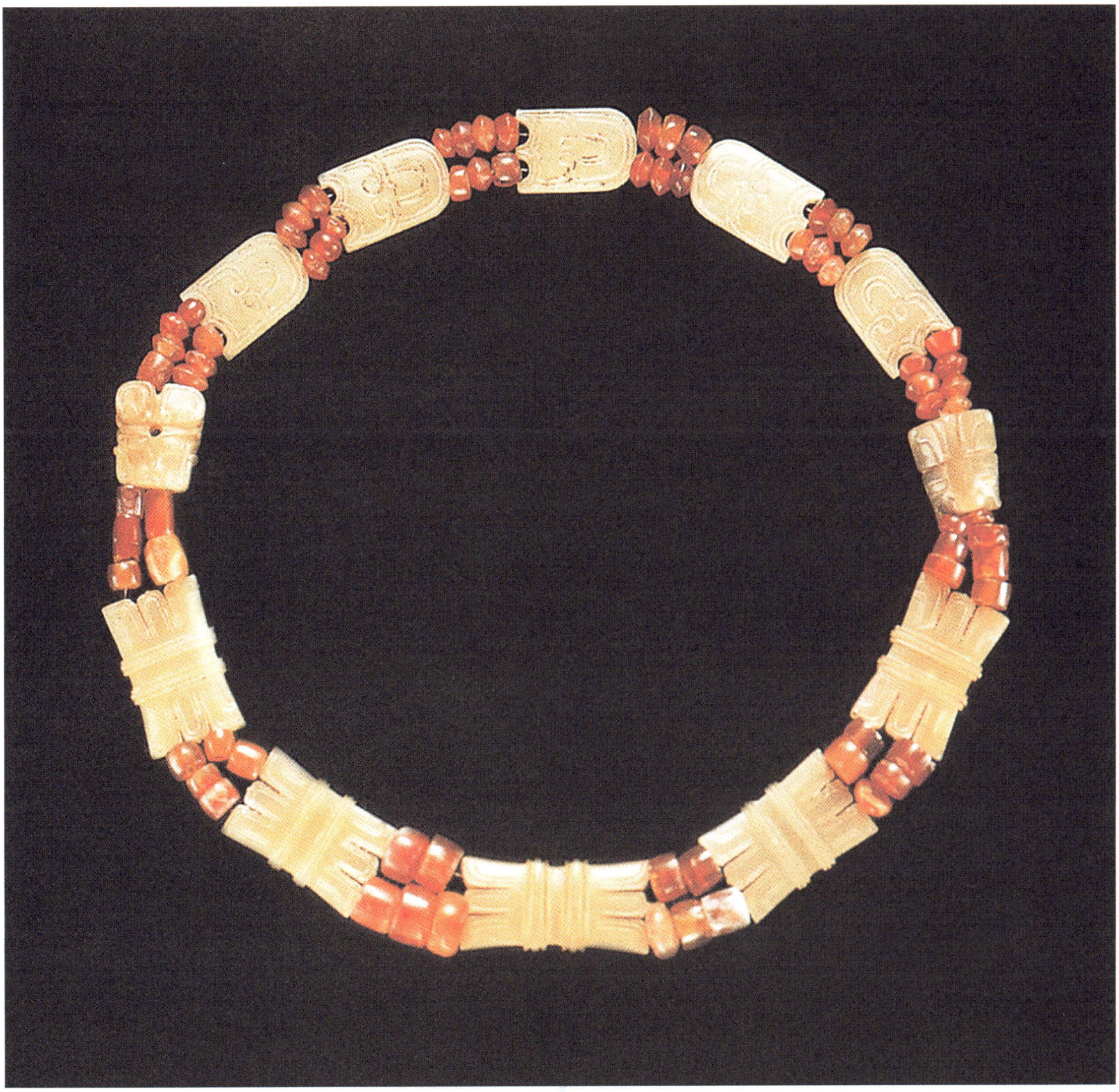

서주의 옥 목걸이
중국 사람들은 옥은 신성하고 존귀함을 상징한다고 여겨 왔다. 이 옥 목걸이는 천연적인 녹색 옥돌을 원료로 하여 섬세하게 조각한 것이다.

연대표도 공화 원년부터 시작해 엮은 것이다.

살아남은 태자 정의 즉위

공화 14년, 달아난 주나라 왕이 체彘나라에서 죽었다는 소식이 전해졌다. 사람들은 이 왕의 시호를 '여'라 했다. 여왕이 죽었다는 소식이 전해지자 소목공은 즉

시 여왕의 태자가 아직 살아 있다는 사실을 세상에 알렸다. 그러자 공백 화는 제후들과 백성들을 설득해 태자 정靜을 왕으로 세우고 자신은 원래 제후국으로 돌아갔다. 왕위를 이어받은 태자 정이 바로 선왕宣王이다.

햇솜을 콧구멍에 놓아봄 187

| 중국사 연표 |

기원전 877년 ~ 기원전 842년

여왕은 '전리'를 좋아하는 영이공榮夷公을 경사로 임용하고 백성들의 재물을 수탈하면서 불만이 있는 사람은 무참하게 죽였다.

077

상나라를 거울로

여왕의 폭정 시기 소목공은 많은 시를 써서 여왕에게 망한 상나라를 거울로 삼아 행동에 신중하기를 권했다.

평소 소목공은 여왕이 선정을 하도록 항상 간하였을 뿐만 아니라 백성들의 폭동 때는 태자를 살려 대신으로서의 본분을 지켰다. 그리고 또 많은 시를 써서 당시의 정국을 풍자하기도 하고 군왕들이 덕으로 나라를 중흥시킬 것을 호소하기도 했다.

소목공의 간곡한 호소

여왕의 폭정에 소목공은 이런 내용의 시를 썼다.

"이미 지칠대로 지친 백성, 그들을 좀 편안하게 못 해 줍니까. 백성들을 사랑해야 천하가 태평해지는 법이옵니다. 아첨하는 자들의 불량한 심보를 막아 주십시오. 수탈과 포악을 억누르고 탐관오리들을 징벌하십시오. 임금의 권위를 세우고 현덕한 대신들을 중용하고 부패를 막아 큰 변이 일어나지 않도록 해 주십시오. 백성들이 불평을 말할 수 있도록 해 반란이 생기지 않도록 하십시오. 임금이시여, 백성들을 사랑하옵소서. 부디 신의 간곡한 호소를 들어주시옵소서."

이것은 백성들의 폭동이 임박하였음을 간파한 소목공의 간곡한 청원이었다. 이 시는 후에 〈민로民勞〉라는 제목으로 《시경·대아大雅》에 수록되었다.

형제들과의 다툼

탐욕으로 인해 당시 부족 내부에는 형제들끼리 원수처럼 싸우는 일이 늘어났다. 그것을 본 소목공은 자기 부족 사람들을 성주成周에 불러 놓고 시를 지어 읊으며 이렇게 경고했다.

"산앵두나무가 꽃이 피면 꽃턱도 같이 빛나는 법이거니, 이 세상 형제보다 더 친한 사람이 어디 있을까. 그렇게 두려운 죽음 앞에서도 서로 돕는 사람은 그래도 형제뿐일세. 멧산에 올린 봉분, 그래도 형제가 찾아 주고, 할미새가 나는 고원에서 곤경에 처하면 형제들이 구해 주네. 형제는 안에선 싸우다가도 남들 앞에서는 힘을 합치고, 한 상에서 술을 마시고 밥을 먹지. 그래서 형제라고 말하노니 형제면 서로 의좋게 살아야 하는 법. 식솔들을 사랑하고 아

최초의 타악기 - 편종
종은 서주 시대에 나타났는데 모양은 같으나 크기가 다른 여러 개를 대소의 순서대로 걸어 놓고 친다. 이것을 편종이라고 한다. 편종은 주나라 귀족들이 제사를 지내거나 연회를 하거나 하는 때에 이용하는 악기이다. 섬서성 장안현에서 출토된 이 편종은 지금까지 중국에서 출토된 것 중에 가장 오래된 것이다.

역사 시험장 〉 청동기를 주조하는데 간단한 회화 도구들을 이용했는데 가장 많이 쓰인 도구는 무엇인가?

| 세계사 연표 |
기원전 818년 — 이집트 제23 왕조가 건립되었다.

《시경詩經·소아小雅·당체棠棣》 출전

내를 잘 대하라. 생각해 보라. 내가 어디 틀린 말을 하는가."

형제들의 우애를 강조한 이 시의 제목은 〈산앵두나무〉인데 중국 문학사에 불후의 명작으로 남아 내려오고 있다.

상나라 패망에 빗대어 여왕에게 경고하다

여왕의 포악으로 사회적 갈등이 날로 심해지자 소목공은 자신의 책임을 새삼 느끼며 다음과 같은 시를 써서 간했다.

"천제는 천하 만백성의 임금이다. 그런데 천제가 그 사악한 본성으로 많은 사람들의 운명을 예측하기 어렵게 만들었도다. 사람들의 소망은 언제나 좋지만 그 소망을 이룬 사람들은 별로 없도다."

이 시에서 천제는 주나라 여왕을 암시한 것이다.

또 문왕의 어투로 상나라 주왕을 질책했는데 이것은 여왕을 빗대어 풍자한 것이다.

"문왕이 상나라를 힐책하기를, 왜 그렇게도 무도하느냐, 왜 그렇게 백성들을 수탈하느냐? 천제가 재앙을 안기려고 너의 강포를 도운 것이냐. 너의 행동이 백성들의 원한을 사도 너는 그것을 오히려 덕으로 삼으니, 백성들은 뜨거운 솥 안의 개미 떼처럼 안절부절 못하고 이성을 잃은 관료들은 덕행과 예법을 지키지 않는구나. 너는 안으로는 백성들을 억누르고 밖으로는 인근 나라들을 위협하면서 선왕들이 만든 법도를 마음대로 짓밟고 있구나. 그러니 네 나라가 무너지지 않을 리 있겠느냐. 상나라는 하나라를 거울로 삼아야 하리." 하며 경고했다.

맵시 있는 사장반史墻盤과 그 명문 (왼쪽 및 아래 사진)
사장반은 서주 미씨微氏 가족 중에 이름이 장墻이란 사람이 만든 청동 쟁반이다. 쟁반을 만든 사람의 성이 사史씨이기에 그 성을 붙여 사장반이라고도 한다. 이 쟁반에는 사관 장이 주나라 문왕, 무왕, 강왕, 소왕, 목왕의 공적을 기리는 송가와 무왕 때부터 계속 사관직을 한 미씨 가족의 발달사가 기록되어 있다.

-1046~771- 서주

소목공의 간곡한 진언

이 시는 〈탕蕩〉이라는 제목으로 《시경·대아》에 수록되었다. 소목공이 이렇게 말로 간하고 시로 풍유했지만 완고한 여왕은 그 말을 듣지 않았다.

●●● **역사문화백과** ●●●

[사료적 가치가 높은 사장반]
1976년 섬서성 부풍현 백촌白村에서 청동기 구덩이를 발견했는데 사장반도 그곳에서 발견된 청동기 중의 하나이다.
사장반의 제조자는 역대로 내려오면서 사관史官 벼슬을 한 사람이다. 사장반에는 서주 전반기의 중요한 역사적 사실과 미씨 가족의 가족사 등이 개략적으로 기재되어 있다.

| 중국사 연표 |

기원전 842년 폭동을 일으킨 국인國人들이 왕궁으로 처들어가는 바람에 겁이 난 여왕은 체읍彘邑으로 도망쳤다.

078

여왕을 꾸짖은 예량부

예芮나라 군주 예량부도 탐욕에 눈이 어두운 여왕을 꾸짖고 악행을 버릴 것을 호소했지만 소용이 없었다. 마침내 백성들이 폭동을 일으키자 예량부도 동으로 도망쳤다.

악행이 많으면 백성들의 분노도 커진다

여왕의 무도함을 시로써 풍자한 사람으로는 범백凡伯도 있었다. 범백은 범凡나라의 제후인데 그도 주공의 후대이다. 그는 이런 내용의 시를 써서 조정 권신들을 풍자했다.

"천제가 이성을 잃으니 백성들이 고생한다. 천제의 치국 정책은 멀리 내다보지 못하고 하는 말엔 옳은 것이 하나도 없다. 무지한 대신들은 밤낮 떠들어도 성의는 하나 없고 꾀만 보인다. 조심할지어다. 하늘이 재앙을 안기려고 하니 기뻐하지 마라. 하늘이 노하고 있나니 즐거워하지 마라. 악행이 많을수록 백성의 분노가 커지나니 결국은 만회할 수 없는 지경에 이르리라. 군대는 울타리 같고, 국민은 성벽과 같고, 제후국들은 성문과 같고, 형제는 성루와 같나니 성벽을 허물지 마라. 그보다 더 두려운 일은 없느니라."

이 시의 제목은 〈판板〉이다.

국민을 학대하는 군왕은 위험하다

여왕의 탐욕과 폭정을 가장 엄하게 비판한 사람은 아마 예량부일 것이다. 예량부는 제후국 예나라의 군주인데 여왕이 영이공을 중용해 전리 정책을 실시할 때 여러 번 여왕을 만류했다. 그러나 여왕이 그의 말을 전혀 듣지 않자 재차 직언으로 간했다.

"신 예량부 심사숙고 끝에 또 한번 간하나이다. 천자는 국민의 부모입니다. 도를 행하면 천하가 순종하지만 무도하면 신하들마저 반대하게 됩니다. 백성은 덕 있는 사람을 따릅니다. 포악무도한 상나라 주왕과 하나라 걸왕이 어떻게 되었습니까? 결국은 분노한 백성들에게 망하지 않았습니까? 천자께서는 문왕과 무왕의 대업을 이어받으신 분이십니다. 그래서 지금의 신하들도 충성을 다해 천자를 보필해야 하건만, 오히려 전리로 천자를 꾀어 부덕을 행하게 하고 있습니다. 국민들은 지금 탐관오리들의 학대에 시달리고 있습니다. 천자는 백성을 해치는 무리들을 없애 버리는 분입니다. 백성을 해치면 천자가 아니라 국민의 적이 됩니다. 백성을 위해 좋은 일을 하시는 분이 천자입니다. 좋은 일을 하지 않고 악한 일만 한다면 백성들의 원망만 살 것입니다."

동료들을 꾸짖은 예량부

여왕을 지적하고 예량부는 계속하여 동료들을 꾸짖었다.

"지금 너희는 신하 된 몸으로 염치없는 아첨과 탐욕스러운 수탈만 일삼고 덕은 쌓지 않고 있다. 그래서 나라의 재정은 고갈되고 백성의 원성은 높아지니 이게 난을 자초하는 것이 아니고 무엇인가? 나의 소견으로는, 지금 가장 큰 우환은 백성들의 반감이다. 그러므로 동료들은 지난날의 잘못을 반성해야 한다. 그래야 그대들의 관직을 보존할 수 있다. 만일 계속 악행을 일삼는다면 대왕의 안위조차 위험한데 그대들이

●●● 역사문화백과 ●●●

[세경세록제世卿世祿制란 무엇인가?]

서주의 많은 귀족들은 경卿이라는 고위직을 물려받으면서 주나라 왕이 준 땅, 즉 녹전祿田도 대대로 물려받았는데 이것을 세경세록제라고 한다. 세경세록제도는 주나라 통치자들이 친족과 공신들에게 대대로 특권을 누리게 하는 제도이다.

| 세계사 연표 |

기원전 818년   아시리아와 바빌로니아의 전쟁에서 아시리아가 승리했다.

출전 《시경詩經·대아大雅·상유桑柔》
《일주서逸周書·예량부해芮良夫解》

야 더 말할 게 있겠는가? 그대들이 안일한 생활에 묻혀 있을 때 관직은 뇌물에 팔리고 현인들은 입을 다물고 소인들이 득세하고 있다. 그런데 너희들은 그것을 모르고 재물만을 긁어모으고 있으니 참으로 가련한 인간들이다. 너희들은 감언이설로 대왕을 속이고 서로를 기만하고 있으니 결국은 망하고 말리라. 그러니 부지런히 덕을 쌓으며 닥쳐올 재앙을 미연에 방지하라. 재앙이 들이닥친 후 그때 가서 후회한들 무슨 소용이 있으랴."

국인 반란 후의 비참한 도주 생활

예량부의 예언대로 마침내 백성들의 폭동이 일어났다. 예량부도 동으로 피하면서 그 심정을 이렇게 시로 읊었다.

"무성하고 부드러운 뽕나무 가지는 큰 그늘을 땅에 덮어 주었네. 그런데 뽕 따는 사람들이 그 잎을 몽땅 따 벌거숭이로 만들었으니 백성들이 당하는 해가 막심하구나. 공포와 고생에 지친 우리들을 고명한 하늘은 왜 불쌍히 여기지 않는지? 도망하는 수레들이 길을 메우고 이르는 곳마다에는 사람들이 끓고 있구나. 동란 속에서 백성들도 죽어 가니 이르는 곳마다 잿가루만 날리는구나. 아, 슬프도다. 가면 내 이제 어디로 가리. 어디에도 내 몸 둘 데가 없도다. 쓰라린 마음으로 내 고향 내 나라를 그리나니, 하늘이 벌을 내려 우리의 대왕을 없애 버리고, 곡식 밭을 황폐하게 만들고, 간신들을 내려 보내 백성의 폭동을 일으켰도다. 내 얼마나 그들에게 경고했던가. 그러나 그들은 오히려 나를 죽어라고 욕했다. 나는 이 시를 써 그들을 질책한다."

명문이 가장 긴 모공정
청나라 도광道光 말년, 섬서성에서 출토된 서주 후기의 청동기. 모공정에는 명문이 497자나 있는데 지금까지 발굴된 주나라 청동기 중 명문이 가장 길다. 이 명문에는 나라가 안정되지 못함을 안 선왕이 모공을 제후로 임명해 조정의 정사를 돌보게 하고 많은 재물을 하사했다는 내용이 기록되어 있다.

궁宮, 상商, 각角, 치徵, 우羽 등 다섯 가지 음계音階를 말하는데 '오성(5聲)' 이라고도 함

| 중국사 연표 |

기원전 841년 — 서주의 국인들은 제후 중의 현자인 공백 화(共伯和)로 하여금 천자의 직권을 대행하게 했는데, 이해가 바로 '공화' 원년이다.

079

해마다 성대히 진행하는 적전례

적전례의 폐지

서주 초기, 해마다 봄이 오면 적전례를 지냈다. 적전례란 백성들의 노동력으로 왕실의 땅을 밭갈이하는 의식이다. 그런데 선왕이 즉위하면서부터는 이 의식이 제대로 행해지지 않아 왕실의 땅이 황폐해졌다. 그래서 이 의식을 폐지했다.

서주 초기, 주공이 제정한 예법 중에는 적전례라는 것이 있었다. '적전籍田'은 백성들의 노동력을 빌려서 왕실의 땅을 경작한다는 의미이다. 이 땅에서 나오는 소출은 선조들의 제사에 드는 경비와 귀족들에게 사용되었다. 당시 적전례는 농사를 장려하는 의미도 있었다.

적전례의 규정에 의하면, 입춘 아흐레 전에 태사관이 농사를 책임진 직관稷官에게,

"오늘부터 다음 달 초까지 땅에 양기가 오르고 토질이 맹동한다. 제때에 밭갈이를 하지 않으면 땅의 기맥이 굳어져 곡식이 자라지 못하여 흉년이 든다."고 알린다.

그러면 직관은 이 일을 왕에게 고한다.

"오늘부터 아흐레 동안 토지의 기맥이 통하는 날입니다. 대왕께서는 다른 일은 잠시 미루시고 몸을 정히 하고 농사를 감독하시기를 바라나이다."

그러면 왕은 사도에게 명해 서둘러 봄 밭갈이를 준비하도록 한다. 이에 사공은 적전에 단을 세우고 천지신명에게 제를 지낸다. 그리고 농업을 주관하는 관리들에게 농기구들을 준비하게 한다.

입춘 닷새 전에는 악사들이 화창한 봄바람이 불어옴을 알린다. 그러면 왕은 재궁齋宮에서 정히 목욕재계하고 백관들도 연 사흘 동안 목욕재계를 한다.

밭갈이하는 날이 오면 제사에 쓰는 술, 창주鬯酒를 바치고 예주醴酒를 바친다. 창주를 붓고 예주를 마신 왕이 앞으로 걸어가면 백관들과 백성들이 그 뒤를 따라 적전으로 나아간다. 밭갈이가 끝나면 왕이 먼저 소, 양, 돼지로 만든 음식을 맛보고 그 다음은 관리들이 맛본 다음 백성들이 먹는다.

●●● 역사문화백과 ●●●

[중국 고대의 정전井田제도]

중국 고대부터 정전제는 계속 변화해 왔다. 원시사회 말기 최초로 정전제가 생기고 후에 하나라와 상나라 때에 와서는 정전은 모두 통치자들에게 빼앗겨, 노예들의 노동 상황을 검증하는 토지 단위가 되었다. 서주 시대에 이르러서 정전제는 '사전私田 백 무를 부치면 그와 해당한 공전을 가꾸어야 한다'는 형태로 변화되었다.

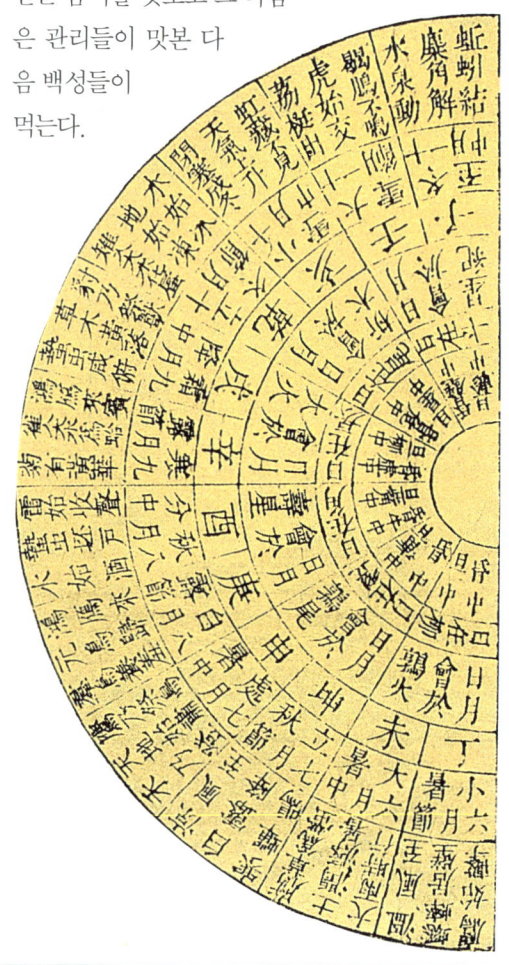

| 세계사 연표 |

기원전 814년

북아프리카에서 흥기한 카르다지성이 점차 강대한 노예제 국가로 발달했다. 전하는 데 의하면 이 성의 성주는 다이르라고 하는 포에니키아 여성이라고 한다.

《국어國語·주어周語 上》 출전

입춘 날, 적전례를 마치고 나서 직관은 그해 농사를 백성들에게 선포한다.

"오늘이 입춘이다. 이제 동면했던 벌레들이 깨어난다. 이제부터 밭갈이 시절이다. 밭갈이를 시작하지 않는 집이 있다면 법으로 다스릴 것이다."

그런 다음 많은 관리들이 농사일을 독촉한다. 여름 김매기도, 가을 수확도 모두 이와 같은 의식에 따른다.

적전례를 폐지한 선왕

적전례는 서주의 풍습이 되었다. 그런데 여왕이 죽고 선왕이 즉위해 이 의식을 폐지하려 했다. 그러자 경사 괵문공虢文公이 이렇게 간했다.

"적전례를 폐지해서는 안 되는 줄로 아옵니다. 농사는 백성을 다스리는 대사입니다. 그리고 천지신명에게 올리는 제물들도 여기서 나오고, 백성들의 풍족한 살림과 번영도 이로부터 생기며, 각종 일에 필요한 경비와 물자도 이로부터 생기고, 협조와 화목도, 나라의 강성과 정권의 공고함도 이로부터 이루어지는 것입니다. 적전례를 지내는 동안 조정은 오직 농사에 관한 사무만을 봅니다. 일 년의 세 절기는 농사에 관련된 사무를 보고 한 절기는 군사력 강화에 관한 사무를 봅니다. 그러기에 지금까지 나라를 지키는 데 재력이 있었습니다. 그런데 지금 천자께서는 선왕들이 정한 적전을 폐지하려고 하시는데 그러면 제물이 결핍되고 백성은 살림이 곤궁해집니다. 그렇게 되면 이 강산이 오래갈 수 있겠습니까?"

그러나 선왕은 괵문공의 말을 듣지 않았다.

토지제도의 개혁

선왕이 적전례를 폐지한 원인은 두 가지이다. 하나는 왕실의 땅 공전이 황폐해져 백성들의 노동력을 빌리기보다는 세금을 받는 것으로 개혁할 필요성을 느꼈기 때문이다.

또 하나는, 선왕의 아버지인 여왕이 도망친 십여 년 동안 적전례를 지내지 않아 다시 적전례를 회복하기가 어려웠기 때문이다. 적전례의 폐지로 토지제도에는 변화들이 일어났다.

서주에서 기원한 24절기
전국 시대 말기에 농사철의 변화를 알리는 24절기가 확립되었다. 서주 시대의 사람들은 해 그림자로 시간을 측정하는 해시계로 춘하추동 사계절을 확정했는데 이것이 24절기를 확립하는 토대가 되었다. 24절기의 확립은 농업을 대대적으로 촉진시켰다.

제사와 빈민 구제에 이용

| 중국사 연표 |

기원전 828년

여왕 호胡가 사망한 후 소공의 집에 숨어 있던 왕자 정靜이 즉위했다.

080

선왕의 중흥

선왕은 즉위 초기, 현인들을 임용하고 반란을 평정해 정세를 점차 안정시켰다. 그래서 이 시기를 '선왕의 중흥中興' 시기라고 한다.

나라를 위해 결심한 선왕

백성들의 힘이 얼마나 무서운지를 안 선왕은 즉위 후 정사를 신중하게 돌보았다.

성왕이 즉위한 초년, 나라에 큰 가뭄이 들자 선왕은 이렇게 애탄했다.

"하늘이 연이어 재앙을 내리는구나. 제물과 미옥을 아낌없이 모두 써 천지신명께 제사를 지냈건만 어이하여 하늘은 재앙을 내려보내는가? 선인이 빚은 죄악 때문에 후세도 그 고생을 해야 한단 말인가."

그리고 선왕은 아버지 여왕을 교훈으로 삼아 나라를 열심히 다스리겠다고 결심했다.

인재들을 등용해 새로운 기상을 이룩하다

선왕은 현량한 인재를 기용하는 것으로 개혁의 첫 걸음을 시작했다. 그는 즉위하자마자 자기의 생명을 구해 준 소목공을 재상으로 삼고, 이어서 번중산부樊仲山父, 윤길문尹吉文, 정백휴부鄭伯休父, 괵문공, 신백申伯, 한후韓侯, 현부顯父, 남중南仲, 방숙方叔, 장중張仲 등을 고위 관직에 임명했다.

이름 중에 부父나 보甫는 고대 남자들의 칭호이다. 선왕이 이렇게 인재를 등용하고 백성들을 잘 다스리니 새로운 기상이 일어서기 시작했다.

주나라를 부흥시킨 선왕
국인 폭동 때, 소목공은 자기 아들의 생명으로 여왕의 아들 정을 살렸는데 이 정이 후에 선왕이 되었다. 선왕은 경제를 발전시키고 인재를 중시하고 외족의 침략을 물리쳐 황금시대를 만들었다. 사학자들은 이 시기를 '선왕 중흥宣王中興'의 시기라고 한다.

소수민족의 침입을 격퇴하고 나라의 존엄을 세우다

그 당시 또 하나의 심각한 문제는 주변의 소수민족들이 침입해 백성들의 생명과 재산을 해치는 것이었다. 선왕은 용맹한 장수들을 기용하고 군대를 정돈해 소수민족들을 격퇴할 준비를 했다.

주나라를 침입하는 소수민족들 중에 가장 강한 민

| 세계사 연표 |

기원전 810년 우라르트 국왕 메이누아가 즉위하여 통치하는 기간 '보루'를 구축해 북부 행정의 중심으로 만들었다.

출전 《제왕세기(帝王世紀)》 《시경詩經·대아大雅·유월》

족은 험윤獫狁이라는 민족이다. 선왕은 남중과 윤길보 두 장군에게 명해 험윤의 군대들을 북방 태원 이북으로 쫓아냈다. 그리고 북방에 성을 쌓고 변방을 수비하는 보루를 세웠다.

남방의 초나라도 주나라의 속국들을 쳐서 점령했다. 선왕은 대신 방숙方叔에게 군대 3000을 주어 초나라를 징벌하게 했다. 용병에 능한 방숙은 초나라 군대를 무찌르고 많은 포로들을 노획했다.

회하 양안에 있는 회이淮夷도 늘 소동을 일으켰다. 선왕은 소목공 호虎를 보내 회이를 징벌했다. 소목공의 군대는 가는 곳마다에서 회이군을 대패시켰다. 선왕은 소목공에게 귀한 옥기와 검은 기장으로 빚은 술, 토지를 상으로 하사했다. 소목공 호는 이 일을 기념하는 청동기 궤를 만들어 그 일을 기록했다.

회하 하류 일대에 이인夷人들이 세운 서국徐國도 반란을 일으켰다. 그러자 선왕은 남중, 황부皇父와 휴부休父를 보내 징벌하게 했다. 주나라 대군이 온다는 말을 들은 서나라 군대는 싸움도 제대로 한번 못 하고 투항했다.

제후들을 위로하고 변방 경계를 강화하다

주나라 남방의 통치 강화를 위해 선왕은 외삼촌 신백에게 사읍謝邑을 고쳐 분봉했다. 원래 신백은 신나라의 제후다. 신백을 새로운 봉지로 보내기 전에 선왕은 소목공을 먼저 보내 신백의 거처를 미리 마련해 성을 쌓고 궁실과 종묘를 만든 후 토지와 변방을 정돈했다. 그런 연후에 선왕은 신백에게 나라 정립을 상징하

백공부금작伯公父金爵

서주 말기의 청동기이며 1976년 산시성 부풍 황투이원당촌扶風黃堆雲塘村에서 출토되었다. 이 두 개의 백공부금작은 크기나 모양 그리고 새겨진 무늬가 같으며 새겨진 글의 내용도 서로 연관되어 있는 것으로 보아 한 쌍이라는 것을 알 수 있다. 입구가 둥글게 생긴 이 용기는 변형된 매미 무늬와 구름 무늬 등이 새겨져 있고 밑굽에도 고리형의 무늬들이 새겨져 있으며 넓적한 손잡이에는 기용 무늬가 새겨져있다. 학자들에 따라 이 청동기를 달리 부르는데 '두斗' 또는 주걱이라는 뜻으로 '작勺'이라고 부르지만 이 청동기에 새겨진 이름은 '금작金爵' 이다. 용도는 제를 지내는 기물로 쓰이고 술을 마시는 잔으로도 쓰인다.

●●● 역사문화백과 ●●●

['선왕의 중흥'을 반영한 구부수개駒父盨蓋]

1974년 2월 섬서성 무공현 사룡촌에서 출토한 서주의 청동기이다. 이 기물의 명문에는 선왕 18년, 집정대신 남중방부南仲邦父가 구부를 남회이로 파견하자 남이의 각 제후국에서 왕명이 두려워 구부를 환대하고 공물들을 모두 헌납했다는 일이 기록되어 있다.

《의례儀禮》에는 여성이 대부大夫 이상 급의 남자에게 시집가는 것은 '가嫁' 라고 하고, 사士나 서민 남성에게 시집가는 것은 '적인適人' 이라고 했음

| 중국사 연표 |

기원전 827년 — 새로 즉위한 선왕宣王은 백성의 노동력으로 공전을 경작하는 적전례를 폐지하고 대신 세금을 받아들이는 방법을 택했다.

는 보물인 옥기를 하사했다. 사읍으로 온 신백은 덕행으로 주나라 남방을 지키는 강력한 장성을 만들었다.

선왕이 즉위한 후, 한韓나라의 새로운 군주가 선왕을 배견하러 왔다. 이 나라 최초의 군주는 무왕의 아들이다. 선왕은 종묘에서 책봉 의식을 지내고 용기龍旗와 예복과 수레, 장식품, 짐승 가죽 등 진귀한 물건들을 많이 하사했다. 그리고 이렇게 당부했다.

"선조의 위업을 계승하여 왕명을 받들지어다. 부지런히 정사를 다스리며 맡은 바 직분을 다할지어다. 불안정한 주변국들을 감독하면서 주나라 왕실을 보필할지어다."

한나라 제후 한후는 경제를 발전시키고 군사력을 강화해 주나라의 북방을 지키는 철벽이 되었다.

선왕의 대신 중산보仲山甫는 왕명을 작성하고 발표하는 소임을 맡았는데 일 처리가 신속하고 정확했다. 그는 또 정직하고 신의가 있어 불쌍한 사람들을 돌보고 포악한 자들을 두려워하지 않았다. 선왕은 중산보를 정세가 안정되지 않은 제나라에 파견해 제나라 왕실의 분쟁을 해결하고 도성에 성을 쌓도록 했다. 그래서 주나라 동방의 통치도 튼튼하게 되었다.

초유의 성황을 이룬 동도의 회의

선왕이 각국 제후들과 소수민족의 수장들을 동도東都에 모았다. 이번 집회에 각국의 제후들은 사냥에 쓰는 마부와 말을 데리고 동도로 집결해, 부근의 포전圃田과 오산敖山에서 사냥을 하면서 서로 정보 교류를 했다. 집회는 초유의 성황을 이루었다.

선왕은 내부적으로는 현인들을 중용해 정사를 바로잡고, 외부적으로는 이족들의 침입을 물리치고 변방을 튼튼히 해 큰 성과를 거두었다. 중국 역사는 이 시기를 '선왕의 중흥' 시기라고 한다.

특별한 신구준神駒尊
1984년 섬서성 장안현 풍서향 장가파촌에서 출토된 서주 의왕과 효왕 시기의 청동기. 이 준의 조형은 특이한 망아지 형태로서 그 주조 기술과 장식 기술이 뛰어남을 보여 준다.

기원전 850년 ~ 기원전 800년 | 세계사 연표 |
타이르에서 노예들의 폭동이 일어났다.

081

진중의 죽음

비자가 책봉받은 제후국 진나라는 서융의 기습을 받아 군주 진중秦仲이 살해되었다. 선왕은 진중의 아들의 복수를 도와주었다. 진나라는 서융을 반격하는 과정에서 점차 강성해졌다.

《사기史記 · 진본기秦本紀》

서융에게 멸망당한 대락

효왕은 말 사육에 공을 세운 비자에게 진읍을 분봉해 주어 영씨 가문의 맥을 이어 가게 했다. 그래서 비자의 호는 진영이다. 그 후에 나라 이름도 진秦이라고 했다. 진영의 뒤를 이어 그의 아들 진후가 즉위했고, 진후는 또 아들 공백에게 자리를 물려주었으며, 공백은 또 아들 진중에게 군주 자리를 물려주었다. 진중이 제후가 된 지 3년 되는 해 주나라 정세가 불안해지자, 이 기회를 타 서융西戎 부족이 주나라 왕실에 반기를 들고 진나라와 형제 나라인 대락족을 멸망시켰다.

서융에게 죽임을 당한 진중

새로 즉위한 선왕은 서융의 반역 세력을 멸하기 위해 진중을 대부로 삼고 서융을 진압하게 했다. 하지만 서북쪽 한 귀퉁이에 있는 진나라는 힘이 모자랐고 결국 진중이 제후가 된 지 23년 되던 해, 진중은 서융의 기습을 당해 대패하고 목숨을 잃었다.

선왕이 보병과 무기를 주다

진중에게는 아들이 다섯 있었는데 그 중에 맏아들 장공莊公이 진중을 이어 진나라 군주가 되었다. 선왕은 장공의 다섯 형제를 경성에 불러, 서융을 패망시켜 아버지의 원수를 갚으라고 부추긴 다음 보병 7천 명을 주어 장공이 지휘하도록 했다. 그리고 많은 무기들도 장공에게 주었다.

장공이 계략을 써서 서융을 격파하고 원수를 갚다

주나라 왕실의 도움을 받게 되자 진나라로 돌아온 장공은 밤낮으로 군사들을 훈련시켰다. 국내 모든 역량이 동원되고 선왕의 지원군 7000명까지 가세하니, 진나라의 군사력은 매우 증강되었고, 군사들의 사기 또한 충천하고 복수심에 불탔다. 장공은 군대를 이끌고 기습의 계략으로 서융의 군대를 맹렬히 공격했다. 그 결과 한 번 공격에 적들을 대패시켜 서융 세력들을 모두 섬멸하거나 쫓아냈다. 이렇게 장공은 백성들의 지지하에 서융을 격파하고 아버지의 원수를 갚았다.

점차 강성해진 진나라

진나라 군대가 서융을 대패시켰다는 소식을 들은 선왕은 장공을 '서수대부西垂大夫'로 책봉해 서부 변경을 지키는 소임을 맡겼다. 그리고 서융을 치는 과정에서 점령한 대락족의 모든 땅을 진나라가 관리하도록 했다. 진나라는 영토를 확장해 점점 강성해졌다.

●●● 역사문화백과 ●●●

[서주의 군사 상황을 연구한 자료 - 우정禹鼎]

우정은 서주 말기의 청동기이다. 송나라 설상공薛尙功의 《역대종정이기관식별법첩》 등에는 이 청동기를 '목공정穆公鼎'이라고 했다. 1942년 섬서성 기산현 장가촌에서도 똑 같은 청동기가 출토되었는데 이 청동기의 제조자는 우禹였다. 그래서 이 청동기의 이름이 '우정'이 되었다.
우정에는 악후어방惡侯馭方이 남회이, 동이와 야합해 반란을 일으키자 주나라 왕이 진압하도록 했으나 승리하지 못하고 후에 우가 악후를 생포했다는 내용이 기록되어 있다.

기원전 827년 ~ 기원전 820년

| 중국사 연표 |

선왕은 초기에 현재들을 임용하고 험윤을 격퇴하고 초나라의 반란을 징벌했다. 그리고 회이淮夷와 서국徐國을 정벌하고 서융과 싸우는 진 장공秦莊公을 지원했다. 그러자 제후들이 조정에 순종해 역사상 '중흥' 이란 평을 받는다.

082

강후의 간언

선왕은 중년 이후 점차 향락을 탐해 온종일 여색에 빠져 있었다. 그것을 본 선왕의 정실 강후姜后는 군왕의 잘못은 모두 내가 잘못한 탓이라며 후궁에서 비녀를 뽑고 풀어헤친 머리로 벌을 내려 달라고 자청했다. 그러자 선왕이 잘못을 깨달았다.

중년 이후 여색에 빠진 선왕

선왕은 재위 초기에는 안으로는 정국을 수습하고 밖으로는 외족을 물리치며 중흥의 국면을 이루었다. 그러나 중년에 접어들면서 점차 향락을 탐해 조정 일을 보지 않고 미인들과 놀기만 했다. 긴한 일이 있어도 대신들은 선왕을 뵐 수가 없었다. 선왕의 이런 태만에 조정 대신들의 불만이 날로 커져갔다.

머리 풀어헤친 강후의 간언

선왕의 정실 강후는 제나라 제후의 딸이다. 그녀는 현명하고 덕성이 높아 대신들의 존경을 받았다. 선왕이 향락에 빠진 것을 걱정하던 강후는 어떻게 해야 선왕에게 충고를 줄 수 있을지, 어떻게 해야 그 충고를 선왕이 귀담아 듣게 할 수 있을지 고민했지만 특별한 대안이 없었다. 그러던 어느 날, 그날도 선왕은 늦잠을 자며 조회에 나가지 않았다. 강후는 재삼 주저하다가 더는 참을 수가 없어서 비녀를 뽑고 옥 귀고리를 떼고 마치 큰 죄를 지어 임금의 처분을 기다리는 사람처럼 후궁의 영항永巷에 무릎을 꿇고 앉았다. 그러고는 선왕께 이런 말을 전하게 했다.

"대왕께서 대왕의 예의와 도덕을 잊고 여색에 빠져 정사를 돌보지 않음은 신첩의 부덕한 탓인 줄로 압니다. 여색을 탐하면 반드시 부패하고 탐욕 또한 끝이 없어집니다. 이것은 변란을 초래할 원인이 됩니다. 그렇게 보면 이 변란의 시작은 신첩이 잘못한 것과 마찬가지입니다. 하오니 군왕께서 이 신첩의 죄를 엄히 벌하여 주옵소서."

놀라 깨달아 개과천선改過遷善한 선왕

아직 잠에서 덜 깨 부시시한 눈을 비비던 선왕은 침상에서 늙은 시녀가 전하는 강후의 말을 듣고 놀라 깊이 깨달은 바가 있어 이렇게 대답했다.

"그건 과인의 잘못이오. 과인의 도덕이 모자란 탓인데 왕후가 무슨 죄란 말이오."

그리고는 벌떡 일어나 옷을 입고 영항으로 나가 왕후를 일으켰다. 그 다음부터 선왕은 정사에 정력을 기울이기 시작했다. 선왕이 '중흥'의 왕이 된

사람들의 눈길을 끄는 미정迷鼎
이 미정은 미반迷盤과 같이, 명문에 기재되어 있는 연월일과 월상 등 서주의 기년을 연구하고 증명하는 데 중요한 자료이다.

| 세계사 연표 |

기원전 850년 ~ 기원전 800년

아시리아 왕국에 기병이 출현하여 전차와 같이 전쟁에 사용되었다. 이는 세계 군사사에서 처음으로 기록되는 전업적인 기병이다.

《시경詩經·소아小雅·정요庭燎》
《고열녀전古列女傳》 출전

데는 현명한 강후의 내조가 중요한 역할을 했다.

이 일을 옆에서 보았던 어떤 사람이 시를 써서 선왕을 찬미했다.

"날이 샜나 보군. 아닙니다. 날은 아직 새지 않았습니다. 저것은 촛불입니다. 그래도 조회 보러 대신들이 벌써 오는 모양일세. 자네가 저 수레에서 나는 방울 소리를 못 들은 것이 아닌가."

조정 일이 걱정되어 언제나 잠을 설치는 선왕이 "날이 샜냐?"고 묻자 곁에서는 "날은 아직 새지 않았고" 다만 촛불 빛이 환할 뿐"이라고 대답한다. 그러나 선왕은 조회 시간에 늦을 것 같아서 "조회보러 오는 대신들이 벌써 오는 모양일세. 저 수레에서 나는 방울 소리를 못 들었나" 하고 말한다.

이 시는 세 연이 점층적으로 전개되는 방식으로 이어졌다.

첫 연에서는 '날은 아직 어둡습니다. 저 불빛은 궁

●●● 역사문화백과 ●●●

[선왕은 '중흥'의 임금인가?]

선왕은 즉위 초에 현량한 인재들을 넓게 임용하면서 경제를 개혁하고 변방의 반란을 진압했다.
그런데 후기에 와서 선왕은 독선적이고 포악해져 신하들을 박해하고 백성들을 수탈했다. 특히 장자를 폐하고 유자幼子를 태자로 세우고, 사람들을 마구 죽이는 바람에 내부의 갈등이 날로 심해졌다.

정의 촛불 빛입니다.' 라고 했지만 두 번째 연에서는 '날은 아직 새지 않았습니다. 저건 궁정의 촛불 빛입니다.' 라고 했으며 세 번째 연에서는 '날은 이미 새었습니다. 그러나 궁정엔 촛불 빛이 아직 보입니다.' 라고 했다. 이런 점층법으로 시는, 날은 점점 밝아오고 조회 보러 오는 대신들의 수레방울 소리와 기치들이 선왕의 상상 속에 점점 또렷해지는 과정을 통해 오매불망 나라 정사를 근심하는 선왕의 근면한 자태를 묘사하고 있다.

후에 이 시는 〈정료庭燎〉라는 제목으로 《시경·소아》에 수록되었다.

폭정을 일삼은 노년의 선왕

그러나 선왕은 만년에 이르자 다시 향락에 빠지고 성미까지 난폭해졌다. 융적 부락과의 전쟁에서 연이어 패하자 그는 급히 군대를 확충하려고 백성을 무제한으로 동원하고 세금을 한없이 증가시켰다. 게다가 자신이 하려는 일을 반대하는 대신들은 지위 고하를 막론하고 무참하게 죽였다. 그러자 백성들의 원성이 하늘에 닿았고 나라 정세는 곤두박질쳤다.

주나라 사람들의 의복
주나라 사람들은 상의를 의衣, 하의는 상裳, 의와 상이 붙은 것은 심의深衣라고 했다. 의복에 다는 장신구로 가장 많이 쓰인 것은 옥으로 만든 것이다. 의복의 재료로는 털, 삼, 칡 및 비단 등이 있다.

-1046~771 서주

우물을 깊이 파서 음식물을 저장하는 방법

| 중국사 연표 |

기원전 816년 　 노 무공이 맏아들 괄括과 차자 희戲를 데리고 선왕을 배알하러 도성으로 갔는데, 선왕은 무공에게 명하여 희를 세자로 책봉하게 했다. 이로 인해 노나라에는 내란이 일어났다.

083

장자를 폐하는 바람에 생긴 변란

노魯나라 무공武公이 두 아들을 데리고 선왕을 배알하러 오자 선왕은 둘째 아들을 마음에 들어하며 그를 세자로 봉하라고 명했다. 그 결과, 무공의 장자는 화병으로 죽고 무공의 장손이 그 숙부를 공격했다. 그래서 선왕이 노나라를 징벌하러 갔다.

누가 왕위를 이을 것인가?

중국의 역사에서 왕위는 적장자嫡長子가 물려받는 것이 제일 합당하고 안전했다. 아우가 왕위를 물려받는다든지 장자를 폐하고 다른 아들에게 물려주면 내란이 일어나곤 했다. 제후의 군위도 마찬가지다.

서주 중기, 제후국 송나라에서도 형이 죽자 그 군위를 아우가 물려받아 참화를 초래한 일이 있었다.

송나라 민공宋潣公이 사망하자 그 아우 희熙가 군주가 되었는데 그를 양공煬公이라 했다. 양공이 집정하는 기간, 민공의 아들 부사魯祀는 몰래 조직한 군사로 숙부 양공을 죽였다. 군위를 차지한 부사는 백성들에게 이렇게 선포했다.

"이 군위는 원래 내 자리인데 양공이 찬탈했다. 오늘 일은 그가 자초한 것이다."

부사는 이렇게 숙부 양공을 참살하고 군위에 올랐기에 죽은 후의 시호가 '여공厲公'이다.

서주 후기에는 선왕 때문에 노나라가 장자를 폐하고 차자를 세자로 세우는 바람에 난이 일었다.

이궤利簋

| 세계사 연표 |

기원전 810년

그리스의 도리아 인들은 이 무렵에 코린토스 성을 세웠다.

《사기史記 · 노주공세가魯公世家》
《국어國語 · 주어周語 上》
출전

선왕 때문에 죽은 노나라 무공의 두 아들

선왕 11년 봄, 노나라 무공은 장자 괄括과 차자 희戱를 데리고 선왕을 알현했다. 무공의 둘째 아들이 마음에 든 선왕은 무공에게 희를 세자로 세우라고 명했다. 그러자 선왕의 대신 번중산부가 간했다.

"천만부당한 말씀입니다. 장자를 폐하고 차자를 세자로 세우는 일은 잘못하면 왕명을 거역하는 일들이 생겨 왕명이 순조롭게 관철되지 못할 수 있습니다. 지금 천자께서 차자를 세자로 봉하라고 하셨는데 이것은 백성들에게 반역을 가르치는 것과 다름없습니다. 앞으로 차자를 세자로 삼는 노나라의 일을 다른 제후들이 따른다면, 선왕께서 제정한 장자 왕위 계승법을 행하지 못하게 됩니다. 그리고 만일 노나라가 왕의 말을 거역해 무공을 죽인다면, 이것 또한 선왕이 제정한 국법을 죽이는 것과 같습니다. 노나라가 대왕의 명에 복종해도 예의에 어긋나고 불복한다고 벌해도 예의에 어긋나는 일이오니 심사숙고하시기 바랍니다."

그러나 선왕은 그 말을 듣지 않고 희를 세자로 세우라고 무공을 강박했다. 무공은 귀국해 2년 만에 사망했다. 그래서 차자 희가 노나라의 제후가 되었는데 그가 바로 의공懿公이다.

의공이 즉위하자 그의 맏형 괄은 화병으로 결국은 죽고 말았다. 그러자 괄의 맏아들 백어伯御가 무력으로 의공을 죽이고 군위에 올랐다.

선왕의 명 때문에 무공의 두 아들이 비극적으로 목숨을 잃게 된 것이다.

선왕이 직접 노나라를 침공해 백어를 죽이다

그러나 비극은 끝나지 않았다. 선왕은 의공을 죽인 백어를 용서할 수 없었다. 노나라 백어 11년, 즉 선왕 32년 봄에 선왕은 직접 군대를 거느리고 노나라를 침공해 백어를 죽이고 말았다.

백어를 죽인 선왕은 노나라 군위에 오를 인물을 찾기 위해 대신들에게 묻자 번중산부가 고했다.

"노나라 의공의 아우 칭鮒이 온순하고 총명하며 어른들을 존경합니다. 그는 정사를 볼 때나 형벌을 집행할 때 우선 선왕의 유훈과 역사상 선례를 알아본 다음, 그에 따라 일을 처리합니다."

그 말을 듣고 선왕은 노공자 칭을 노나라 제후로 책봉했다. 그가 바로 노나라 효공孝公이다.

위신이 추락한 선왕

제후국에 대한 선왕의 간섭이 너무 많고 또 이치에 맞지 않는 것들이어서 선왕의 위신은 날로 추락했다. 그래서 왕명을 듣지 않는 제후들이 점점 더 많아졌다.

압준鴨尊
오리 모양으로 된 존. 안정감을 위해 뒤에 받침대를 하나 더 붙였다.

후세의 여성들이 입는 치마처럼 생겼는데 앞이 세 폭, 뒤가 네 폭임

| 중국사 연표 |

기원전 796년 — 선왕이 노나라를 진격해 노 무공의 장손 백어를 죽여 자신의 위상을 떨어뜨렸다.

084

선왕을 쏴 죽인 두백

성격이 포악해진 선왕은 조금만 비위에 거슬려도 사람을 죽였다. 대부 두백杜伯도 무고하게 참수를 당했는데 그는 죽으면서도 원통해 눈을 못 감았다. 3년 후 선왕이 사냥을 나갔는데 두백으로 위장한 사람이 선왕을 활로 쏴 죽였다.

전쟁에서 수차 대패

만년에 선왕은, 주변 소수민족과 전쟁을 여러 차례 치렀다. 그는 이런 방법으로 주나라 왕실의 위신을 높이려고 했다. 그러나 논밭이 황폐해지고 경제가 쇠퇴된 데다가 군대마저 지쳐 전쟁 때마다 매번 패했다.

선왕 33년, 선왕은 또 태원의 융을 공격했으나 오랜 행군으로 지친 군사들이 융적 부락의 습격을 받아 크게 패했다.

선왕 38년, 선왕은 진 목후晉穆侯와 연합해 조융條戎과 분융奔戎을 공격했으나 대패했다. 그 이듬해 선왕은 또 강씨의 융을 공격했다. 그러나 선왕의 군대는 강씨 융의 기습 공격으로 거의 전멸하고 말았다.

호적 조사로 징병과 세금을 부과

계속되는 전쟁에 군사 수가 줄어들자 선왕은 백성들의 호적을 다시 조사해, 장정들을 병사로 징집하고 부역을 징발하며 인구수에 따라 적정한 세금을 부과(요민料民)할 계획을 세웠다.

그러자 대신 번중산부는 이렇게 간했다.

"백성의 수는 호적 조사를 통해 통계하는 법이 아닌 줄로 압니다. 고대에는 호적 조사가 없이도 백성의 수를 알고 있었습니다. 그것은 인구를 관리하는 각종 관직들이 있었기 때문입니다. 사민司民은 백성의 출생과 사망을 등록하고, 사상司商은 성씨를 관리하고, 사도司徒는 징병과 부역을 관리하고, 사구司寇는 범죄의 수효를 관리하며, 목인牧人은 가축 사육을 관리하고, 백공百工은 고용 제도를 관리하고, 장인場人은 국고의 수입을 관리하고, 늠인廩人은 양식과 마초의 지출을 관리하기에 인구의 다소와 증감, 재물의 수입과 지출 및 거래 등을 모두 파악할 수 있었던 것입니다. 이 외에도 왕은 춘경 때 적전례를 지내고 농한기에는 군사훈련을 했기 때문에 백성들의 수를 얼마든지 파악할 수 있는데 왜 통계를 별도로 내야 합니까? 더군다나 특별한 명분 없이 전국적인 인구 조사를 한다면 오히려 나랏일에 방해가 될 뿐만 아니라 장차 후손들에게도 득이 없을 것 같습니다."

그러나 선왕은 그의 말을 듣지 않고 요

서주의 토지 계약을 기록한 산씨 반散氏盤

반盤은 물을 담는 대야 같은 것이다. 이 산씨반에는 산散과 열夨, 이 두 나라가 주나라 사신의 감독하에서 토지 계약을 맺고 상호 불침범을 표시한 과정이 기록되어 있다.

| 세계사 연표 |

기원전 800년 전후

포에니카 사람들은 이 무렵 싸르데그나도 남부에 정착했다.

《묵자墨子·명귀明鬼 下》
《국어國語·주어周語 上》
출전

상나라, 주나라 귀족의 복식

민을 실시했다. 이로 인해 백성들의 원망이 더욱 높아졌다.

억울하게 죽은 두백

호적을 조사해 군대를 보충하고 재원을 넓힌 탓에 국력이 어느 정도 증가했고, 선왕 만년 신융申戎과의 전쟁에서 승리할 수 있었다. 그러나 선왕은 갈수록 성미가 포악해져 국가 대사를 마음대로 처리하면서 신하들을 마구 억눌렀다.

●●● 역사문화백과 ●●●
[봉건 사회]

일반적인 견해로는 하나라, 상나라, 서주는 노예 사회라고 한다. 그런데 최근에 서주 시대에 이미 봉건 제도가 이루어졌다는 주장이 제기되고 있다.
그 논지를 보면 서주의 정전제는 공전과 사전으로 나뉘는데 공전은 영주領主가 경작하고 사전은 농민의 땅이니, 이것이 봉건 농노제의 일종이라는 것이다.

선왕 43년, 대부 두백이 선왕의 비위를 건드려 참살을 당하자 두백의 아들은 진晉나라로 도망쳤다. 형장에서 두백은 분노에 떨며 이를 갈았다.

"난 죄 없이 이렇게 억울하게 죽는다. 혼이 있으면 3년 못 가 무고한 나를 죽인 죄악이 어떤 벌을 받는지 보게 될 것이다."

이 일은 백성들의 분노를 야기시켰다.

두백의 원혼에게 심장을 맞은 선왕

두백이 죽은 지 3년이 지난 어느 날, 선왕은 제후들을 불러 모아 사냥을 했다. 점심 무렵이 되어 선왕이 수레에 올라 산천 구경을 하는데, 갑자기 두백으로 위장한 사람 하나가 나타나 선왕에게 활을 쏘았다.

화살은 선왕의 심장을 꿰뚫어 선왕은 그 자리에서 죽고 말았다. 주변 사람들 모두 두백의 원혼이 한 일이라고 믿으며 두려워했다. 사관들은 그 일을 《주춘추周春秋》에 기록했다.

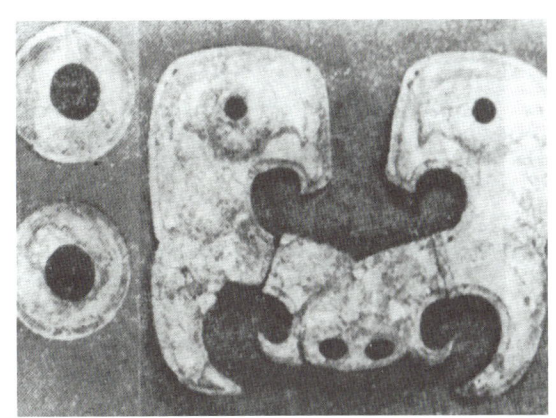

서주의 갑주甲冑

상나라의 갑주는 몸을 보호하기는 하지만 움직이는 데 불편했다. 산동성 교주 서암에서 출토된 서주의 청동 흉갑은 앞쪽이 세 조각으로 나뉘어져 있고 등엔 고리가 붙어 있다. 그리고 작은 구멍들이 나 있는데 가죽들을 끈으로 서로 매는 데 사용되었다.

-1046~-771

서주

기원전 790년

| 중국사 연표 |
선왕이 진晉나라와 연합해 조융, 분융을 공격했지만 참패하고 말았다.

085

이름 '구'가 초래한 재앙

진나라 목공은 장자의 이름을 '구仇'라고 지었는데 융적을 원수怨讐같이 대한다는 뜻이다. 그리고 막내의 이름은 '성사成師'라고 했는데 이는 대업을 성취하고 전쟁에서 승리한다는 뜻이다. 후에 구는 숙부와 군위를 다투어 내란을 일으켰지만, 성사는 곡옥曲沃이라는 땅을 받아 점차 강성해졌다. 이에 군왕들도 자식의 이름을 잘 지어야 한다는 말이 돌았다.

서주 말기 주나라 왕실은 계속 일어나는 내란으로 조용할 날이 없었고 제후국들도 마찬가지였다.

형제간의 군위 쟁탈전

초나라 웅거는 영토를 아들들에게 분봉해 주고 각각 왕으로 책봉했다. 그러나 후에 주나라 여왕의 징벌이 두려워 아들들에게 주었던 왕의 칭호를 슬그머니 없애버렸다. 그런데 웅거가 죽자 그의 아들들은 군위를 다투는 싸움을 벌였다. 장자 웅모강熊毋康이 죽었기 때문에 차자 웅지熊摯가 군주가 되었는데 그는 몸이 허약했다. 그러자 웅연熊延은 형 웅지를 협박해 자기가 초나라 군주가 되었다. 군위에서 물러난 웅지는 기夔로 도망갔다. 기는 후에 초나라의 부용국이 되었는데 기나라 군주를 기자夔子라고 했다.

형의 군위를 빼앗은 웅연이 죽은 다음 그의 아들 웅용熊勇이 군주가 되고, 그 다음은 그의 아우 웅엄熊嚴이 군위를 물려받았다. 웅엄에게는 백상伯霜, 중설仲雪, 숙감叔堪, 계순季徇, 이렇게 네 명의 아들이 있었다. 웅엄이 죽자 맏아들 백상이 군주가 되었는데 웅상熊霜이라고 불렀다. 그런데 그의 세 아우들이 형을 쫓아내고 자기들이 서로 군위에 오르려고 음모를 꾸몄다. 형제간 갈등과 투쟁이 날로 심해지자 웅상은 화병으로 6년밖에 군위에 있지 못하고 죽고 말았다. 웅상이 죽자 나머지 세 형제 사이의 군위 쟁탈전이 더욱 치열해졌다. 이 골육상잔으로 둘째 중설은 죽고, 셋째 숙감은 남이南夷의 작은 나라 복濮으로 도망치고, 막내 계순이 군왕의 자리를 차지했다. 그를 웅순熊徇이라고도 한다.

초나라는 명확한 군위 계승 제도가 없었기 때문에 골육상잔이라는 비극이 생겼다.

상숙을 죽이고 군위에 오른 태자 구

북방의 진나라에도 초나라와 같은 폐단이 존재했다.

진나라 목공은 제나라 군주의 딸 강씨를 부인으로 맞고 아들을 낳았다. 목공은 이 아들을 세자로 정하고 이름을 구라고 지었다. 항상 진나라를 침입하는 융적 부락들을 원수같이 여긴다는 의미에서이다. 3년 후, 작은 아들이 태어나자 '성사'라는 이름을 지어 주었다. 전쟁에서 항상 승리해 대업을 이룩하라는 의미였다. 이 두 아들의 이름에 대해 당시 진나라 대부 사복師服은 이런 말을 했다.

"군주께서 자식들에게 왜 그런 이름을 지어 주었는지 모르겠어. 세자의 이름은 원수라는 뜻이고 작은아들의 이름은 성공을 의미하니, 장차 진나라에 난이 일지 않을까 염려되네. 이름이 길흉화복을 자초한다는 말이 있는데……."

그런데 사복의 말

절굉折觥과 명문 (위 사진과 오른쪽 사진)
1976년 섬서성 부풍현에서 출토된 서주 전기의 청동기. 이 절굉(술잔)의 밑바닥과 뚜껑에는 천자의 명을 절折이 받아 후에게 전달했고 또 부을父乙의 주기鑄器를 상으로 받았다는 내용이 새겨져 있다.

중국을 말한다

역사 시험장 〉 제일 처음으로 상업세를 받기 시작한 사람은 누구인가?

| 세계사 연표 |

기원전 800년 전후   그리스에 쇠호미, 쇠보습날을 쓰는 보습, 그리고 기타의 철제 도구들이 나타났다.

출전: 《사기史記·진세가晉世家》
《사기史記·초세가楚世家》

이 맞아떨어졌다. 목공이 죽자 그의 동생 상숙殤叔이 군위를 가로채 진나라 군주가 되었다. 그때 힘이 없던 세자 구는 다른 나라로 피신을 했다. 4년 후, 세자 구는 그동안 비밀리에 조직한 무리들을 이끌고 진나라로 몰래 잠입해 상숙을 죽이고 군위에 올랐다. 역사에서는 그를 진晉나라 문후文侯라고 한다.

진나라 군주들을 연이어 죽이며 대업을 성사시킨 성사의 후대들

진나라 문후가 죽은 후 그의 아들 백伯이 군위에 올랐는데 소후昭侯라고 했다. 소후는 숙부 성사에게 곡옥曲沃이라는 곳을 분봉해 주었다.

성사가 덕으로 나라를 잘 다스리자 주변의 백성들이 모두 찾아와 귀순했다. 그래서 곡옥의 역량은 날로 커져만 갔다.

그 후 성사의 후대인 곡옥의 무공武公이 진나라 군주인 애후晉哀侯, 소자晉小子, 후민晉侯緡을 연이어 죽이고 진나라를 하나로 통합해 진나라 군주가 되었다. 할아버지 이름 '성사' 대로 이루어진 셈이다.

이렇듯 진나라에 내란이 끊임없이 계속되었던 것은 진나라 목공이 아들의 이름을 잘못 지어 준 탓이라는 말이 백성들 사이에서 돌았다.

-1046~-771

서주

주공 205

| 중국사 연표 |

기원전 789년 — 선왕은 남방의 군대를 징발해 강씨姜氏의 융을 공격했지만 참패하고 말았다.

086

지진으로 인한 논의

유왕幽王 2년에 도성 주변에 큰 지진이 일어났다. 그러자 사관은 "10년이 못 되어 주나라가 망하게 되리라."라는 예언을 했다. 그런데 이 사관의 말이 맞아떨어졌다.

유왕 2년의 대지진

선왕이 죽은 다음 그의 아들 궁열宮涅이 왕위에 올랐는데 그가 바로 주나라 마지막 천자인 유왕이다. 그런데 유왕 2년에 도성 주변에 대지진이 일어났다.

이 대지진으로 경수, 위수, 낙수까지 큰 피해를 입었다. 지진이 일어나자 하늘이 밤처럼 깜깜해지고, 천둥과 번개가 치고, 모든 강물들이 넘쳤으며, 산과 언덕들은 무너져 내렸다.

주나라의 멸망을 예언

그런 무시무시한 대지진을 보고 태사 백양부는 이렇게 분석했다.

"이 나라가 장차 망하리라. 천지의 기류氣流는 본래 순서가 있는 법인데 그 순서가 이렇게 문란해지는 것은 누군가가 그것을 파괴했기 때문이다. 지하에 잠복했다 솟아나려는 양기를 음기가 짓누르면 결국 지진이 일어나게 된다. 물과 흙이 생물을 키워 백성들을 살리는데, 물이 없으면 백성들이 못 살고 백성들이 못 살면 나라가 망하는 법이다. 나라의 흥망성쇠는 산천 지형과 크게 관계되는데, 산이 무너져 내리고 강물이 바닥이 났으니 나라가 망하지 않을 리 있는가. 이제 주나라도 10년을 못 버티고 망하리라."

적중된 예언

그 한해에 주나라 도성 부근의 큰 강 세 개가 모두 말라 버리고 산이 무너져 내렸다. 유왕 11년에는 서융이 쳐들어와 유왕을 죽였다. 이로써 서주는 멸망했다. 유왕 2년 대지진으로부터 11년 주나라 도성이 서융에게 함락될 때까지 9년이 걸렸다. 백양부의 예언이 맞아떨어진 것이다.

●●● 서주 주요 봉국 일람표 ●●●

국명	현재의 위치	시초 책봉인	성씨	최초 책봉 시기	책봉 신분	이주 상황	멸망 시기
예芮	섬서성 대려 동남		희姬	문왕	고국古國		춘추 초기 진秦에게 멸망
관管	하남성 정주시	숙선叔鮮	희	무왕	무왕 아우		주공 동정 시
채蔡	하남성 상채上蔡	숙도叔度	희	무왕	무왕 아우	춘추 시대 하남 신체로 이주, 그 후 안휘 봉대로 이주, 하채로 칭함	기원전 447년 초楚에게 멸망
곽霍	산서성 곽주시	숙처叔處	희	무왕	무왕 아우		기원전 661년 진晉에게 멸망
축祝	산동성 제남시 서남		희	무왕	요임금 후대		
기杞	하남성 기현	동루공東樓公	사姒	무왕	하우 후대	춘추 시대 산동으로 이주	기원전 445년 초에게 멸망
계蓟	북경시 대흥구		희	무왕	황제 후대		
초焦	하남성 섬현 남			무왕	신농씨 후대		춘추 시대 때 멸망
패邶	하남성 탕음 동남	무경		무왕	상주의 아들		주공 동정 때 멸망
용鄘	하남성 위휘시	관숙, 채숙 감독		무왕			주공 동정 때 멸망
위衛	하남성 기현	강숙 봉	희姬	주공	주공 아우	춘추 시대 지금의 하남성 활현, 복양으로 이주	기원전 254년 위魏에게 멸망
조선朝鮮	조선 평양시 일대	기자箕子	자子	무왕	상주의 이복동생 현자		

세계사 연표	
기원전 800년 전후	인도에 브라만교가 생성되었다. 이는 지배 계급이 노예 제도를 유지해 귀족의 이익을 수호하는 종교이다.

《시경詩經·소아小雅·시월지교十月之交》
《국어國語·주어周語 上》 출전

국명	위치	시조	성	책봉자	관계/공신	비고	멸망
제齊	산동성 치박시	여상呂尚	강姜	주공(일설 무왕)	공신	전국 시대 초년 전씨가 군권 박탈	기원전 221년 진秦에게 멸망
노魯	산동성 곡부시	백금伯禽	희	주공	주공 장자		기원전 256년 초나라에 멸망
오吳	강소성 남부	주장周章	희	무왕	태왕 아들 태백, 중옹의 후대		기원전 473년 월나라에 멸망
우虞	산서성 운성시	우중虞仲	희	무왕	주장 아우		기원전 655년 진晉에게 멸망
필畢	섬서성 서안 서북		희	무왕	무왕 아우		서주 후기 폐봉
원原	하남성 제원시		희	무왕	무왕 아우		
풍鄷	섬서성 호현 동		희	무왕	무왕 아우		성왕 때 폐출
순郇	산서성 임기 서남		희	무왕	문왕 아들		춘추 때 진晉나라에 멸망
우邘	하남성 심양시	우숙邘叔	희	무왕	무왕 차자		
응應	하남성 보풍 서남		희	무왕	무왕 4자		
괵虢(동괵)	하남성 형양시	괵숙虢叔	희	서주 초	문왕 아우		춘추 때 정나라에 멸망
괵虢(서괵)	섬서성 보계시	괵중虢仲	희	서주 초	문왕 아우	춘추 초 지금 하남성 섬현으로 이주	춘추 때 진晉나라에 멸망
진陳	하남성 회양	만滿(호공胡公)	규嬀	무왕	순의 후대		기원전 478년 초에 멸망
연燕	북경시	소공김公 석奭	희	무왕	동성 친척		기원전 222년 진秦에 멸망
초楚	호북성 서남부	웅역熊繹	미芈	주공	공신 죽웅의 후대		기원전 223년 진秦에 멸망
진晉(혹 당唐)	산서성 익성	숙우叔虞	희	주공	성왕 아우	춘추 때 도성이 수차 이동, 강토 부단히 확장	춘추 말기 한, 조, 위 삼국으로 분열
성郕	산동성 영양 동북	숙무叔武	희	주공	주공 아우		춘추 시대 노나라에 멸망
모毛	하남성 선양	숙정叔鄭	희	주공	주공 아우	모숙 정의 채읍은 섬서 부풍이었으나 후에 하남으로 이주	
염冉	하남성 개봉시	계재季載	희	주공	주공 아우		춘추 때 정鄭에 멸망
고郜	산동성 성무 동남		희	주공	주공 아우		춘추 초 송宋에 멸망
옹雍	하남성 수무 서		희	주공	주공 아우		
조曹	산동성 정도 서남	숙진탁叔振鐸	희	주공	주공 아우		기원전 487년 송에 멸망
등滕	산동성 등주 서남	숙수叔綉	희	주공	주공 아우		전국 때 송에 멸망
한韓	하북성 고안 동남		희	서주 초	무왕 아들		춘추 때 진晉에 멸망
한韓	섬서성 한성시		희	주공	성왕 아우		
범凡	하남성 휘현시		희	주공	주공 아들		춘추 때 융에 정복
장蔣	하남성 고시 동북	백령伯齡	희	주공	주공 3자		
형邢	하북성 형대시		희	주공	주공 4자		기원전 635년 위衛에 멸망
모茅	산동성 금향현 모향		희	주공	주공 아들		
조胙	하남성 연진 .북		희	주공	주공 아들		
제祭	하남성 정주시 동북		희	주공	주공 5자		
송宋	하남성 상구시	미자微子 계啓	자子	주공	상 주왕의 서형		기원전 286년 제齊에 멸망
설薛	산동성 등주시		임任	주공	하, 상 현신의 후대		전국 초 제에 멸망
회鄶	하남성 신밀시		운妘	서주 초	축융의 후대		춘추 초 정에 멸망
거莒	산동성 교주시 서남	자흥기茲興期	기己	서주 초	고국	춘추 초 산동 거현으로 이주	기원 431년 초에 멸망
수隨	호북성 수주시		희	서주 초			전국 초기 초에 멸망
허許	하남성 허창시	문숙文叔	강姜	서주 초		춘추 때 수차 이동	전국 초기 초에 멸망
진秦	감숙성 천수시 북	비자非子	영嬴	효왕	말 사육 유공	춘추 때 섬서로 이주	기원전 221년에 중국을 통일
여呂(혹 보甫)	하남성 남양시 서		강姜	서주 초	사악四岳의 후대		춘추 초기 초에 멸망
정鄭	섬서성 화현	우友즉 정환공鄭桓公	희	선왕	선왕 아우	서주 말년 지금의 하남 신정시로 이주	기원전 375년 한韓에 멸망
신申	하남성 당하 남	신백申伯	강姜	선왕			춘추 초기 초에 멸망

-1046~771

서주

교사教師란 말은 군대에서 처음 기원했다. 최초의 대학 교사들은 모두 고급 군관들인 '사씨師氏'가 담당했기 때문에 선생에 사師를 쓰게 되었음

| 중국사 연표 |

기원전 785년 — 무고한 대부 두백杜伯을 살해한 선왕에 대해 전국적으로 불만이 야기되었다.

087

포사의 내력

유왕이 아꼈던 포사褒姒는, 1000년 전 용 두 마리가 뱉은 침이 변한 거북이 어린 첩의 몸에 올라가 임신한 여자라고 한다. 그러나 이것은 사관들이 봉건 관념으로 엮은 괴담에 불과하다.

열네 살의 포사

유왕 초년에 대지진이 일어 백성들은 고난에 허덕였다. 하지만 유왕은 아랑곳하지 않고 향락만 즐겼다. 지진이 일어난 그 이듬해, 열네 살의 아름다운 소녀 포사에게 반한 유왕은 그녀를 후궁으로 들이고 그때부터 포사의 말이라면 무엇이든 들어주었다.

이에 어떤 시인은 "눈부셨던 주나라가 포사에게 망하는구나." 하고 개탄하기도 했다. 포사는 많은 악행을 일삼았다.

두 마리 용의 침이 변한 포사

그러면 포사는 어떤 여인인가? 그녀는 어떻게 주나라 왕실로 오게 되어 유왕의 넋을 그렇게 홀리었는가? 포사의 내력에 대해 이런 전설이 있다.

하나라 말기, 궁전에 두 마리 신룡神龍이 갑자기 나타나서 이렇게 외쳤다.

"우리 둘은 포褒나라 옛 임금들이다."

그것을 본 하나라 임금은 온비백산 몸을 떨다가 점을 쳤다. 이 두 마리 용을 모두 죽여야 하는지, 아니면 살려두어야 하는지 하늘에 물었지만 모두 불길한 점괘만 나왔다. 그래서 이번에는, 용들의 침을 보관해 두는 것이 어떤지 점을 쳤더니 길상한 점괘가 나왔고 하나라 임금은 점괘대로 재물을 차려 놓고, '신룡의 타액을 여기에 남겨 주십시오'라고 쓴 죽간을 들고 용에게 절하며 빌었다. 그러자 용들은 침을 남겨 놓고 어디론가 사라졌다. 하나라 임금은 용의 침을 갑 속에 넣어 소중하게 간직했다.

하나라가 멸망하자 용의 침을 담은 그 갑은 상나라 궁전에서 보존되다가 상나라가 멸망한 후에는 주나라 궁전으로 넘어왔다. 이렇게 세 왕조, 1000여 년이 넘도록 누구도 그 갑을 열어볼 엄두를 못 내었다. 그러다가 호기심을 끝내 참지 못한 여왕厲王이 갑을 열어보았다. 그러자 갑 속에서 용의 침이 끊임없이 흘러나왔다. 궁전 뜰에 침이 홍건히 고이기 시작했지만 막을 방법이 없었다. 속수무책으로 발만 구르던 여왕은 문득 '독으로 독을 친다'는 말이 생각나 많은 궁녀들에게 알몸으로 일제히 소리를 지르게 했다. 그러자 이상하게도 뜰에 고였던 용의 침이 한 마리의 검은 거북으로 변해 여왕의 후궁으로 기어가 아기 궁녀의 몸에 기어올랐다. 그 후 이 아기 궁녀는 성인이 되었고, 혼인도 안 했는데 임신을 하고 달이 차서 딸 하나를 낳았다. 궁녀는 그 아기가 요귀의 씨라고 여겨 아기를 길가에 버리고 말았다.

미색에 빠져 나라를 망친 유왕

그때는 선왕이 집정하고 있을 때였다. 그때 민간에서는 "달이 떠오르니 해는 지려 하네. 산뽕나무로 만든 활과 쑥대로 만든 화살통. 그것이 주나라를 망하게 하리라."라는 수상한 노래가 떠돌고 있었다.

그런데 그것도 모르고 어느 시골의 활 장수 부부가

••• 역사문화백과 •••

[공상식관제工商食官制]

《국어·진어晉語 4》에 '공상식관工商食官'이란 말이 있다. 이는 서주 때 수공업 장인들과 상인들은 모두 관가에서 보수를 주고 통제하면서, 그들을 통치 계급을 위해 일하도록 했는데 이것을 '공상식관제'라고 한다.

| 세계사 연표 |

기원전 800년 전후 | 인도에 '구루' 학교가 나타났다. '구루' 란 《우파니샤드奧義書》를 전문으로 연구하는 전문가들을 말한다. 그들은 청소년 교육에 종사했다.

출전 《사기史記 · 주본기周本紀》
《국어國語 · 정어鄭語》

'여자는 화액'이라는 말의 피해자
옛날부터 '미인경국美人傾國'이니, '여인은 화액'이니 하는 말들이 있다. 포사가 바로 제일 처음으로 이런 말을 들은 여자다. 그림은 청나라 《백비신영百美新詠》과 《미인백태도보美人百態圖譜》에서 나오는 포사의 모습이다.

산뽕나무 활과 화살통을 가득 짊어진 채 도성으로 들어왔다. 그러자 보고를 받은 선왕은 그들을 잡아 죽이려고 했다. 그러나 그들은 다행히 도망칠 수 있었다. 허겁지겁 달아나던 그들은 버려진 갓난아기를 발견했다. 아기가 불쌍했던 그 부부는 아기를 데리고 포나라로 달아났다.

시간이 흘러 활 장수 부부가 데리고 간 아기도 아름다운 처녀가 되었다. 당시는 유왕이 천자에 있었는데 유왕은 군대를 출동해 포나라를 공격하고 포후를 잡아갔다. 포후는 활 파는 부부가 기른 자기 나라에서 제일 예쁜 처녀를 유왕에게 바치고 풀려났다. 포나라 사람들의 성이 '사' 씨여서 그 처녀를 포사라고 불렀다. 유왕은 세월 가는 줄 모르고 밤낮 포사의 미색에 빠져 있었다.

여성 경시 관념으로 엮은 황당한 이야기

아주 오래 전부터 사람들은 '여자가 화근'이라는 말을 했다. 하나라 걸왕이 매희妹喜에게 빠져 하나라가 망했고, 상나라 주왕은 달기에게 빠져 나라를 망치고, 주나라 유왕도 포사에게 빠졌기에 주나라가 망하지 않았는가? 이런 여성 경시 관념이 만들어 낸 것이 이 포사의 내력이다. 이런 내력들은 모두 허구이다. 사관들이 이 이야기를 사서에 적어 넣은 목적은 여자를 경시하는 봉건 관념을 선양하기 위해서이다.

| 중국사 연표 |

기원전 782년 — 선왕이 제후들을 소집해 포전(圃田)에서 사냥을 하는데 두백의 원귀로 위장한 사람이 선왕을 활로 쏴 죽였다.

088

봉화로 제후들을 놀린 유왕

포사의 웃음을 보기 위해 유왕은 비상시에 제후들에게 긴급구원을 알리는 봉화를 올렸다. 이 일은 모든 제후들의 반감을 일으켰다.

웃지 않는 포사

포사에게 반한 유왕은 조정을 돌보지 않고 하루 종일 포사와 함께 있었고 포사의 말이라면 들어주지 않는 것이 없었다. 포사는 매일 산해진미의 음식과 능라주단으로 몸을 감싸고 호화로운 궁실에서 노비들을 마음대로 부리며 부러울 것 없는 생활을 했지만 얼굴에는 웃음이 없었다.

포사의 웃는 얼굴을 보는 것이 소원인 유왕은 별의별 방법을 다 써봐도 포사가 웃는 법이 없으니 점차 안달이 나기 시작했다.

실수로 올려진 봉화를 보고 웃다

주나라 도성 부근에는 융적 부락들의 침입을 신속히 알리고 제후들에게 긴급구원을 알리기 위해 주나라 도성 주변에는 모두 봉화대를 높이 세웠다.

봉화대는 높은 산마루에 일정한 간격을 두고 하나씩 연이어 세우는데 그 위에 마른 나무나 늑대 똥을 장만해 두고 큰 북을 매달아 놓는다. 평소에는 그대로 놔두지만 융적부락이 쳐들어오거나 긴급히 제후국들에게 구원을 청할 군사적 상황이 생기면, 낮에는 연기를 피어올리고 밤에는 불빛이 타오르게 하며 이와 동시에 북을 친다. 인근 봉화대에 연기가 오르든지 불빛이 보이며 북소리가 울리면 긴급한 상황인 줄 알고 다른 봉화대에서도 봉화를 올리며 동시에 북을 친다. 이렇게 하나에서 열, 열에서 백으로 전해 가는데 그 봉화를 보고 북소리를 들은 제후국들에서는 즉시 군대를 이끌고 도성으로 달려온다. 긴급한 일이 생겼는데도 봉화대에서 봉화를 올리지 않는다든지 북을 치지 않았다면, 또는 어느 제후가 그것을 알고도 구원병을 보내지 않는다면 엄한 징벌을 받는다.

그러던 어느 날, 포사의 웃는 얼굴을 보지 못해 안달아 하던 유왕은 왕궁 부근의 봉화대를 바라보다 문득 포사를 즐겁게 해줄 방법 하나가 떠올랐다. 그는 측근에게 명하여 봉화를 올리고 또 직접 봉화대에 올라 북까지 울렸다. 주변의 봉화대들에서는 부랴부랴

여산 봉화대 유적지
봉화대는 군사 정보를 알리는 신호대로 낮에는 연기를 피워 신호를 보냈는데 이것을 '수燧'라 하고, 밤에는 횃불을 밝혀 그 빛으로 신호를 보내는데 이것을 '봉烽'이라 한다. 이곳이 주 유왕이 포사의 웃음을 보기 위해 거짓 봉화를 올린 곳이라고 한다.

| 세계사 연표 |

기원전 800년 전후 — 인도 브라만교는 각 곳에 '도락사' 라는 학사(學舍)를 꾸리고 교사들을 양성하여 국민들에게 신학 사상을 주입했다.

출전 《사기(史記)·주본기(周本紀)》 《여씨춘추(呂氏春秋)·의사(疑似)》

봉화로 제후들을 희롱
유왕은 미인의 웃음을 보기 위해 봉화로 제후들을 희롱했다. 그 결과 후에 정말 적들이 쳐들어왔을 땐 제후들의 도움을 받지 못해 결국 주나라는 멸망하고 말았다.

비참한 말로를 자처한 행동

봉화를 올리고 북을 울렸다. 그것을 본 인근의 제후들은 즉시 군대를 몰고 도성을 구하기 위해 단숨에 달려왔다. 그러나 아무 일도 없자 맥이 빠진 사람들과 말이 뒤엉키고, 수레는 서로 부딪치는 등 온 나라가 아수라장이 되었다. 후에 이 모든 것이 포사의 웃음을 보기 위한 유왕의 장난에 불과하였음을 안 제후들은 격분했다.

그런데 어찌 된 일인지 지금껏 단 한 번도 웃지 않았던 포사가 그 광경을 보더니 배꼽을 쥐고 깔깔거리며 웃는 것이었다. 그렇게 마음껏 웃는 포사의 얼굴을 본 유왕은 마냥 행복해 했다.

그러나 마음껏 웃는 포사의 얼굴을 본 유왕은 다음 날부터 매일 봉화를 올리게 했다. 처음에는 다시 속지 않겠다던 제후들이 또 다시 군사들과 부리나케 달려왔지만 이번에도 유왕과 포사의 장난이었다는 것을 안 제후들은 그 다음부터는 아무리 봉화가 오르고 북이 울려도 절대로 그들에게 속지 않겠다고 다짐하고 돌아갔다.

이렇게 되어 봉화대는 비상용 역할을 하지 못하고 빈 형체만 남게 되었다. 이는 유왕의 말로가 임박했음을 알리는 예고이기도 했다.

| 중국사 연표 |

기원전 780년 — 종주宗周 도성 부근에 대지진이 발생했다. 이것을 본 주 태사는 주나라가 망할 징조라고 예언했다.

출전: 《사기史記·주본기周本紀》
《시경詩經·소아小雅·소변小弁》

089

의구의 원한

포사를 총애한 유왕은 태자 의구宜臼를 내쫓았다. 원한을 가진 태자 의구는 외조부의 도움으로 결국은 왕위에 오르게 되었다.

태자 의구를 폐한 유왕

유왕은 신후申侯의 딸을 왕후로 삼고 아들 의구를 태자로 봉했다. 그런데 유왕은 포사가 궁에 들어온 후 신후申后와 의구는 한 번도 찾지 않고 포사 옆에만 있었다. 얼마 후 포사가 아들 백복伯服을 낳자, 유왕은 포사를 왕후로 올려놓을 궁리를 했다. 그러다가 포사가 열아홉이 되자 유왕은 모든 제후들과 대신들의 반대에도 불구하고 신후를 폐하고 포사를 왕후로 세웠다. 이와 동시에 포사의 아들 백복을 태자로 세우고 태자 의구를 내쫓았다.

울분을 토로하는 시

쫓겨난 의구는 방황하면서 울분과 원한에 찬 시를 홀로 읊었다.

"저 즐거운 새들을 보라, 깃 찾아 나래 치며 돌아가노니. 허나 지금 백성은 시달리고 나는 우환에 고생하나니, 어이하여 이런 재앙이 떨어졌단 말이냐. 도대체 무슨 죄가 있던가. 그 누가 알랴, 내 마음에 끓는 이 울분을. 평탄하던 큰길엔 잡초가 무성하고 내 가슴은 원한으로 찢기는 듯한데 들판에 누워 탄식을 하니 울분에 늙어만 가는구나.

조상들이 심은 저 뽕나무와 자작나무에게 존경의 인사를 올려라. 아버지를 존경하지 않는 아들이 어디 있으며 어머니를 따르지 않는 아들이 어디 있으랴. 그런데 지금 나는 아버지가 있어도 사랑을 못 받고 어머니가 있어도 만나지 못하누나. 나를 낳은 상천上天이여, 내가 살 길은 어디에 있느냐? 양류楊柳는 푸르고 매미는 노래하고 호수는 출렁이고 갈대는 무성한데 나는 마치 배를 타고 정처 없이 흘러가는 길손 같구나. 갈 데가 어디냐, 어디로 가려느냐.

저 뛰어노는 사슴을 보아라. 얼마나 즐거우냐? 새벽에 홰를 치는 수탉도 암탉에게 사랑을 구하고 붙잡힌 저 토끼도 놓여날 수 있으리라. 길 위에서 죽은 저 사람도 매장해 줄 사람이 있으리라. 그런데 대왕은 어이하여 그리도 잔인한가. 심중의 울분은 눈물이 되어 가슴을 적시네."

외조부의 도움을 받은 의구

의구가 읊은 이 시는 후에 《시경·소아》에 수록되었다. 아버지 유왕에게 쫓겨나고 어머니마저 폐위당한 의구는 가슴 터지는 원한을 하소연할 데가 없었다. 그때 제후로 있는 외조부 신후가 그를 도와주었다. 마침내 의구는 주나라 왕위에 올라 원한을 풀었다.

권력의 상징

서주 시대에는 옥기를 대단히 중시했다. 사람들이 옥 패물을 차고 걸으면 이것들이 서로 부딪쳐 청아한 소리를 내는데 이 소리를 들은 사람은 매사에 침착하게 된다고 한다. 이 용 무늬 옥기는 군왕의 것이다.

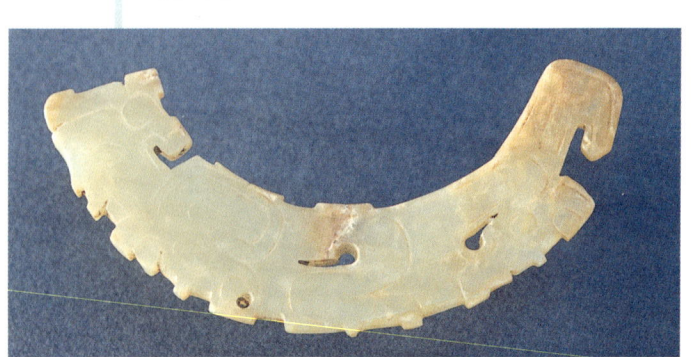

역사 시험장 〉 서주 시대에 처음 출현한 계시기計時器는 무엇을 말하는가?

| 세계사 연표 |

기원전 800년 전후

호메로스의 서사시 〈일리아드〉와 〈오디세이〉가 완성되었다. 호메로스는 시를 쓰지 못하고 읊으며 창작하는 맹인 시인이다. 그의 서사시는 고대 그리스의 사회 풍토를 생동감 있게 반영하고 있다.

090

《죽서기년竹書紀年》
《사기史記 · 주본기周本紀》

출전

-1046~-771

서주

유왕의 죽음

의구를 추적한다는 명분으로 유왕이 신나라 진격을 준비하자, 신후는 견융과 연합해 주나라를 진격해 호경을 함락시켰다. 유왕은 여산 아래서 죽음을 당했다.

신나라를 진공할 준비를 하는 유왕

유왕은 왕후 신후를 폐하고 포사를 왕후로 세운 다음, 태자 의구를 서민으로 폐하고 포사의 아들 백복을 태자로 책봉했다. 폐위된 신후는 의구를 데리고 친정이 있는 신나라로 도망했다. 신나라는 지금의 섬서성과 산서성 경계에 있었다.

유왕은 의구를 죽여 후환을 없애려고 신나라 군주 신후에게 의구를 보내라고 강요했다. 신후가 그 말을 거역하자 유왕은 의구를 나포한다는 명분으로 신나라에 대한 진공을 준비했다. 제후들의 지지를 얻기 위해, 유왕은 대실大室이라는 곳에서 제후 연맹 회의를 가졌지만 참석한 제후들이 별로 없었다.

봉화를 올려도 구원하러 오지 않다

유왕이 신나라에 대한 진공을 준비한다는 소식을 들은 신후申侯는 분을 참을 수가 없었다. 그는 제후국 증繒나라와 견융 부락과 연합해 유왕 11년 봄, 주나라로 진격했다. 신후의 연합군이 처들어온다는 소식을 접한 유왕은 황급히 봉화를 올렸다. 그러나 주변 제후국들은 포사의 웃음을 사기 위한 유왕의 장난이라고 여겨 아무도 달려오지 않았다.

유왕은 죽고 포사는 사로잡히다

고립무원에 빠진 주나라 도성 호경은 신후의 연합군에게 함락되었다. 유왕은 포사와 태자 백복을 데리고 황급히 성을 빠져나갔다. 그 뒤를 쫓던 연합군은 여산 산자락 희戲라는 곳에서 그들을 붙잡아 유왕과 백복을 죽였다. 그리고 포사는 견융犬戎이 전리품으로 잡아갔다.

의구가 왕이 되다

유왕이 죽은 후 의구가 주나라 왕이 되었다. 그가 바로 주나라 평왕平王이다. 그와 동시에 괵공 한翰이 또 호경 부근의 휴攜라는 곳에서 주나라 왕실의 친척인 왕자 여신余臣을 주나라 왕으로 올려놓았다. 이처럼 주나라 말년, 한 나라에 왕이 둘인 상황이 생겨났다. 여신은 유왕의 적자가 아니어서 후세 사람들은 그 고장 이름을 따서 그를 휴왕攜王이라고 불렀다.

호경이 전란으로 파괴되고 융적들이 계속 처들어와 더 이상 도성의 역할을 할 수 없었다. 그래서 진秦나라 군주 양공襄公은 평왕을 군대로 호송해 동쪽에 있는 낙읍으로 도성을 옮겼다. 평왕은 그것이 고마워 진나라 양공을 제후로 봉하고 서부 지역의 많은 땅을 하사했다. 평왕이 동으로 천도한 후 휴왕이 진晉나라 문공文公에게 살해당했다.

유왕은 포사한테 빠져 나라를 망치고 목숨을 잃었으며, 그 아들 평왕은 할 수 없이 도성을 동쪽으로 옮겼는데 이로써 서주西周 왕조는 종말을 맞았다.

유왕과 포사 (위 그림)

기원전 779년
유왕이 포사에게 반해 국정을 돌보지 않았다.

| 중국사 연표 |

091

풍자시의 유행

서주 말기 전란과 부패한 정치에 시달렸던 백성들은 많은 시를 써서 주나라 군왕과 탐관오리들을 풍자했다.

서주 말기, 왕은 정사를 돌보지 않고 탐관오리들은 수탈을 일삼아 백성들이 도탄에 빠졌다. 이와 때를 같이 해, 관리들의 악행과 사회의 부패를 힐책하며 백성들의 분노를 담고 새로운 세상을 지향하는 풍자시들이 많이 나타났다.

태사 윤씨를 풍자한 시

〈절남산節南山〉이라는 시는 유왕의 대신 태사 윤씨尹氏를 대부大夫 가부家父가 풍자한 시다.

"높고 높은 남산엔 바위들이 우뚝 솟아 있소이다. 혁혁한 태사 윤씨님이시여! 백성들은 그대를 바라보거늘 나라가 망해 가는데 그대는 왜 보이지 않소이까? 하늘이 재앙을 내려 도처에 난이 일고 백성들은 그대에게 불평이 많건만 그대는 왜 반성할 줄을 모르오니까? 태사 윤씨님이시여, 그대는 이 나라 기둥이올시다. 사방의 제후들도 그대를 믿고, 천자도 그대를 믿는데 어이하여 그대는 나라를 돌보지 않는 것이오? 그대가 임용한 친척과 측근 중에 쓸 만한 사람이 몇이나 있소이까? 내 보기엔 한 사람도 없소이다. 그대의 잘못된 정사로 백성이 시달리고 임금이 불안하고 하늘이 노하고 있소이다. 나 가부는 임금을 해치는 원흉을 추궁하기 위해 이 시를 쓰오이다. 바라건대 그대는 속히 반성해 이 나라의 평안을 도모하시오."

포사의 위험을 지적한 시

또한 포사를 꾸짖는 시들이 많이 나타났다.

제목 : 〈정월〉

"정월에 서리 내리니 내 마음이 울적하다. 백성들은 기아에 시달리는데 하늘은 어이하여 이리도 무심한가. 이 마음에 맺힌 한 풀 길이 없고나. 지금의 조정은 왜 이리도 추악할까? 위대한 도성 종주가 정녕 포사 손에 놀아난단 말인가?"

제목 : 〈시월의 교합〉

"이 시월에 일월이 교합해 일식이 생겼네. 이것은 재난이 닥쳐옴을 알리는 것이라네. 사방 제후들은 충신을 쓰지 않고 선정善政을 버렸네. 황부皇父는 경사가 되고, 번씨番氏는 사도가 되고, 가백家伯은 태재가 되고, 요염한 포사는 꼬리치며 간계를 부리는구나. 악은 황부는 재향在向을 도읍으로 삼고 삼관三官을 임용해 양곡만 쌓이네."

이 외에 〈우무정雨無正〉, 〈소민小旻〉, 〈교언巧言〉 등 많은 시가 있다.

국왕을 엄하게 꾸짖는 시

이 풍자시들 중에서 가장 신랄한 시로는 유왕을 풍자한 범백의 시 두 수가 으뜸이라고 할 수 있다. 범백은 여왕 시기에 〈판板〉이라는 시를 써 여왕을 풍자했고, 유왕 시기에도 유왕을 준엄히 꾸짖는 시들을 썼다.

제목 : 〈첨앙瞻卬〉

"하늘을 우러러 부르짖노니, 그대는 왜 은혜를 베풀 줄 모르나이까? 나라가 동란 속에 흔들리고 백성은

● ● ● 역사문화백과 ● ● ●

[중국 최초의 개혁가-주공]

주공은 경제와 정치를 개혁해 봉건제도를 실시함으로써 중앙 정권을 공고히 하고 변방의 안전을 확보했다. 그리고 문화도 개혁해 예악을 제정하고 사회규범을 조정했다. 이 개혁을 통하여 주나라는 태평성대를 이루었다.

| 세계사 연표 |

기원전 798년

이스라엘 국왕 여호아스가 이스라엘의 실지를 수복했다.

《시경詩經·소아小雅·절남산節南山》 등 출전

독특한 장식 기교
산서성 곡요현 곡촌 진晉나라 무덤에서 출토된 청동 궤.

부터 마르는 것이 아니더냐. 하늘의 명을 받은 선왕은 소공 같은 현신이 있어 국토를 날마다 백 리씩 넓혔건만, 지금은 날마다 백 리씩 줄어드누나. 어이하면 지난날의 영광을 되찾을 수 있으리."

잔혹한 착취와 불공정한 사회에 대한 불만이 커지다

서주 지배자들의 호화로운 생활은 여러 제후국 백성들에 대한 착취로 이루어진 것이다. 서주 말년, 지금의 산동성 제남 부근에 있었던 제후국 담譚나라의 한 대부는 〈대동大東〉이라는 시를 써서 그런 상황을 고발하고 풍자했다.

"주나라의 길은 맷돌같이 평탄하고 살대같이 똑바르다. 그 길은 벼슬하는 군자들이 다니는 길이다. 백성은 다만 길가에 서서 구경이나 할 뿐이다. 동쪽 어느 지역이건 천 짜는 원료들은 모두 수탈당해 가련한 백성들은 한숨만 쉰다. 서방의 자제들은 잘 입고 잘 사는데, 동방의 자제들은 헐벗고 굶주린다. 귀족의 자식들은 아무 벼슬이나 할 수 있지만, 가난한 집 자식들은 재능이 있어도 벼슬을 못 하는구나."

이 시는 동인東人과 서인西人, 평민과 귀족을 대비하면서 지배자들의 압박과 착취, 사회적인 갈등을 폭로하고 있다.

고통에 신음하고 있는데, 땅을 가진 사람이 땅을 빼앗고, 노예를 가진 사람이 노예를 빼앗고, 죄 없는 사람은 가두고, 죄 있는 자는 방면하니 이게 무슨 판국이오이까? 슬기로운 사나이는 성을 쌓지만, 너무 약은 계집은 성을 허문다고 하였나이다. 그 요염한 계집을 보소서. 그 계집의 긴 혓바닥은 재앙을 불러오는 화근이나이다. 재앙은 하늘에서 떨어지는 것이 아니라 그 계집의 혓바닥에서 생겨난다는 것을 아셔야 합니다. 그대가 깨우치지 못하는 것은 모두 그 계집의 말만 듣기 때문이오이다."

제목 : 〈소민小旻〉

"우리에게 죽음을 주는 하늘이 한스럽다, 두렵도다. 우리에게 기근을 주니 백성들은 사처에서 유리걸식한다. 이 나라가 왜 이리 되었는가, 어디나 썩어 가고 있구나. 늪의 물은 가에서부터 마르고 샘물은 복판

서주 시대의 식의食醫 215

기원전 779년 ~ 기원전 772년

| 중국사 연표 |
유왕은 포사의 웃음을 보기 위해 거짓 봉화를 올렸다.

092

불평이 있으면 말하게 되는 법

주나라 말년 각 계층 사람들은 자신들의 심정을 반영해 세월이나 신세를 개탄하는 시를 썼다.

중국 고대에는 '불평이 있으면 말하게 되는 법'이라는 말이 있다. 이 시들은 사회의 각종 부조리를 보고 개탄하는 목소리다.

환로의 죄악상을 비판

소공蘇公과 폭공暴公 이 두 사람은 유왕 조정의 높은 관직에 있었다. 그런데 폭공이 유왕에게 소공을 헐뜯자 이에 격분한 소공은 〈하인사何人斯〉라는 시를 써 폭공을 질책했다.

"그자가 어떤 자인가? 더러운 심보로 남을 해치는 놈, 배은망덕을 일삼는 놈. 그자가 누구인가? 바로 폭공이다. 함께 일하는 동료를 해치다니. 나를 찾는 발걸음이 멀어지더니 네가 나를 비방하는구나. 그자는 어떤 자인가? 왜 우리 마당을 지나다니는가? 발자국 소리는 들리지만 모습은 보이지 않는다. 문 열고 들어오면 내 마음이 오히려 괴롭겠지. 맏형은 나팔을 불고 아우는 피리를 불고, 그 장단에 우리 둘 함께 놀았는데도 나를 모른단 말이냐. 개와 돼지를 제단에 올리고 폭공을 저주하리라. 도깨비라면 얼굴이 없겠지만, 너는 얼굴을 들고 그런 짓거리를 한단 말이냐. 다시는 요사한 짓을 하지 말라고 이 시를 짓는다."

남을 비방하는 자를 꾸짖는 시

모욕을 당한 한 환관의 불평을 쓴 시도 있다. 그는 남을 비방하는 자를 〈항백巷伯〉이라는 시로 꾸짖었다.

"가로 세로 얽힌 실오리가 비단이 됩니다. 그러나 남을 비방하는 자는 정녕 인간이 아닙니다. 여기저기에서 남을 비방하는 자, 그자들의 소리가 윗사람 귀에 들어가면 그자들은 급이 올라 우쭐대겠지만 당하는 사람은 얼마나 억울하겠습니까. 하늘이여, 피해받은 사람을 불쌍히 여겨 주옵소서. 비방을 일삼는 자는 호랑이도 늑대도 그 고기를 먹지 않습니다. 황무지에 내버려도 받지를 않습니다. 그러니 하늘의 심판에 맡깁니다. 수림에 난 길은 전야에까지 이어졌습니다. 모든 군자들은 새겨 보소서.'

불공정한 사회현상에 대한 원망을 표한 시

서주는 계급사회였다. 이런 사회에서 하급에 속하는 한 선비가 서주 말기, 〈북산北山〉이라는 시로 지배계급의 향락과 사회의 부조리를 질책했다.

"북산에 올라 구기자를 따네. 새벽부터 밤까지 선비는 일을 하네. 임금님을 위한 일은 끝이 없어, 집에 계시는 부모도 돌볼 새 없네. 천하의 땅은 모두 임금님의 땅이요, 그 땅 위의 백성은 모두 임금님의 백성인데, 어이하여 대부께서는 가장 힘든 일만 시키는지. 누구는 편히 앉아 쉬기만 하는데 나는 어이하여 일만 해야 하는가. 누구는 빈둥거리며 놀기만 하는데 나는 어이하여 일만 해야 하는가. 누구는 온종일 술로 즐기는데 나는 어이하여 꼼짝 못 하는가. 누구는 왕궁을 드나들며 입만 놀리는데 나는 어이하여 힘든 일만 해야 하는가."

어떤 하급 관리 한 사람이 남방에 출장을 갔다가 변란을 만나 온갖 고생을 다 했다. 그래서 그는 〈4월〉이라는 시로 그 원망을 표현했다.

"4월 초여름에 왔는데 벌써 6월 삼복철이 되었구나. 선조들도 무심하지 내 이 고생을 어찌 보고만 있단 말인가. 어느덧 쓸쓸한 가을바람에 풀들이 와삭와

기원전 797년

| 세계사 연표 |
유대 왕국이 이스라엘의 부용국이 되었다.

《시경詩經·소아小雅·하인사何人斯》 등 출전

삭 마르는구나. 변란 속에 시달리는 나, 언제나 집으로 돌아가리. 겨울의 차디찬 북풍이 휘몰아쳐 오는구나. 남들은 따뜻하게 잘 사는데 어이하여 나만 이렇게 추위에 떨어야 하나. 저 샘물도 흘렀다가는 맑아지는데, 나는 날마다 이 고생이 변함없으니 언제나 집으로 돌아가 남처럼 살아 보랴. 임금님을 위해 허리 굽혀 일했더니 돌아온 것이 이 모진 고생뿐이더냐. 내가 시로써 이 슬픈 사정을 알린다."

있는 그분 때문에 내 속은 마냥 괴롭네."

풍부하고 다채로운 생활의 표현

모든 계층의 서주 사람들은 이렇게 애탄의 시를 지었다. 이 시들은 서주 말기 다양하고 풍부한 생활을 표현한 것들이다.

폐위된 신후의 시

사회의 부조리를 하소연할 데가 없었던 그 시기, 그래서 사람들은 시로써 그 울분을 토해 냈다. 폐위된 태자 의구가 〈소변小弁〉을 지어 울분을 토로했고, 폐위된 신후申侯도 〈백화白樺〉라는 시를 지었다.

"왕골에 흰 꽃이 피니 띠풀이 왕골을 묶네. 멀리 있는 그분 때문에 나는 외로움을 참을 수 없네. 뭉게뭉게 피어오르는 흰 구름은 띠풀을 가려 주지만, 내 팔자 이렇듯 기구한 것은 그분 때문이라네. 뽕나무를 찍어 아궁이에 불을 때는 사람이 바로 그분이다. 내 마음을 갈갈이 찢는 사람이 바로 그분이다. 부리를 깃에 묻은 원앙새도 물 위에서 쌍쌍이 노니는데, 그분은 미색을 계속 바꿔도 끝이 없네. 멀리

제사를 지내고 복을 비는 정숙종井叔鍾
서주 중기의 청동기 종. 이 종에는 조상에게 제사를 지내고 복과 장수를 빌기 위해서라는 종을 주조한 목적이 기록되어 있다.

-1046~-771

서주

《시경·소아·사간斯干》에는 "남자 아이를 낳으면 침대에 재우고 저고리를 입히고 옥패물을 채우고…. 여자 아이를 낳으면 땅 위에 눕히고 등거리(베나 무명으로 깃이 없고 소매가 짧거나 없게 만든 옷)를 입히고 기와 조각을 갖고 놀게 한다"는 말이 있음

| 중국사 연표 |

기원전 774년 　유왕은 신후를 폐하고 포사를 왕후로 세웠으며, 또 대자 의구를 폐하고 포사의 아들 백복을 태자로 책봉했다.

093

나라를 구한 정나라 환공

서주가 망할 날이 얼마 남지 않았음을 예견한 정鄭나라 환공桓公은 동변으로 가족들과 백성들을 이주시켰다. 그 덕에 화를 피하고 정나라를 계속 보존했다.

한 사람의 안목은 그 자신의 생존과 발전에 무한한 활력을 가져다 줄 수 있고, 한 제후나 국왕의 안목은 한 나라의 생존과 발전에 거대한 역할을 할 수 있다. 서주 말기, 정나라 환공이 나라를 구한 이야기는 이것을 잘 증명하고 있다.

날로 부패해지는 정국을 피하여 살 곳을 찾다

정나라 환공의 이름은 우友, 여왕의 막내아들이며 선왕의 막내 동생이다. 선왕은 즉위 22년에 아들 희우姬友에게 정鄭을 분봉해 제후국 정나라를 세우게 했다. 그가 바로 정나라의 군주 환공이다.

백성들을 사랑해 그들의 신임을 받은 환공은 유왕 8년, 주나라 왕실의 사도로 임명되었다. 당시 유왕은 포사에게 빠져 결국 왕후와 세자를 폐하고, 포사를 왕후로, 포사의 아들 백복을 세자로 세웠다.

이런 왕실의 상황을 가까이에서 목격한 환공은 주나라가 망할 날이 머지않았음을 예견하고 태사를 찾아가 물어보았다.

서주 초기 청동기의 전범典範
궤는 지금의 사발과 비슷한 물건인데 상나라와 주나라 때는 쌀을 담는 데 사용되었다. 이 청동 궤는 지금의 산서성 곡요현 진晉나라 무덤에서 출토된 것으로, 서주 초기 청동기 제조의 수준을 대표하는 전범이다.

| 세계사 연표 |

기원전 783년
이스라엘 국왕 예로보암 2세가 즉위했는데 재위 기간 이스라엘은 더욱 강성해졌다. 이때 다마스쿠스는 제일 먼저 이스라엘에 귀속되었다.

《사기史記·주본기周本紀》
《국어國語·정어鄭語》 출전

"만일 변고가 생긴다면 어디로 피하는 것이 좋을 것 같습니까?"

그러자 태사는 이렇게 답했다.

"낙읍 동쪽, 황하와 제수濟水 이남 지역이 그중 좋을 듯합니다."

"그곳이 왜 좋다고 하시지요?"

정나라 환공은 그 까닭을 물었다.

"그곳은 괵과 회, 이 두 나라와 가깝습니다. 그런데 이 두 나라 군주들은 탐욕이 과해 백성들이 싫어하고 있습지요. 그런데 환공께서는 근방에 성망이 높습니다. 공께서 그리로 자리를 옮기겠다고 하면 괵나라와 회나라 군주들은 공의 말을 거절하지 못하고 땅을 나누어 드릴 것입니다. 공께서 그 땅을 받으면 괵나라와 회나라 백성들도 장차 모두 공의 백성들이 될 것입니다."

그래도 환공은 혹시 더 좋은 곳이 없을까 하는 생각으로 다시 태사에게 물었다.

"만약 남하해 장강과 한수 일대로 가면 어떻겠습니까?"

"그곳에는 초나라가 있습지요. 옛적에 축융은 고신씨高辛氏의 화정관火正官으로 있으면서 큰 공을 세웠는데, 지금의 초나라 군주는 그 축융의 후대입지요. 장차 주나라는 쇠약해지고 초나라가 강성해질 겁니다. 그러면 강성한 초나라 곁에서 정나라가 편히 있을 수 있겠습니까."

환공은 그 말에 일리가 있다고 생각하면서도 또 이렇게 물었다.

"만약 우리가 사읍謝邑 서쪽에 있는 구주로 간다면 어떻게 되겠습니까?"

"그곳 사람들은 탐욕스럽습니다."

이에 환공은 낙읍 이동, 황하와 제수 이남의 땅이 가장 좋다는 것을 알았다. 환공은 역사가 어떤 추세로 발전하겠는가를 태사에게 물었다.

"주나라가 망하면 어떤 나라들이 흥성할 것 같습니까?"

"아마도 제齊, 진秦, 진晉, 초楚, 이 네 나라일 것 같습니다. 제나라는 성이 강姜씨이고 백이의 후대인데 요임금 시절 전례를 주관했습니다. 진秦나라는 성이 영씨인데 백예의 후대이지요. 백예는 순임금을 보필해 가축을 길러 번식시켰습니다. 그리고 초나라 군주의 선조들도 모두 공이 많은 사람들입니다. 그리고 진晉나라는 지세가 험해 그 지세를 잘 이용하면 장차 강성해질 수 있습니다."

환공은 그 말에 고개를 끄덕였다. 그래서 환공은 괵나라와 회나라 군주에게 많은 재물을 주며 땅을 양도해 달라고 했고. 두 군주는 지체 없이 두 개 읍을 내주었다. 환공은 가솔들과 많은 백성들을 데리고 그곳으로 이주했다. 유왕 9년의 일이다.

동란 속에서 새롭게 탄생한 정나라

2년 후, 예상대로 주나라에 큰 난이 일었다. 신나라 군주 신후가 증나라, 견융 등의 연합군을 이끌고 호경을 함락했다. 그러자 괵나라와 회나라는 환공에게 내주었던 땅을 도로 빼앗아 가려고 했다.

이때 환공의 아들이 정나라의 군주가 되었는데 그가 바로 정나라 무공鄭武公이다. 무공은 괵나라와 회나라를 반격하고 여덟 개 읍이나 되는 땅을 더 점령했다. 그러고는 낙읍 동쪽에다 새로운 정나라를 정식으로 건립하고 신정新鄭에 도읍을 세웠다. 주나라 평왕이 도읍을 낙읍으로 옮긴 후, 무공은 괵나라와 회나라를 멸망시키고 마침내는 춘추 초기 강국으로 부상했다. 정나라는 전국 시대 중기인 기원전 375년까지 존속하다가 전국 시대 칠웅 중의 하나인 한韓나라에 의해 멸망했다.

《시경·소아·시월지교》에 기원전 776년 9월 6일에 발생한 일식이 기록되어 있음

| 중국사 연표 |

기원전 771년 — 신후申后의 아버지 신후申侯가 중국繪國, 견융과 연합해 주나라를 진격, 유왕과 백복을 죽였다. 제후들은 대자였던 의구를 왕으로 삼고 도읍을 동쪽 낙양으로 옮겼다.

094

금문이 새겨진 청동기

금문이 새겨진 서주 시대의 청동기는 수백 점이나 된다. 이 금문들은 당시의 전쟁, 분봉, 매매와 소송에 이르기까지 수많은 역사들을 기록해 놓았다.

금문이 새겨진 청동기의 명명법

금문이란 청동기에 새기거나 주조한 글을 말한다.

청동기의 금문은 상나라 때 출현했는데 처음에는 비교적 간단했다. 그러나 서주 시대에 이르러 금문을 새긴 청동기가 많아지고 글도 상당히 길어졌다. 동주 열국 시기에 이르자 금문의 글이 다시 간단해지기 시작했고, 진나라와 한나라 때에는 장편 금문이 사실상 자취를 감추었다.

서주 시대 금문에 기록된 역사들은 그 범위가 아주 넓으며 신빙성 또한 높다.

서사의 편의를 위해 학자들은 금문이 새겨진 청동기마다 이름을 지었는데, 그 방법은 다음과 같다. 우선 그 금문이 새겨진 청동기의 주인을 확인한 다음 청동기 모양의 이름을 첨가한다. 그리고 청동기 주인의 이름 앞에 관직을 첨부하기도 한다. 예를 들면 청동기 주인의 이름이 '반班'이고 그 모양이 궤처럼 생겼다면, 그 청동기의 이름을 '반궤'라고 명명했다. 또 청동기의 주인의 이름이 '대大', 관직이 '작책作冊', 모양이 정이라면, 그 청동기를 '작책대정作冊大鼎'이라고 명명했다.

금문 중 음식물과 관련된 글자

금문에는 鹿(사슴), 馬(말), 魚(물고기), 牛(소), 麥(밀), 黍(기장), 稻(벼), 豚(돼지) 같은 음식물과 관련된 글자들이 나온다.

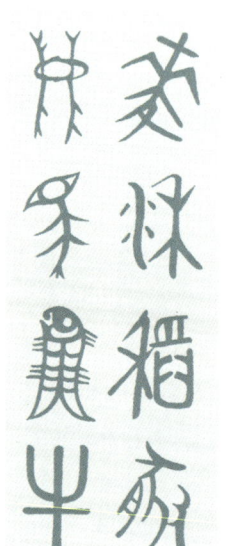

30000여 년 전 전쟁에 대한 기록

일부 금문은 서주 시대 역사상 중요한 사실史實들을 기록했다. 예를 들면 1976년 섬서성 임동臨潼에서 출토된 '이궤'에는 "무왕이 상나라를 진격하는데 갑자일 아침에 먼저 제사를 지내고 점을 쳤더니 아주 길상한 징조가 보였다. 그래서 신속히 상나라 도성을 함락했다. 여드레가 지난 신미일에 왕은 우사右史 이利에게 동을 하사했다. 이 큰 영광을 기리기 위해 이가 이 청동기를 만들었다"라고 기록되어 있다.

이 청동기의 금문은, 무왕이 상나라 주왕을 진격한 목야의 결전이 갑자일 아침임을 기록해 놓았는데 이것은 문헌 기록과 일치한다.

강왕이 오군吳君을 분봉

제후들을 분봉하는 것은 주나라 역사에서 자주 행해지는 대사이다. 예를 들면 1954년, 강소성 단도丹徒현에서 발견된 '의후열궤'에는 의후가 강왕에게 분봉받은 토지와 백성 그리고 예기禮器들이 기록되어 있는데, 분봉받은 사람들 중에는 왕인王人, 맹氓, 서인庶人 등이 있었다. '의후'는 초기 오나라 제후에 대한 칭호였다.

••• 역사문화백과 •••

[금문을 연구한 저서들]

금문에 관한 사전으로는 용경容庚의 《금문편金文編》 등이 있으며, 이론적인 저술는 마승원馬承原의 《중국 고대 청동기》 등이 있고, 자료 서적으로는 나진옥羅振玉의 《삼대길금문존三代吉金文存》 등이 있으며, 주석註釋 서적으로는 궈모뤄郭沫若의 《양주금문사대계도록고석兩周金文史大系圖錄考釋》 등이 있다.

| 세계사 연표 |

기원전 776년 그리스 각 폴리스는 펠로폰네소스 반도의 올림피아 성지에서 제1차 올림픽 운동 대회를 진행했다.

각 서주 청동기 명문

서주 관명이 많이 새겨진 열령방준矢令方尊
열령 가족은 서주 초기의 대가족이었다. 열령방준은 이 가족이 이룩한 업적들을 기록한 것이다.

토지 교역과 노예 매매

토지 교역과 노예 매매는 서주 시대부터 나타났다. 이 사실이 청동기의 금문에 나타나 있다.

예를 들면 1975년 섬서성 기산현에서 발견한 '구위화裘衛盉'에 새겨진 금문에는 이런 일이 기록되어 있다.

"공왕 시기 귀족 구백矩伯의 서인이 구위에게서 참배에 쓰는 옥장玉璋을 가져갔는데, 그 가격이 패貝 80책册이었다. 그래서 구백은 그 값으로 구위에게 밭 천 무를 주기로 했다. 구백은 또 적옥赤玉으로 된 호琥와 기타 물품들을 가져갔는데, 가격이 패 20책이었다. 구백은 그 값으로 밭 300무를 주겠다고 했다. 구위가 이 일을 집정 대신 다섯에게 고하니, 이 대신들은 사도, 사마, 사공, 세 고관들을 현장에 파해 구백이 구위에게 밭을 넘겨주는 것을 감독했다."

그리고 청나라 때 발견된 청동기 '물정'의 금문에는 주나라 효왕 때 귀족 물이 말 한 필과 비단 한 필로 노예 다섯을 샀고, 어떤 사람이 밭 700무와 노예 다섯으로 물이 손해 본 곡식을 배상했다는 기록이 있다.

서주 사회생활의 백과 전서

이 외에도 어떤 금문은 당시의 소송 상황을 기록했다. 예를 들면 위의 '구위화'와 동시에 발견된 '짐이㝬匜'에 새겨진 금문에는 목우와 그의 상관인 사짐師㝬 사이의 법정 소송 과정이 기록되어 있다.

그리고 한 가족의 발달 과정을 기록한 금문도 있다. 예를 들면 1976년 섬서성 부풍현에서 발견된 '사장반史墻盤'에는 상나라의 제후국 미微나라에서 줄곧 사관을 담당했던 미사微史 일가가 주나라 무왕을 찾아 알현하고 융숭한 대접을 받았다는 사실과, 미사네 일가가 주나라에서 생활한 상황들을 상세하게 기록해 놓았다.

귀방鬼方을 진격해 대량의 전리품을 노획

서주 시대 중앙 왕조와 주변 소수민족 간에는 늘 전쟁이 있었다. 청동기에 새겨진 많은 금문들에는 이런 상황이 기록되어 있다.

예를 들면 '소우전小盂鼎'에 새겨진 금문에는 다음과 같은 사실이 기록되어 있다.

"우盂가 강왕의 명을 받고 귀방을 진격해 큰 승리를 거두었다. 수장 둘을 사로잡고 적 4800명을 죽이고 포로 1만 3081명을 잡아왔다. 그리고 말과 소, 양 수레 등 많은 전리품들을 노획했다."

이 금문 기록들은 중앙 왕조와 주변 민족들 간의 상황을 알 수 있는 진귀한 자료이다. 그런데 이 청동기는 전란 중에 유실되어 그 탁본만 남아 있다.

초점 : 기원전 1046년부터 기원전 771년까지의 중국

상나라와 주나라 시대의 대변혁들은 겉으로는 한 가문의 흥망과 도읍의 이동으로 보이지만, 그 내면은 낡은 제도와 문화를 폐기하고 새로운 제도와 문화의 흥성을 가져왔다.

왕궈위王國維

(1)계속되는 전란과 백성의 고난 (2)계급의 점차적인 소멸 (3)빈부 격차 (4)암울한 정치와 백성의 원한으로 그 시대(기원전 8세기로부터 기원전 6세기까지)의 대략적인 상황을 요약할 수 있다.

후스胡適

주나라 사람들은 단체성이 개인의 감정을 초월하게 하는 특별한 사회적 기능을 가지고 있었다. 서주의 예법은 거의 춘추 시대에 출현했다.

량치차오梁啓超

주나라의 문화는 예의를 기본으로 했다. 이것은 중국 고대 문화의 집대성이기도 하거니와 후세 정치와 교육의 발단이기도 하다.

류이정柳詒徵

서주는 중국 철학사에 두 가지 큰 기여를 했다. 《주역》이라는 책에 있는 음양설은 고대의 변증법적 사상을 대표했고, 《상서·홍범洪範》에 나오는 오행설은 고대 원시적인 유물론을 대표했다.

쉬줘윈許倬云

부락 연맹에서 국가로의 과정은 민족이 형성되기 시작하는 초기 과정이다. 하나라, 상나라, 주나라의 연속적인 교체로 중화민족 최초의 국가가 형성되었으며, 하인夏人, 은인殷人, 주인周人의 융합을 촉진했다. 이 세 종족은 서주 시대에 이르러 하나로 융합되어 민족의 기본적인 특성들을 구비하게 되었다.

천리안카이陳連開

서주로부터 시작한 현실 중시의 정신에 의해 종교적 미신 분위기는 점차적으로 약화되기 시작했다. 상나라는 신을 숭경하고 백성을 이끌어 신을 섬겼지만, 주나라는 예의를 숭상하고 신은 존경하면서도 거리를 두었다. 천신天神에 대한 무조건적이고 절대적인 존경심은 조건적이고 상대적인 숭배로 고쳐져, 천신은 숭경의 대상인 동시에 사색의 대상이 되었다.

펑톈위馮天瑜

기원전 1046년부터 기원전 771년까지의 중국 역사에 대한
저명한 학자들의 견해들을 이곳에 모아 놓았다. 그들은 서주 사회의
정치, 경제와 사회, 문화의 각 측면을 깊이 분석하고 해석했다.

부락에서부터 봉건적인 국가로의 변화 과정은 상나라 이전에 시작되어 주나라 초기에 완성되었다. 이 변화 과정이 완성되자 주나라 초기의 경제는 전에 없던 발전을 가져왔다. 또 경제의 발전으로 인해 봉건적인 등급국가에서 통일된 봉건제국으로의 변화가 일어났으며, 그 과정은 춘추 전국 시대에서부터 진秦, 한漢 시대에 이르면서 점차 완성되었다.

저우구청周谷城

서주의 정권은 봉건 영주계급의 정권이며, 이 정권의 토대는 봉건 영주계급의 세습적인 토지 소유제이다. 등급에 의한 토지의 분봉과 이것으로 형성된 토지 소유의 등급구조는 이 정권으로 하여금 지역적인 분산성을 가지면서도 등급에 의한 종속관계를 가지도록 만들었다.

젠보짠翦伯贊

고대 중국의 예의 제도를 말하면 항상 주공으로 소급해 올라가게 되는데, '주공이 예와 악을 제정했다'는 전설의 진실성이 어느 정도인가 하는 문제는 지금 운운하기 어려운 듯하다. 그러나 서주가 예의 제도가 아주 발달한 나라였음은 많은 사람들이 다 알고 있다.

거자오광葛兆光

하, 상, 주는 문화적으로 한 계열에 속한다. 그러나 그 사이에는 지역적인 차이가 있다.

장광즈張光直

서주는 하나라와 상나라에 이어 건립된 왕조이다. 서주의 문화는 이 두 왕조의 문화의 토대 위에서 찬란하게 발전했다. 공자는 "주나라는 두 왕조의 뒤를 이어 빛나는 문화를 창조했다. 나는 주나라를 따른다."라고 말한 적이 있다. 공자로부터 시작되는 유가는 시종일관 서주의 정치 문화를 숭상했는데 그중에도 특히 서주의 개국 군왕인 문왕과 주공을 높이 받들었다. 맹자는 한 걸음 더 나아가서 요, 순, 우, 탕, 문왕, 공자까지 '성인'으로 받들었고, 순자 때부터는 서주 정치 문화의 대표인 《시詩》, 《서書》, 《예禮》, 《악樂》을 유가의 경전으로 삼기 시작했다. 이로부터 알 수 있듯이 서주의 정치문화가 중국 문화에 준 영향은 아주 크다.

양콴楊寬

223

기원전 1046년부터 기원전 771년까지의 사회 생활 및 역사 문화 백과
(각 조항은 페이지 번호에 따라 검색)

서주 시대는 화하華夏 문화가 구체적으로 형성된 시기로서 그 문화 체계가 후세에 준 영향은 막대하다. 《시경》, 《주역》 그리고 청동기의 명문들은 중국 문화와 예술의 정수라고 할 수 있다.

1. 제왕과 황실의 생활
위대한 어머니 26
주족의 시조 기 27
봉추촌鳳雛村에 있는 주나라 초기 궁실의 유적 32
아성亞聖 맹자 33
봉추촌에서 발견된 주나라 초기 궁실의 복원도 및 평면도 33
두 왕조의 도성 – 조가 37
누이동생을 주나라 희창과 혼인시킨 제을 38
서주 개국 삼현모三賢母 42
문왕과 그의 아들들 54
주 왕조를 세운 무왕 72
서주 중앙정부의 구성 73
주공은 셋째인가 넷째인가? 96
탁월한 정치가 97
금등의책 – 주공의 일편단심 107
섭정한 주공을 왕이라고 부를 수 있는가? 110
강태공의 형상 119
불화에서 합작으로 129
소공의 탁월한 업적을 기록한 소유召卣 140
주나라의 현신 소공 141
성왕을 보필한 주공 144
성강지치成康之治 151
법으로 나라를 다스리다 158
중국 최초의 여행가 161
사람 반 짐승 반의 형상으로부터 여신의 머리로 167
공화행정共和行政이란 무엇인가? 186
주나라를 부흥시킨 선왕 194
'선왕의 중흥'을 반영한 구부수개駒父盨蓋 195
선왕은 '중흥'의 임금인가? 199
권력의 상징 212
유왕과 포사 213

2. 군사와 전쟁
서주 시대의 병장기 – 청동 도끼 30
태보구과太保蓳戈 51
서주의 병장기 – 동과銅戈 52
서주의 병기兵器 62
서주의 갑옷 66
실용적인 서주의 병기 – 청동 과靑銅戈 67
서주 시대 청동 투구 – 방어 무기 장비 70
상나라와 서주 시대의 전차 70
서주 시대 차마갱車馬坑 71
서주 시대 청동 화살촉과 골각骨角으로 된 화살촉 73
삼문협三門峽 괵국의 말馬이 묻힌 구덩이 74
서주의 상비군은 얼마나 되었는가? 74
병기 기능의 향상 76
세상을 바꾼 전쟁 79
무왕이 상나라를 정복한 연도 83
고대 전차에 쓰였던 청동으로 만든 말 재갈 89
서주 병기 – 청동 활촉 91
서주 형세 약도 117
서주 시대에 성행했던 전차 177
정치나 군사 경력들을 기술한 극정克鼎 180
사씨師氏는 관직명이다 185
서주의 군사 상황을 연구한 자료 – 우정禹鼎 197
서주의 갑주甲冑 203
여산 봉화대 유적지 210
봉화로 제후들을 희롱 211

3. 경제와 무역
중국 최초의 화폐 – 패폐貝幣 49
서주의 청동 화폐 – 주패鑄貝 119
노예 매매 상황을 기록한 물정 178
부자와 귀족 간의 토지 교역 179

기원전 1046년부터 기원전 771년까지의 사회 생활 및 역사 문화 백과

추자구준騶子駒尊 110, 181, 182
중국 고대의 정전井田제도 192
공상식관제工商食官制 208

4. 귀족의 생활
서주 연황조聯璜組 옥패玉佩 57
숙제 86
주나라 곡식을 먹지 않은 백이와 숙제 87
미친 척한 기자 90
〈홍범〉을 이야기하는 기자 93
두 가지 술을 동시에 담을 수 있는
사거방이師遽方彝 166
서주의 옥 목걸이 187
세경세록제世卿世祿制란 무엇인가? 190

5. 자랑스러운 과학기술 성과
중국의 가장 오래된 천문대 – 측경대測景臺 105
서주 견직품의 흔적 109
서주에서 기원한 24절기 193

6. 생활과 풍속
청동 수레 46
생생한 가축 조각 59
주원에서 출토된 갑골문 60
국력과 신분을 상징하는 차마갱 87
예의 제도의 형성과 완성 116
술을 거르는 복공관腹孔罐 133
청동 무희 136
초인楚人들의 조상인 화신火神 축융 148
화신 축융 149
야합도野合圖 154
상촌령上村嶺 괵국 무덤의 차마갱 162
상복 제도 169
소박한 남궁류정南宮柳鼎 171
고대의 호랑이 사냥 173
서주의 청동기 – 언甗 177

7. 청동 시대
환상의 용 – 서주 기문동방정夔紋銅方鼎 28
무늬가 정교한 서주 시대의 술잔 – 부을고父乙觚 34
동물 무늬로 장식된 을공궤乙公簋 39
청동기 쌍둥이 – 영궤令簋 41
방형동궤方形銅簋 44
서주 초기의 구련뇌문정鉤連雷紋鼎 46
소박한 예술 75
이궤利簋와 명문銘文 81
무왕이 상나라를 정복한 일을 기록해 놓은
청동기 이궤 81
용맹한 형상의 미 83
백구력伯矩鬲 – 발이 셋인 솥 84
조형이 특이한 이왈방이夷曰方彝 88
언후우匽侯盂 – 연나라 사발 93
성왕의 고명誥命이 새겨진 서주의 청동기 하준何尊 94
사조편족방정四鳥扁足方鼎 95
오이정五耳鼎 101
가장 큰 청동 원정圓鼎 102
서주 청동 무기와 도구 102
와문뇌渦文罍 103
사여정師旅鼎 104
열영방이矢令方彝(술병 모양의 제기) 116
귀한 역사 실물 118
서주의 청동방호靑銅方壺 121
거백이遽伯彝 124
서주의 청동기 칼 125
소공의 업적을 찬미한 극화克盉 128
태보방정太保方鼎 131
청동단이유류력靑銅單耳有流鬲 132
중의부령仲義父鬲 134
풀어야 할 수수께끼 – 남궁호종南宮乎鍾 138
서주에서 명문이 가장 긴 청동기 – 모공정毛公鼎 140
부신작父辛爵 150
우盂에게 상을 내린 기록과 우가 귀방을 친
기록이 있는 대소 우정盂鼎 154

225

기원전 1046년부터 기원전 771년까지의 사회 생활 및 역사 문화 백과

백동호伯鉃壺 155, 160
동보銅簠 157
서주 중기의 영계유嬴季卣 159
서주의 관직 제도를 기록한 이방준㝨方尊 164
삼족조준三足鳥尊 165
코끼리 준尊 168
증중유부호曾中斿父壺 170
맥준貊尊 172
우준牛尊 173
서주 초기의 청동기 경부기언庚父己甗 175
화려하게 장식된 종주종宗周鐘 176
서주의 역사를 보여 주는 미반㝬盤 178
타화它盉 180
명문이 가장 긴 모공정 191
백공부금작伯公父金爵 195
특별한 신구준神駒尊 196
압준鴨尊 201
서주의 토지 계약을 기록한 산씨반散氏盤 202
서주 초기 청동기의 전범典範 218

8. 신성한 종교적 장면과 종교 제기祭器

서주 옥 누에 63
서주 운뢰문雲雷紋 청동 주전자 64
북을 치는 뇌신雷神 76
비를 내리는 우사雨師 78
바람을 관장하는 천신 78
서주의 제사 예법 85
무기가 만든 궤 153
제사를 지내고 복을 비는 정숙종井叔鍾 217

9. 문자와 문화 예술

청나라 사람이 그린《유풍幽風·칠월도七月圖》 40
주원 갑골문에 상나라 선왕들의 이름이 있는 이유는? 50
중일 문화 교류는 상나라와 주나라 때 이미 시작되었다 52

경전의 으뜸인《주역》 53
고대 궁정 악사 57
주원에서 출토된 갑골문 60
청나라 때 그림인《유풍·칠월도》 65
서주 시대의 청동 악기들 68
서주의 청동기 편종 109
반란을 평정한 기록이 새겨진 사밀궤 113
송나라 마화지馬和之의〈빈풍도豳風圖〉 123
하준何尊과 그 명문 146, 147
주원周原 복골에 새겨진 글 152
최초의 타악기 – 편종 188
맵시 있는 사장반史墻盤과 그 명문 189
금문 중 음식물과 관련된 글자 220
금문을 연구한 저서들 220

10. 정교한 공예품

서주 초기의 옥돌 인형 27
옥으로 만든 독수리 61
임금의 목걸이 – 서주 시대의 옥 장식 65
서주 시대 옥으로 만든 인물 조각상 85
서주 시대 유행한 인수人獸 복합 옥패 91
서주의 옥으로 만든 새 94
화려한 용 무늬 옥패 102
서주의 얼굴 가리개 113
실용적인 청동기 127
서주 석경石磬 탁본 138
서주의 정교한 도자기 145
절굉折觥과 명문 204
독특한 장식 기교 215

11. 초보적으로 틀을 갖춘 농업 생산

상·주 시대의 중요한 농사일 – 뽕따기 31
서주 초기의 석기 생산 도구들 51
서주의 골제 도구와 방제蚌制 도구 56

기원전 1046년부터 기원전 771년까지의 사회 생활 및 역사 문화 백과

12. 주나라 사람들의 복식
중국 최초의 염색 모직물 63
주나라 사람들의 의복 199
상나라, 주나라 귀족의 복식 203

13. 경상卿相과 대신들
하늘의 신선 – 여상 48
지용智勇을 겸비한 강태공 58
태사, 태보 – 서주의 최고 장관 59
미녀와 보물로 문왕을 구함 60
왕에게 올릴 시를 쓰는 주공 114
모든 일에 막힘 없는 강태공 120
중용받은 채중 135
현명한 신하 태복정太僕正 백경 156
삼사대부三事大夫란 어떤 관직인가? 156
서주의 세경제世卿制 162
서주 책명 의식을 상세히 기록한 송호頌壺 169
중국 최초의 개혁가 – 주공 214
서주 관명이 많이 새겨진 열령방준矢令方尊 221

14. 서주의 건축
기산 봉추촌의 대형 건축물 32
객성장客省庄 서주 주거 유적 43
부풍현 소진촌召陳村의 대형 건축 유적 45
장가파張家坡의 주거 유적 50
서주 시대의 각종 기와 53
세계 최초의 기와 66
서주 시대의 와당瓦當 122
서주 초기의 도성 – 풍호豐鎬 유적지 133

15. 기타
하족夏族과 주족周族 27
주족의 발원지는 어디인가? 30
농촌공동체의 탄생 시대와 조직 성질 37
의후열궤 38, 137
주원의 복골卜骨에 새겨진 주나라와 상나라의 관계를

반영하는 글 40
주원 – 주나라 사람들이 흥기한 근거지 43
서주 고금 지명 대조표 45
중국 고대의 정치 체제 48
고대 중국에는 노예 사회가 없다 63
은민에 대한 서주의 정책 90
서주 기원의 추산과 측정 98
종법 제도의 구체적인 내용과 그 실시 상황 104
풀리지 않는 수수께끼 105
왕궈웨이王國維의 고대사 고증 106
서주 시대의 공전公田과 사전私田은 어떤
구별이 있는가? 125
구제강과 《고사변》 128
평정산平頂山 응국應國 2호 무덤의 출토 131
서주의 토지 사유제의 시초 137
초나라의 특이한 내력 148
21세기 가장 큰 고고학적 발견 174
서주 시대 소송을 기록한 주전자 177
서주의 법률 판결서가 새겨진 청동기 183
국야國野 제도의 구체적인 내용과 성질 184
사료적 가치가 높은 사장반 189
사람들의 눈길을 끄는 미정迷鼎 198
봉건 사회 203
서주 주요 봉국 일람표 206
'여자는 화액' 이라는 말의 피해자 209

찾아보기

ㄱ

강숙康叔　54, 82, 116~117, 124, 132~133, 135

강왕康王　37, 70, 149~150, 152~154, 178, 220~221

강원姜原　26~27

강태공姜太公　48, 58~59, 66~69, 72~74, 76, 78~79, 84, 98~99, 119~120, 142

거창秬鬯　39

걸桀　30, 70, 101, 148, 150, 190, 209

견융犬戎　66, 155~156, 213, 219

계력季歷　35~36, 38~41, 54

계간季簡　36

고분융高奔戎　172~173

고죽국孤竹國　86~87

곡부曲阜　116, 126

공단부公亶父　32~33, 35~36, 38, 59, 63, 122

공류公劉　30~31, 122

공류호화公劉好貨　31

공전公田　125, 192~193, 203

구제강顧頡剛　128

국鞠　30

곽숙霍叔　54, 88, 108, 111, 113~114, 134~135

관숙管叔　54, 88, 104, 108, 111, 113~114, 116, 134, 148

괘사卦辭　52~53

괵숙虢叔　42, 131, 207

괵중虢仲　42, 207

굉요閎夭　49~50, 52, 56, 82, 131

교격膠鬲　60~61, 79, 83

구정九鼎　100, 122

군석君奭　131

기棄　26~28, 54, 88

기국杞國　88

기자箕子　74, 76, 90~94

기후紀侯　182

ㄴ

낙읍洛邑　100, 113, 122, 124~125, 144~145, 213, 219

남궁괄南宮括　49, 52, 82, 131

ㄷ

단발 문신斷髮文身　36

단양丹陽　57, 109, 148~149

달기妲己　60, 82, 209

대고大誥　113

동루공東樓公　88, 206

두백杜伯　202~203, 208

찾아보기

ㅁ

만이蠻夷 148~149, 153, 181

맥수麥秀 90

맹진盟津 20, 45, 72~73

모숙 정毛叔鄭 82, 118

목야牧野 79, 81~82, 220

목우牧牛 183, 221

목왕穆王 153, 155~156, 159, 161~170, 172~174

무경武庚 88~89, 111, 113~114, 116, 124, 148

무왕武王 36~37, 40, 43, 54, 72~79, 81~92, 94, 96~108, 110~111, 113, 117~119, 121~122, 126, 128, 132, 138, 145, 150~152, 155, 178, 190, 195, 220~221

무을武乙 38~39

문왕文王 32, 36, 41~44, 46, 48, 50, 52~54, 56~57, 59, 61, 63~72, 75, 78~79, 84, 86~87, 96, 98, 104, 106, 108, 111, 113, 120, 126, 129, 131~133, 135, 143, 145~146, 149, 151~152, 184, 189~190

문정文丁 38~39, 54

미자 계微子啓 74, 83, 121

밀강공密康公 174~175

밀수국密須國 66

ㅂ

백금伯禽 116, 118, 126~127, 142, 149, 166

백양부伯揚父 183, 206

백위百韋 84

백읍고伯邑考 54, 84

백이伯夷 86~87, 157, 219

복희씨伏羲氏 52

불줄不窋 30, 122, 155

비자非子 174, 176~177, 197, 207

비중費仲 60~61, 76

ㅅ

사상부師尙父 72~73, 81, 98~99, 119

산의생散宜生 49~50, 52, 56, 69, 131

삼감三監 88

삼재도회三才圖會 27, 151

상용商容 80, 82~83

색고塞庫 40, 54

서백西伯 49~52, 54, 56~60, 62~64, 66~67

서왕모西王母 166~167

서융西戎 101, 126~127, 176~177, 197, 206

서주西周 82, 91, 150, 152, 157, 178~179, 185, 193, 204, 206, 215~218, 220~221

229

찾아보기

선왕宣王 187, 192~203, 206, 208~209, 215, 218

성백盛伯 168

성왕成王 70, 100, 103, 108~111, 114, 117~118, 122~123, 128, 134, 140, 143~146, 149~152

성주成周 122~125, 140, 145~146, 188

성희盛姬 168~169

소공召公 72, 82, 96, 101, 106, 108~111, 118, 122, 128, 131, 138, 140~141, 144, 151~152, 154, 215~216

소목공召穆公 184~189, 194~195

소왕昭王 149, 153~155

수양산首陽山 45, 87

숙달叔達 36

숙무叔武 118, 207

숙신肅愼 102~103

숙제叔齊 86~87

숙진탁叔振鐸 118

순임금 28, 30, 70, 177, 219

숭후호崇侯虎 50, 67

시법諡法 71

시호諡號 32, 70~71, 108, 151, 169, 181~183, 200

신갑辛甲 56~57, 113

신분神濆 161

신황新荒 84

ㅇ

엄奄 111, 113, 116, 119

여상呂尙 48~49, 58~59

여왕厲王 181, 184~190, 193~194, 204, 208, 214, 218

여형呂刑 157, 159

여후呂侯 157~159, 166

역법曆法 31, 46, 63, 94, 116

역장力將 98

염계재冉季載 54, 135

영대靈臺 46

영소靈沼 46

영유靈囿 46

예도翳徒 39

예장禮將 98

오나라 35~37, 89, 220

요임금 28, 70, 153, 219

우순虞舜 89

우알부虞閼父 89

우중虞仲 36, 89

웅거熊渠 180~181, 204

웅역熊繹 148~149, 180

유리羑里 51, 52

유왕幽王 206, 208~214, 216, 219

유태씨有邰氏 26, 28

찾아보기

육십사괘六十四卦 52

융인戎人 126

융적戎狄 30, 32, 38~39, 117~118, 122, 155, 182, 199, 202, 204, 213

은민殷民 88~89, 117, 121

의구宜臼 212~213, 217

의왕懿王 176

이왕夷王 180, 182, 184

이인夷人 126, 195

ㅈ

적전籍田 192~193

적전례籍田禮 136, 192~193, 202

전욱顓頊 57, 99, 148

정 환공鄭桓公 218~219

제례작악制禮作樂 136

조가朝歌 37, 49~50, 58~59, 66~68, 78, 81~83, 100, 116, 122

조부造父 162~163, 178

종북국終北國 161

주공周公 54, 72, 75, 77~78, 85~86, 96~97, 100~101, 104~111, 113~129, 131~~136, 138, 140, 142~146, 148~149, 156, 180, 190, 192

주례周禮 136~137, 178

주실삼모周室三母 43

주역周易 52~53, 78

주왕周王 43, 49~51, 54, 56, 58, 60~61, 63~65, 67~68, 70~71, 75, 79, 81~85, 90, 121, 123~124, 144, 148, 155, 162, 189~190, 209, 220

주원周原 32~33, 36, 38, 87

주장周章 88~89, 207

주족周族 26~27, 30, 32~33, 35~36, 41, 43, 45, 52, 85, 88, 122, 143

주춘추周春秋 203

죽웅鬻熊 56~57, 148~149, 180

중옹仲雍 35~38, 84, 89

지욕장止欲將 98

직신稷神 28

진본陳本 84

진중秦仲 197

ㅊ

채숙蔡叔 54, 88, 104, 108, 111, 113~114, 116, 134, 148

채중蔡仲 134~135

책서축문策書祝文 82

찾아보기

초楚나라 56~57, 109~110, 148~149, 153~154,
     180~181, 195, 204, 219

초자楚子 149

초족楚族 148, 180~181

축융祝融 148~149, 219

ㅌ

태백太伯 35~38, 84, 89

태보太保 101, 122, 128, 131, 140, 144, 151~152

태사太姒 42~43, 54, 56, 59, 64, 68, 72, 74, 82, 119,
     152, 206, 214, 218~219

태서泰誓 74~75

태왕太王 32~33, 38, 43, 63, 71, 84~85, 89, 106, 108,
     143, 165

ㅍ

팔괘八卦 52

패폐貝幣 49

평왕平王 213, 219

포고蒲姑 111, 113, 119, 126

포사褒姒 208~214, 218

필공畢公 72, 151~152

ㅎ

하인사何人斯 216

하족夏族 27

호경鎬京 72, 90~91, 92, 100, 122~123, 145, 176, 213,
     219

홍범洪範 92, 94

회이淮夷 113, 126~127, 195

효왕孝王 176~178, 180, 197, 221

후래侯來 84

후직后稷 28, 30, 155, 157

편집위원

김경선
문학박사
북경 중앙민족대학 한국어학과 졸업, 부산대학교 국어국문학과 박사과정
현재 북경 외국어대학교 한국어학과 교수
저서: 《한국문학선집》《중·한 30년대 소설 비교 연구》 외 다수

문일환
문학박사
북경 중앙민족대학 조선언어문학 학과 졸업, 김일성종합대학 박사원, 연변대학 연구생원
현 북경 중앙민족대학 언어문학학원 교수, 중국 사회과학원 학술위원회 및 직함평의위원,
중국 소수민족문학 학회 부이사장, 중국 인민대학 국학원 전문가 위원
저서: 《조선 고대 신화연구》《조선 고전문학 연구》《조선 고전문학사》 외 다수

서영빈
문학박사
북경 중앙민족대학 졸업, 북경대학 대학원 및 한남대학교 대학원 졸업
홍익대학교 및 한남대학교, 신라대학교 초빙교수 역임
현 중국 대외경제무역대학교 교수, 외국어대학 부학장, 한국경제연구소 소장
저서: 《한국현대문학》《서사문학의 재조명》《중국의 불가사의》 외 다수

이선한
문학박사
연변대학 조선어문학과 졸업
오사카 경제법과대학 객원교수, 숭실대학교 국어국문학과 및 서울대학교 국어국문학과 객원 연구원
북경대학 조선문화연구소 소장, 북경대학 한국어학과 교수 역임.
현 북경대학 조선문화연구소 고문, 북경대학 외국어학원 동방학부 교수
저서: 《패설작품집》《한국고전문학선집》《중국 조선민족 문학선집》《중국 조선민족문화사대계》 외 다수

장춘식
문학박사
북경 중앙민족대학 조선언어문학 학과 졸업, 전북대학교 국어국문학과 박사과정
현 중국사회과학원 민족문학연구소 교수
저서: 《시대와 우리 문학》《해방전 조선민족 이민소설 연구》《일제 강점기 조선족 이민문학》 외 다수

최순희
문학박사
연변대학 조선어과 졸업, 인하대학교 대학원 졸업
현 북경 언어문화대학교 교수, 한국문화연구센터 센터장, 중국 비통용어교육연구회 이사
저서: 《한국어 어휘 교육연구》《사랑차 한잔 둘이서》 외 다수

번역위원

김동휘
장춘광학정밀기계학원 졸업
중국조선어규범위원회 상무위원, 연변번역가협회 부회장, 연변인민출판사 사장·주필·편심
번역서: 《청대철학》《중국유학사》《중국오천년황궁비사》《치국방략》《상도와 인도》 등

김봉술
길림공업대학, 연변대학 조문학부 졸업
동북과학기술신문사 사장·주필·고급기자 역임
문학, 과학보급 및 번역 작품 다수 발표

김순림
연변대학 조문학부 졸업
중학교 조선어문 교연실 부실장 역임
현 연변교육출판사 편집

김춘택
길림사범대학 중문학부 졸업
정부 통·번역, 고등학교, 사범학교 교원 역임
현 연변교육출판사 부편심
번역 서: 1980~90년대 소설, 시 및 2007년 고등학교 역사교재 등

남광철
연변대학 한어학부 졸업
연변번역국 부역심, 정부 통·번역 역임
번역 서: 중국 방송대학 교재 (중한번역), 한국 산업(한중 번역, 합작 및 주역),
《한방 치료법 해설》《돈을 버는 사람은 따로 있다》《한국 명가 요리》 등

남홍화
연변대학 한어학부 및 한어학부 한어문 석사 졸업
연변대학 학보 편집
문학 및 번역 작품 다수

남희풍
연변대학 조문학부 졸업
연변대학 교수, 중국조선족가사문학연구소 소장
저서: 《알기 쉬운 우리 민족역사》《중국항일전쟁과 조선족》《중국조선족가사문학대전》《가학창작연구》《음악문학창작의 길》, 시조 가사 집 《푸른 하늘 푸른 마음》 및 대학교교서 등 다

박기병
연변대학 중문학부 졸업, 길림성 대학학보연구회 부이사장, 연변대학 농학학보 주임 역임
저서: 《신문출판이론과 실천》《연변농업과학기술사 개론》 등 다수

이원길
연변대학 및 중앙민족대학, 북경대학 대학원 졸업
현 중앙민족대학교 소수민족언어문학대학 부학장·교수
저서: 《설야》《춘정》《땅의 아들》《한국어의 표현방식과 그 체계》 등
번역서: 《지낭》《천년상도》《인물과 사건으로 보는 중국상하오천년사》 등

이인선
연변대학 역사학부 졸업
중국 흑룡강신문사 기자·편집, 중국 전국인대 통·번역 역임
시, 산문, 수필, 소설 등 번역 작품 다수 발표

중국을 말한다
02 시경 속의 세계

초판 1쇄 인쇄 2008년 5월 10일
초판 1쇄 발행 2008년 5월 15일

총기획 | 허청웨이
지은이 | 양산췬, 정자룽
옮긴이 | 이원길
펴낸이 | 신원영
펴낸곳 | (주)신원문화사

편집 | 최광희, 김은정, 김숙진, 장민정
교정·교열 및 디자인 | 인디나인
영업 | 윤석원, 이정민, 박노정
총무 | 양은선, 최금희, 전선애, 임미아, 김주선
관리 | 조병래, 김영훈

주소 | 서울시 강서구 등촌1동 636-25
전화 | (02) 3664-2131~4
팩스 | (02) 3664-2130
출판등록 1976년 9월 16일 제5-68호

ISBN 978-89-359-1441-8 (04910)
ISBN 978-89-359-1439-5(세트)

 '本书获得中国图书对外推广计划支持'
이 도서는 중국 도서 대외 보급 계획의 번역 원고료 지원을 받았음.